आदर्श प्रबंधन के सूक्त

सुरेश कांत

जन्म : 16 जून, 1956, ***गाँव*** : करौदा-हाथी, ***जिला*** : मुजफ्फरनगर, उत्तर प्रदेश।

शिक्षा : दिल्ली विश्वविद्यालय से प्रथम श्रेणी में एम. ए. (हिंदी); राजस्थान विश्वविद्यालय, जयपुर से पत्रकारिता में स्नातकोत्तर डिप्लोमा और पी-एच.डी.। 'प्राचीन भारत में बैंकिंग का स्वरूप और शब्दावली' विषय पर डी.लिट्. के लिए शोधरत।

प्रकाशन : ***उपन्यास*** : *धम्मं शरणम्* (पुरस्कृत), *युद्ध, जीनियस, नवाब साहब, कनीज;* ***कहानी*** : *उत्तराधिकारी, गिद्ध, क्या आप एस.सी. दीक्षित को जानते हैं ?;* ***नाटक*** : *रजिया, प्रतिशोध, विदेशी आया, गवाही, कौन ?* ***व्यंग्य*** : *ब से बैंक* (पुरस्कृत), *अफसर गए बिदेस* (पुरस्कृत), *पड़ोसियों का दर्द, बलिहारी गुरु* (पुरस्कृत), *अर्थसत्य;* ***बाल साहित्य*** : *कुट्टी, रोटी कौन खाएगा, चलो चाँद पर घूमें, भाषण बाबू, भैंस का अंडा, विश्व-प्रसिद्ध बाल कहानियाँ (पाँच भाग);* ***आलोचना*** : *हिंदी गद्य लेखन में व्यंग्य और विचार;* ***अन्य*** : *प्रबंधन के गुरुमंत्र, कुशल प्रबंधन के सूत्र, सफल प्रबंधन के गुर, आदर्श प्रबंधन के सूक्त, उत्कृष्ट प्रबंधन के रूप, बैंकों में हिंदी का प्रयोग, इन्साइक्लोपीडिक डिक्शनरी ऑफ बैंकिंग एंड रिलेटिड टर्म्स* (शीघ्र प्रकाश्य) आदि।

दैनिक 'अमर उजाला कारोबार' में हर रविवार को प्रकाशित होने वाला उनका साप्ताहिक व्यंग्य-कॉलम *अर्थसत्य* और हर मंगलवार को प्रकाशित होनेवाला साप्ताहिक *प्रबंधन-कॉलम* बहुत चर्चित हुए हैं।

नुक्कड़ व्यंग्य-नाटक *विदेशी आया* के 100 से भी ज्यादा प्रदर्शन।

सम्मान : साहित्य कला परिषद् (दिल्ली), हिंदी अकादमी (दिल्ली), उ. प्र. हिंदी संस्थान (लखनऊ) के पुरस्कार।

आवरण : नरेन्द्र श्रीवास्तव

विख्यात ग्राफिक डिजायनर। कुछ समय अध्यापन के उपरांत इस समय स्वतंत्र कार्य। 1972 में नेहरू फेलोशिप से विभूषित। भारत और पेरिस में साथ-साथ कार्य किया। हिंदी टाइपोग्राफी पर शोध, देवनागरी के अक्षरों और 'ओ३म' का रचनात्मक अंकन। कई संस्थाओं व विख्यात डिजायनर्स के लिए प्रतीक-रचना।

आदर्श प्रबंधन के सूक्त

सुरेश कांत

पहला पुस्तकालय संस्करण
राधाकृष्ण प्रकाशन प्राइवेट लिमिटेड द्वारा
2005 में प्रकाशित

राधाकृष्ण पेपरबैक्स में
पहला संस्करण : 2007
पहली आवृत्ति : 2012

राधाकृष्ण पेपरबैक्स : उत्कृष्ट साहित्य के जनसुलभ संस्करण

राधाकृष्ण प्रकाशन प्राइवेट लिमिटेड
7/31, अंसारी रोड, दरियागंज
नई दिल्ली-110 002
द्वारा प्रकाशित

शाखाएँ : अशोक राजपथ, साइंस कॉलेज के सामने, पटना-800 006
पहली मंजिल, दरबारी बिल्डिंग, महात्मा गांधी मार्ग, इलाहाबाद-211 001

वेबसाइट : www.radhakrishnaprakashan.com
ई-मेल : info@radhakrishnaprakashan.com

बी.के. ऑफसेट
नवीन शाहदरा, दिल्ली-110 032
द्वारा मुद्रित

मूल्य : ₹ 125

आवरण : नरेन्द्र श्रीवास्तव

AADARSH PRABANDHAN KE SOOKTA
by Suresh Kant

ISBN : 978-81-8361-139-8

मित्रद्वय
प्रतिबद्ध रंगकर्मी रमेश राजहंस
और
जुझारू पत्रकार अमनप्रिय अकेला
के लिए

क्रम

औद्योगिक संबंध

समय-प्रबंधन

कौशल-विकास

भूमिका : क्या, कैसे और किसके लिए

आज से लगभग चार साल पहले हिंदी के पहले बिजनेस-डेली 'अमर उजाला कारोबार' के प्रकाशन के साथ हिंदी की व्यावसायिक पत्रकारिता के क्षेत्र में एक क्रांति हुई थी। उसके खूबसूरत कलेवर, पेशेवराना प्रस्तुति और उच्चस्तरीय सामग्री ने मुझे भी उसके साथ बतौर लेखक जुड़ने के लिए प्रेरित किया। और तब से उसमें हर मंगलवार को प्रकाशित होनेवाले अपने कॉलम में मैं प्रबंधन के विभिन्न पहलुओं पर नियमित रूप से लिखता रहा।

एक विषय के रूप में प्रबंधन की ओर मेरा झुकाव रिज़र्व बैंक में अपनी कानपुर-पोस्टिंग के दौरान अपने कार्यालय-अध्यक्ष श्री केवल कृष्ण मुदगिल की प्रेरणा से हुआ। बाद में कानपुर से दिल्ली आने पर दिल्ली-कार्यालय के अध्यक्ष श्री सैयद मुहम्मद तक़ी हुसैनी ने मुझे नया कुछ करने की प्रेरणा दी, तो मेरा ध्यान प्रबंधन पर लिखने की तरफ ही गया। हिंदी में इस तरह के लेखन का नितांत अभाव था और 'हिंदीवाला' होने के नाते मैं इस अभाव की पूर्ति करना अपना कर्तव्य भी समझता था। लिहाजा मुदगिल जी और हुसैनी साहब जैसे हितैषियों की प्रेरणा, अपने कर्तव्य-बोध और 'कारोबार' के प्रकाशन की शुरुआत—इन तीनों ने मुझे इस विषय पर लिखने की राह पर डाल दिया।

प्रबंधन मेरी नजर में आत्म-विकास की सतत प्रक्रिया है। अपने को व्यवस्थित-प्रबंधित किए बिना आदमी दूसरों को व्यवस्थित-प्रबंधित करने में सफल नहीं हो सकता, चाहे वे दूसरे लोग घर के सदस्य हों या दफ्तर अथवा कारोबार के। इस प्रकार आत्म-विकास ही घर-दफ्तर, दोनों की उन्नति का मूल है। इस लिहाज से देखें, तो प्रबंधन का ताल्लुक कंपनी-जगत के लोगों से ही नहीं, मनुष्य मात्र से है। वह इंसान को बेहतर इंसान बनाने की कला है, क्योंकि बेहतर इंसान ही बेहतर कर्मचारी, अधिकारी, प्रबंधक या कारोबारी हो सकता है। प्रबंधन पर लिखते समय मेरे ध्यान में यह पूरा लक्ष्य-समूह रहता है और मैं अखबार से मिलनेवाले फीडबैक तथा पाठकों से सीधे प्राप्त होने वाली प्रतिक्रियाओं के आधार पर कह सकता हूँ कि मैं प्रबंधन को हिंदीभाषी छात्रों, अध्यापकों, शोधार्थियों, कारोबारियों और कर्मचारियों-अधिकारियों-प्रबंधकों के बीच ही नहीं, इस विषय से सीधा संबंध न रखनेवाले आम आदमी के बीच भी लोकप्रिय बनाने में कामयाब रहा हूँ।

इस व्यापक लक्ष्य-समूह को मद्देनजर रखते हुए और साथ ही प्रबंधन की विभिन्न

अवधारणाओं को समझने में हो सकनेवाली गफलत की आशंका को दूर करने के उद्देश्य से भी, मैंने हिंदी के साथ-साथ अंग्रेजी के शब्दों का भी बहुतायत से प्रयोग किया है और इसके लिए 'यानी'वाली शैली अपनाई है, जैसे अंतःक्रिया यानी इंटरएक्शन, प्रत्यायोजन यानी डेलीगेशन, कल्पना यानी विजन आदि। जहाँ हिंदी के शब्द अप्रचलित और क्लिष्ट लगे, वहाँ मैंने केवल अंग्रेजी के शब्दों का प्रयोग करने से भी परहेज नहीं किया। शुद्धतावादी इससे कुछ परेशान हो सकते हैं, पर हिंदी को जीवंत और रवाँ बनाए रखने के लिए यह जरूरी था। मैं शुद्धतावादियों का खयाल रखता या अपने पाठकों और अपनी हिंदी का? शुद्धतावादियों की जानकारी के लिए बता दूँ कि खुद 'हिंदी' शब्द विदेशी है। और भी ऐसे अनेक शब्द, जिनके बारे में हम सोच भी नहीं सकते कि वे हिंदी के नहीं होंगे, हिंदी के नहीं हैं। कागज, कलम, पेन, कमीज, कुर्ता, पाजामा, पैंट, चाकू, चाय, कुर्सी, मेज, बस, कार, रेल, रिक्शा, चेक, ड्राफ्ट, कामरेड, दफ्तर, फाइल, बैंक आदि में से कोई अंग्रेजी का शब्द है, तो कोई अरबी, फारसी, तुर्की, रूसी, जापानी आदि में से किसी का। और ऐसे शब्दों की एक लम्बी सूची है। असल में यह हिंदी की ताकत है, कमजोरी नहीं।

लेखों में अनेक देशी-विदेशी प्रबंधन-गुरुओं, विद्वानों, शास्त्रियों, व्यावसायिक सलाहकारों, कार्यपालकों आदि के उद्धरण मिलेंगे; यह ज्ञान बघारने या बोझ से मारने के लिए नहीं, बात को स्पष्ट करने और प्रामाणिक बनाने के लिए है।

अशोक महेश्वरी जी ने जब मुझे पत्र लिखकर सूचित किया कि वे 'कारोबार' में मेरे लेख नियमित रूप से पढ़ रहे हैं और उनसे स्वयं उन्हें भी बहुत लाभ पहुँचा है, तो मेरे उत्साह की कोई सीमा न रही। अब वे उन्हें पुस्तक-रूप में छापने का दायित्व भी उठा रहे हैं। हरीश आनंद जी ने भी अनेक महत्त्वपूर्ण सुझाव देकर मेरी सहायता की है। उनके द्वारा सुनाया गया किस्सा मुझे अब तक याद है और वह यह कि एक व्यक्ति ने अपने हाथों में पकड़े एक पक्षी को पीठ पीछे ले जाते हुए अपने मित्र से पूछा—बताओ, यह पक्षी मरा हुआ है या जिंदा? मित्र ने झट से कहा—ऑप्शन तुम्हारे पास है, क्योंकि अगर मैं कहूँगा कि जिंदा है, तो तुम पीछे ही इसकी गर्दन मरोड़कर मुझे दिखा सकते हो; और मैं कहूँ कि मरा हुआ है, तो जिंदा तो तुम इसे दिखा ही दोगे। इसी की तर्ज पर मैं भी यह कहना चाहता हूं कि प्रबंधन एक ऐसी विद्या है, जिसके द्वारा हम अपने व्यक्तित्व, घर-परिवार, दफ्तर और कारोबार—सबकी काया पलट सकते हैं और उन्नति के मार्ग पर अग्रसर हो सकते हैं। हम ऐसा करें या नहीं, यह विकल्प हमारे अपने हाथ में है।

अंत में, जिस-जिससे भी मुझे अपने इस प्रयास में सहायता मिली, उन सबके प्रति मैं शायर के इन शब्दों में आभार व्यक्त करता हूँ :

नशेमन पे मेरे एहसान सारे चमन का है,
कोई तिनका कहीं का है, कोई तिनका कहीं का है।

—सुरेश कांत

व्यक्तित्व-विकास

2
1
3

अपने व्यक्तित्व को परखते रहें

हम सभी अपने जीवन में दो चीजें चाहते हैं और उन्हें प्राप्त करने के लिए दिन-रात प्रयास करते रहते हैं। ये दो चीजें हैं—सफलता और प्रसन्नता। अगर हम इन दोनों को परिभाषित करने की कोशिश करें, तो पाएँगे कि इन दोनों में कोई बहुत बड़ा अंतर नहीं है और दोनों एक-दूसरे पर आश्रित हैं। सफलता की व्याख्या बहुत-से मनोवैज्ञानिकों ने की है और उन सबमें सामान्य बात यह है कि किसी भी आदमी के व्यक्तित्व की आनंददायक व संपूर्ण अभिव्यक्ति, जो आंतरिक (आदमी के मन में) और बाह्य (समाज या समूह में) सामंजस्य की वृद्धि करे, उसकी सफलता है और जिसे यह सामंजस्य उपलब्ध है, वही सफल व्यक्ति है।

गति में रुकावट अपने ही व्यक्तित्व की खामियों का नतीजा होती है

अब आप देखेंगे कि बहुत-सी धन-संपत्ति से घर को भर लेना, तरह-तरह की सुविधाएँ जुटा लेना, उच्च पद प्राप्त कर लेना या प्रसिद्ध हो जाना ही सफलता नहीं है। आपने किसी ऐसे धनवान व्यापारी को देखा होगा, जो सैकड़ों जी-हुजूरियों और चापलूसों से घिरा रहता है और अपने पैसे से सारे भौतिक सुख खरीद लेता है, फिर भी उसे भीतर ही भीतर कहीं भारी असंतोष, कोई चुभती हुई ग्लानि या एक निरर्थकता का बोध अथवा खोखलेपन का एहसास कचोटता रहता है। इस अतृप्ति के डंक से बचने के लिए ही वह ज्यादा, और ज्यादा धन-दौलत के पीछे दौड़ता रहता है। बात साफ है, वह सफल नहीं है। जीवन की असंख्य अभिलाषाओं के अतृप्त रहने के कारण ही वह दिन-रात धन के

पीछे पड़ा रहकर अपने-आपको एक छलावे से संतुष्ट कर रहा है।

सुविधा बनाम आनंद

प्रसन्नता सफलता का ही परिणाम है। समूह में जिन अंतस्संबंधों के ताने-बाने में हम रहते हैं, उन मानवीय संबंधों को हम स्नेह की ऊष्मा दे सकें और प्रेम का आदान-प्रदान करते हुए सहज अभिव्यक्ति से परितोष पा सकें, यही हमारे लिए प्रसन्नता होगी। अपने किसी चारित्रिक दोष, मनोवैज्ञानिक कुंठा, व्यक्तित्व की अपरिपक्वता अथवा मानसिक रुग्णता के कारण यदि हम प्रेम की ऊष्मा और संबंधों की सहजता का आनंद नहीं उठा सकते, तो धन-दौलत, जमीन-जायदाद, उच्च पद आदि हमें प्रसन्नता नहीं दे सकेंगे। इनसे सुविधा मिलती है, आनंद नहीं।

अकसर लोग सफलता और तरक्की की सीढ़ियों पर चढ़ते हुए किसी एक मंजिल पर पहुँचकर रुक जाते हैं। उनका विकास ठहर जाता है। आगे कोई रास्ता नजर नहीं आता। आसपास के लोग आगे बढ़ते दिखाई देते हैं। स्थिर व्यक्ति रुककर सड़ते हुए पानी की तरह ठहराव महसूस करते हैं। गति में रुकावट प्रायः हमारे ही व्यक्तित्व की कमियों या चारित्रिक दोषों के कारण आती है, साधनों की कमी या परिस्थितियों की खराबी से नहीं।

आत्मपरीक्षण

क्या आप भी यह महसूस करते हैं कि आपमें योग्यता है, परिश्रम करने की क्षमता भी है और उचित अवसर भी आपको मिलते रहते हैं, फिर भी आप उसी मंजिल पर अटके हुए हैं, जहाँ बहुत पहले आ पहुँचे थे या आपको लगता है कि आगे बढ़ने के मौके आपको मिले ही नहीं? अथवा आप सोचते हैं कि आपको लोगों का सच्चा स्नेह नहीं मिलता? क्या आपको सच्चे दोस्तों का अभाव खटकता है? क्या आप महसूस करते हैं कि लोग आपको हमेशा गलत ही समझते हैं? क्या आपको इस बात का क्षोभ है कि आपमें आत्मविश्वास की कमी है और आप हमेशा असफल रहते हैं—चाहे प्रेम-संबंध हों या व्यापार? क्या आपको लगता है कि जीवन का कोई अर्थ नहीं रह गया है? क्या आपको शर्मीलेपन, अपराधबोध और अक्षमता का एहसास सताता है? क्या आप बहुत ही सोच-विचार करते रहते हैं और करते कुछ भी नहीं और काम को आगे के लिए टालते रहते हैं? क्या आप आगामी दुर्घटनाओं की कल्पना करके चिंताग्रस्त और भयावह तनाव में रहते हैं? यदि ऐसा है, तो किसी को दोष देने और दूसरों पर आरोप लगाने से पहले आत्मनिरीक्षण अवश्य कर लें। अवश्य ही आपको अपने व्यक्तित्व, अपनी मानसिकता और अपने व्यवहार में कुछ कमियाँ नजर आएँगी, बशर्ते आपको अपने बारे में निष्पक्ष और तथ्यपरक चिंतन करना आता हो।

यहाँ यह भी ध्यान रखें कि आत्मकेंद्रित होकर हमेशा अपने ही बारे में सोचते

रहना, स्वमूल्यांकन करते रहना और दूसरों से तुलना करते रहना मानसिक स्वास्थ्य के लिए अच्छा नहीं है। हाँ, स्वयं को समझने के लिए और यह जानने के लिए कि बाल्यकाल के किन अनुभवों और शिक्षाओं ने हमें हमारे वर्तमान रूप में विकसित किया है, कभी-कभी आत्मपरीक्षण कर लेना लाभदायक होगा।

सफल और प्रसन्नतापूर्ण जीवन का यह अर्थ बिलकुल नहीं कि कोई भी कठिनाई या समस्या आपके सामने न हो। समस्यारहित, सुविधापूर्ण और सुरक्षित जीवन-पद्धति तो आपके व्यक्तित्व का विकास ही रोक देंगी। काम में न आने से हमारी क्षमताएँ भी उसी तरह अविकसित रह जाती हैं, जिस तरह शरीर की मांसपेशियाँ।

आत्मपरीक्षण करने और सफलता की राह पर बढ़ने की नई योजना बनाने के लिए हमें अपने व्यवहार और उसकी जड़ में बैठी अपनी मानसिकता का विश्लेषण करना होगा। तभी हमें अपनी असफलता और मुश्किलों का कारण पता चलेगा। इसके लिए निम्नलिखित बातों पर विचार करना उपयोगी होगा :

दूसरों पर उंगलियाँ

विफल होने पर क्या हम दूसरों पर दोषारोपण करना शुरू कर देते हैं? वस्तुतः आत्ममुग्ध होने के कारण बहुत-से लोग इसका उत्तर 'हाँ' में नहीं देंगे। फिर भी, यह मानकर चलना होगा कि अधिकतर व्यक्ति अपने-आपको कभी दोषी नहीं मानते। वे प्रायः दूसरों की गलतियों पर बड़ी सावधान नजर रखते हैं और यह कभी स्वीकार नहीं करते कि हमारे अंदर भी वैसा ही स्वार्थभाव और संकीर्णता मौजूद है। दूसरों पर दोष लगाकर खुद का पल्ला झाड़ लेने की प्रवृत्ति से न केवल आपको उनसे मिलनेवाला सहयोग कम हो जाएगा, बल्कि आप अपनी उस विशिष्ट चारित्रिक त्रुटि को पहचानकर खत्म करने के बजाय उसे पुष्ट करते जाएँगे।

अपने दोषों के प्रति अंधे व्यक्ति घर और दफ्तर, दोनों जगह कड़वाहट फैला देते हैं। पारिवारिक समस्याओं के लिए एक-दूसरे को जिम्मेदार ठहराकर झगड़नेवाले पति-पत्नी भाई-भाई, पिता-पुत्र और दफ्तर की गड़बड़ियों के लिए आरोप-प्रत्यारोप लगानेवाले सहकर्मी इसी मानसिकता के शिकार होते हैं। व्यक्तिगत जीवन की बहुत सारी कड़वाहट इसी पर-दोष-प्रदर्शन की आदत के कारण पैदा होती है। अतः ध्यान रखिए, अपने खुद के व्यवहार की निष्पक्ष जाँच-परख किए बिना कभी भी दूसरों को दोषी न ठहराएँ।

सराहने में कंजूसी

आलोचना करने के लिए हम जितने उत्सुक रहते हैं, क्या प्रशंसा करने में भी उतने ही उदार हैं? जी नहीं, आलोचना करना ज्यादा सुखद लगता है क्योंकि हमारे अवचेतन में बँधे हुए आक्रामक संवेगों की इसी से संतुष्टि होती है। इसके अलावा मन में छिपे अक्षमता और हीनता के भय भी हमें कचोटते रहते हैं और दूसरों को अक्षम

या हीन महसूस कराने से हमें कुछ समय के लिए इस कचोट से मुक्ति मिलती है।

मनोहर पूरे विद्यार्थी-जीवन में कभी किसी सभा-समिति में नहीं बोला, न किसी क्रीड़ा या सांस्कृतिक कार्यक्रम में उसने भाग लिया। वह बेहद शर्मीला था और आज भी है। उसके बारह वर्षीय पुत्र ने एक दिन घर आकर उसे बताया कि स्कूल में वाद-विवाद प्रतियोगिता का आयोजन हो रहा है।

'तुम उसमें जरूर भाग लेना। बोलना भी एक कला है,' पिता ने कहा।

'मगर मुझे तो इतने सारे लोगों में बोलने से घबराहट होती है,' बच्चे ने उत्तर दिया।

इस पर आगबबूला होते हुए मनोहर बोला, 'तुम बड़े फिसड्डी हो। क्या होती है घबराहट और क्या होता है डर? हम भी तो बोला करते थे। तुम्हारी तरह घर की बहू बने शरमाया नहीं करते थे। तुम जिंदगी में किसी काबिल नहीं बन सकते।'

सीधी-सी बात है। मनोहर अगर यह कहता कि खुद उसे भी घबराहट होती थी और यह घबराहट स्वाभाविक है और इसे निरंतर अभ्यास से मिटाया जा सकता है, तो बच्चे में बोलने की हिम्मत पैदा हो जाती।

आलोचना करने से कई लोगों को इसलिए भी संतोष मिलता है कि उनके खयाल से इससे दूसरों पर उनकी योग्यता और क्षमता का प्रभाव पड़ेगा। कइयों को लगता है कि दूसरों की प्रशंसा करना स्वयं को छोटा बनाना है।

अगर आप प्रशंसा करने में कंजूसी बरतते हों, तो आप न केवल स्वयं को अप्रिय बना लेंगे, बल्कि दूसरे व्यक्ति को भी सुधरने न देंगे क्योंकि वह आपकी आलोचना और सुझावों पर तभी ध्यान देगा, जब आपसे वह प्रशंसा पाता रहा हो। प्रशंसा मानव-व्यवहारों में जादू का-सा कार्य करती है। दुष्ट और नीच स्वभाव के व्यक्ति भी प्रशंसा प्राप्त करके अपना रास्ता बदल लेते हैं। घर और दफ्तर में प्रशंसा द्वारा आप वह काम कर सकते हैं, और दूसरों से करा सकते हैं, जो और किसी भी तरीके से कभी नहीं हो सकता।

छिलके पर झगड़ा

या क्या हम अपने गुस्से और चिड़चिड़ेपन को दूसरों पर निकालने के आदी हैं? कई बार हमें गुस्से के असली कारण का भी पता नहीं रहता और अंदर ही अंदर इकट्ठे ज्वालामुखी के लावे को या तो विस्फोट द्वारा या धीरे-धीरे उफान-रिसाव द्वारा हम बाहर निकालते रहते हैं। दैनिक जीवन में हम देखते हैं कि लोग गूदे पर नहीं, छिलके पर झगड़ते हैं। निरंतर चिड़चिड़ेपन से बहुत-से संबंध बिगड़ जाते हैं, विवाह टूट जाते हैं, परिवार बिखर जाते हैं और कारोबार डूब जाते हैं। हमेशा तनी हुई भौंह और सिलवट-पड़े ललाट हमें अपने प्रियजनों की नफरत का पात्र बना देते हैं। निश्चय ही, अपने तंत्रिका-तंत्र की थकान दूसरों पर उतारना एक तरह की हिंसा और अन्याय है।

उम्मीदें ठंडी मत होने दीजिए

आधे भरे गिलास को देखने पर आपकी नजर उसके भरेपन पर जाती है या खालीपन पर? अँगूठे के आकारवाला केक आपको आकर्षित करता है या उसके बीच का खाली हिस्सा? ये पहेलियाँ अचानक वैज्ञानिक प्रश्न बन जाती हैं, जिनसे शोधकर्ता सकारात्मक विचारधारा की शक्ति का विश्लेषण करते हैं।

विश्व में हो रहे निरंतर अनुसंधानों—अभी तक लगभग डेढ़ लाख लोगों को लेकर हुए 104 अध्ययनों से पता चलता है कि आशावादिता आदमी को अधिक प्रसन्न, स्वस्थ और सफल होने में सहायता करती है। इसके विपरीत नैराश्य बेजारी, बीमारी और असफलता का जनक है और इन्ही के साथ विषाद, अकेलापन और पीड़ादायक सिमटाव आदमी के मन में घर कर लेता है। राइस विश्वविद्यालय, ह्यूस्टन के मनोवैज्ञानिक क्रेग ए एंडरसन कहते हैं, 'यदि हम लोगों को अधिक सकारात्मक ढंग से सोचना सिखा सकें, तो मानो हम उन्हें मानसिक विकृति-रोधक टीका लगा रहे हैं।'

आशावादिता ही जीवन में आश्चर्यजनक परिवर्तन लाने का मूल मंत्र है

पिट्सबर्ग, पेंसलवानिया के कारनेगी-मेलॉन विश्वविद्यालय के मनोवैज्ञानिक माइकेल एफ. रोइयर बताते हैं, 'यह सत्य है कि आपकी योग्यता काम करती है, पर सफलता का सहज विश्वास भी आपकी सफलता-असफलता पर प्रभाव डालता है।' कारण, आशावादी और निराशावादी समान चुनौतियों और विफलताओं का अलग-अलग ढंग से सामना करते हैं।

सकारात्मक सोच का परिणाम

उदाहरण के लिए अपनी नौकरी को ही ले लीजिए। पेंसल-

वानिया विश्वविद्यालय के मनोवैज्ञानिक ई.पी. सेलिगमैन और उनके सहयोगी पीटर शुलमैन ने मेट्रोपोलिटन लाइफ इंश्योरेंस कंपनी के विक्रय-प्रतिनिधियों का सर्वेक्षण किया। उन्होंने पाया, पहले से काम कर रहे आशावान प्रतिनिधियों ने निराश सहयोगियों से 37 फीसदी अधिक बीमा किया। नए सकारात्मक प्रतिनिधियों ने भी 20 फीसदी अधिक कारोबार किया। इस अध्ययन से प्रभावित होकर कंपनी ने उन 100 लोगों की भी नियुक्ति कर ली, जो उद्योग की मानक परीक्षा में तो असफल हुए थे, लेकिन जिन्होंने सकारात्मक चिंतन में सर्वाधिक अंक पाए थे। इन अस्वीकृत कर्मचारियों ने भी कंपनी के औसत प्रतिनिधियों से 10 फीसदी अधिक का बीमा कर दिखाया।

ऐसा कैसे संभव हुआ? सेलिगमैन के अनुसार आशावान व्यक्तियों की सफलता का श्रेय उनकी 'कारण-कार्य शैली' को है। हर भूल के लिए निराशावादी खुद को कोसता है। वह कहता है, 'मैं इस काम के अयोग्य हूँ, इसलिए मैं सदैव विफल होता हूँ।' पर आशावान प्रत्येक विफलता के कारण या बहाने बाहर ढूँढ़ता है। वह मौसम, टेलीफोन की गड़बड़ या किसी दूसरे आदमी तक को कोस बैठता है। वह सोचता है कि शायद ग्राहक का मूड ही खराब होगा। लेकिन सफलता का श्रेय वह अपने-आपको देता है, जबकि निराशावादी उसे संयोगमात्र मानता है।

आशावादिता से आती है सक्रियता

क्रेग एंडरसन के विचार में, 'नैराश्य-वृत्ति से त्रस्त व्यक्ति सफलता पाने के गुण सीखने की चिंता छोड़ बैठते हैं। एंडरसन के अनुसार, 'आत्मनियंत्रण ही सफलता का प्रारंभिक लक्षण है। आशावान अपने जीवन को नियंत्रित करता है। कहीं कुछ गड़बड़ होने पर वह तेजी से समाधान खोजने में सक्रिय होता है, कार्यविधि बदलता है और लोगों की राय लेने से भी नहीं हिचकती। निराशावादी भाग्य के हाथ का खिलौना बन हाथ पर हाथ धरे बैठा रहता है। उसे लगता है कि अब कुछ नहीं हो सकता, इसलिए वह किसी से राय भी नहीं लेता।

आशावान व्यक्ति स्थितियों के विषय में वास्तविकता से अधिक अच्छी तरह सोचते हैं और कई बार यही धारणा उन्हें जीवंत रखती हैं। पिट्सबर्ग कैंसर इंस्टीट्यूट, पेंसलवानिया की डॉ. सांड्रा लैवी ने स्तन-कैंसर की चरमावस्था से ग्रस्त महिलाओं का अध्ययन किया। आशान्वित महिलाओं में रोग-मुक्ति की अवधि अधिक थी। यही जीवित रहने का पूर्व-संकेत है। स्तन-कैंसर के प्रारंभिक लक्षणों से ग्रस्त महिलाओं के प्रायोगिक अध्ययन से डॉ. लैवी ने पाया कि निराश स्त्रियों को रोग दोबारा अधिक जल्दी जकड़ लेता है।

रोग-प्रतिरोधक शक्ति पर प्रभाव

सकारात्मक चिंतन असाध्य रोग को ठीक नहीं कर सकता, पर यह बीमारी को

रोक अवश्य सकता है। दीर्घकालिक अध्ययन के क्रम में शोधकर्ताओं ने हार्वर्ड विश्वविद्यालय, मैसाच्युसेट्स के स्नातकों के स्वास्थ्य-संबंधी इतिहास का अध्ययन किया। जिन स्नातकों को शिक्षा और स्वास्थ्य में उच्च दर्जा प्राप्त था, उनमें से कुछ सकारात्मक प्रवृत्ति के थे, तो कुछ नकारात्मक। बीस साल बाद देखा गया कि नैराश्य की प्रवृत्तिवाले लोगों को आशावादियों के मुकाबले रक्तचाप, मधुमेह और हृदय-रोग ने अधिक पीड़ित किया।

अनेक अध्ययनों से यह सिद्ध होता है कि निराशावादियों की निरुपायता शरीर की प्राकृतिक सुरक्षा प्रणाली—रोगनिरोधी व्यवस्था—को दुर्बल कर देती है। मिशिगन विश्वविद्यालय के डॉ. क्रिस्टोफर पीटरसन ने पाया कि इस प्रवृत्ति के व्यक्ति अपना खयाल भी ठीक से नहीं रखते। जीवन के झटकों को निष्क्रिय रहकर सहने से वे केवल रोगों और अन्य मुश्किलों की दुश्चिंता में डूबे रखते हैं। वे खूब गरिष्ठ पर कम पौष्टिक भोजन करते हैं, व्यायाम से दूर रहते हैं, डॉक्टरों की सलाह से अरुचि रखते हैं, पर इन सब तनावों को वे नशे में डुबोना चाहते हैं।

माँ की गोद में तय होती है विचार-शैली

अधिकतर व्यक्तियों में सकारात्मक और नकारात्मक प्रवृत्तियों का मिश्रण रहता है, पर उनका विशिष्ट झुकाव किसी एक की ओर ही होता है। सेलिगमैन का कहना है कि आदमी की विचार-शैली 'माँ की गोद' में ही तय होती है। हर समय के 'यह मत करो', 'वह मत करो' और हर चीज का भय दिखाने से बच्चे में अयोग्यता, भय और नैराश्य पनप जाता है।

नकारात्मकता एक ऐसी आदत है, जिसे दूर करना कठिन है, पर असंभव नहीं। अनेक महत्त्वपूर्ण अध्ययनों के क्रम में इलिनाय विश्वविद्यालय की डॉ. कैराल ड्वेक प्राइमरी कक्षाओं के छात्रों को उनकी असफलता का कारण 'मैं मंदबुद्धि हूँ' की जगह 'मैंने पूरी लगन से पढ़ाई नहीं की' कहलाने में मदद कर रही हैं, और इस सकारात्मक भावना के विकास से उन बच्चों की शैक्षिक प्रगति पर अच्छा प्रभाव भी पड़ रहा है।

उधर पिट्सबर्ग की डॉ. लैवी ने सोचा कि क्या मरीजों को आशावादी बनाने से उनकी उम्र बढ़ाई जा सकती है? एक प्रायोगिक अध्ययन में आँतों के कैंसर के रोगियों के दो समूहों का एक ही प्रकार से इलाज किया गया, पर एक वर्ग की आशावादिता बढ़ाने के लिए उसे मनोवैज्ञानिक मदद भी दी गई। परिणामों से पता चलता है कि इस उपाय का अच्छा असर हुआ। इससे प्रेरित होकर एक बड़े अध्ययन की योजना बनाई गई, जिससे यह सिद्ध हो सके कि इस मनोवैज्ञानिक परिवर्तन का रोग की प्रक्रिया पर क्या प्रभाव होता है।

खुद को एक मौका दीजिए

यदि आप निराश हैं तो घबराइए नहीं। जीवन में आशान्वित होने के पर्याप्त कारण हैं। आप अपने को बदल सकते हैं। प्रस्तुत हैं वांडरमिल्ट विश्वविद्यालय, नैशविल की स्टीच होलन के सुझाए कुछ सहज गुर :

1. कुछ बुरा होने पर अपने विचारों पर ध्यान दीजिए। दिमाग में जो बात सबसे पहले आती है, उसे जैसे का तैसा लिख लीजिए।

2. अब एक प्रयोग कीजिए। कुछ ऐसा कीजिए, जो नकारात्मक प्रतिक्रिया का उलट हो। मान लें कि काम में कुछ गड़बड़ हो गयी है, तो क्या आप सोचते हैं, 'मैं अपनी नौकरी से नफरत करता हूँ, पर क्या इससे बढ़िया नौकरी मुझे मिल सकेगी?' ऐसा व्यवहार कीजिए, मानो ऐसी कोई बात न हो। नौकरी के लिए आवेदन कीजिए। इंटरव्यू में जाइए। प्रशिक्षण लीजिए और नौकरी के मौकों की तलाश कीजिए।

3. क्या हो रहा है, इस पर नजर रखिए। आपके पहले विचार सही थे या गलत? हीलन के अनुसार, 'अगर आपके विचार पीछे धकेलनेवाले हैं, तो उन्हें बदल डालिए। इसे कोशिश और कामयाबी के रूप में लीजिए। सफलता की पक्की गारंटी नहीं है, लेकिन खुद को एक मौका तो अवश्य दीजिए।'

सकारात्मक विचारधारा सकारात्मक क्रिया-प्रतिक्रिया की जननी है। यह प्रमाण-सिद्ध है कि इस दुनिया से आप जैसी आशा करते हैं, वैसा ही उसे पाते हैं।

गहरे पानी पैठिए

एक सफल, ऐश्वर्यपूर्ण जीवन कौन नहीं चाहता ? पर लाखों में कुछ व्यक्ति ही अपनी यह साध पूरी कर पाते हैं। इसका क्या रहस्य है?

यह बात सभी जानते हैं कि तलवार के युद्ध में वही जीतता है, जो न केवल अपना बचाव करना जानता हो, बल्कि जिसमें अवसर देखकर प्रहार करने का साहस व क्षमता भी हो।

जीवन भी कुछ इसी तरह का खेल है। यदि जीवन के संघर्षों में भी निर्भय हो, आगे बढ़कर और परिस्थिति की कठोर कठिनाइयों का ध्वंस कर सफलता को नहीं जीता गया, तो जीवन बच-बचकर चलने का क्रम भर रह जाता है। दुनिया में अधिकतर लोग बच-बचकर ही जीते हैं। अपने को चुनौती-भरे जोखिम से दूर रखकर वे जिंदगी को केवल सुरक्षा के घेरे में बाँधने के प्रयास में ही जीवन बिता देते हैं। अपने और अपने परिवार के लिए जीवन की मूल आवश्यकताओं को तो वे जुटा लेते हैं, ऊपर से कुछ आनंद और आराम के साधन भी मुहैया कर लिए तो बस आश्वस्त हो जाते हैं कि जीवन और अपने प्रति उनका कर्तव्य पूरा हो गया। एक नियमित दायरे से निकलने का भय उनके साहस को हमेशा दबाए रखता है—भय नए मार्ग की कठिनाइयों का, विफलता का और अनजान रास्तों का। ऐसा भी नहीं कि वे अपने जीवन से पूरी तरह संतुष्ट रहते हों। आभिजात्य जीवन जीनेवाले लोगों से वे हमेशा ईर्ष्या करते रहते हैं। बस, यही कहते मिलते हैं कि काश, ऐसे अवसर हमें भी मिले होते! पर सच तो यह है कि सफलता का मूल रहस्य

जोखिम उठाए बगैर सफलता पाने की उम्मीद नहीं करनी चाहिए

इन्होंने कभी समझा ही नहीं। रहस्य यह है कि हमेशा सुरक्षा का दामन थामे रहने से सफलता कभी नहीं मिल सकती।

कुछ कर दिखाएँ

एक छोटे बच्चे सुनील को पहली बार स्कूल की क्रिकेट-टीम में खेलने के लिए चुना गया। अपनी बारी आने पर उसने इस डर से कि कहीं वह जल्दी आउट न हो जाए, हर गेंद को बड़ी सावधानी से खेला। आउट तो जल्दी वह नहीं हुआ, पर रन भी ज्यादा नहीं बना पाया। जब मैदान से बाहर आया, तो अपने कप्तान से प्रशंसा की जगह उसे व्याख्यान सुनने को मिला। खैर, अगले मैच में उसे फिर चुना गया। पर अपनी पारी खेलने जाने से पहले कप्तान ने उसे यह चेतावनी देकर भेजा कि तुमको केवल पंद्रह मिनट देता हूँ, अधिक से अधिक रन बनाओ। अगर इससे ज्यादा समय तुम वहाँ टिक-टिक करते रहने की कोशिश करोगे तो अगले मैच में तुम्हें नहीं रखूँगा। खेल के मैदान में पहुँचते ही सुनील ने धुआँधार बल्लेबाजी की, रन बनाने के हर अवसर का लाभ उठाया, आउट होने के जोखिम से बराबर जूझते हुए पंद्रह मिनट में सत्ताइस रन बनाकर दर्शकों की प्रशंसा लूटता वापस आ गया। सुनील की सफलता का रहस्य था, उसके सोचने के ढंग में बदलाव। किसी भी तरह मैदान में टिके रहने की सावधानी की जगह अब किसी भी तरह कुछ कर दिखाने की भावना ने ले ली थी।

सारांश यह है कि समय को पहचानकर अवसरों का पूरा-पूरा फायदा उठाना ही सफल जीवन की कुंजी है। विफल होने का भय वहीं तक ठीक है, जहाँ तक वह हमें मूर्खतापूर्ण जोखिम उठाने से रोकता रहे। किंतु यदि इस भय को हम अपने ऊपर इतना हावी होने देंगे कि वह हमें हर नया काम करने से रोकता रहे, तो हम बहुत-सी उपलब्धियों, अनुभवों और सुखों से वंचित रह जाएँगे। जोखिम से डरें नहीं। भय से नहीं, तर्क व साहस से अपने जीवन को संचालित करें।

लगन से पूरी होती है साध

मनोवांछित सफलता पाने के लिए परिश्रम तो करना ही पड़ता है। परिश्रम भी तभी हो पाता है, जब अपने ध्येय को पूरा करने की लगन लगी हो। अकसर लोग अपनी साध केवल इसलिए पूरी नहीं कर पाते, क्योंकि उनकी लगन और इच्छाशक्ति की तीव्रता में कमी होती है। जितनी तीव्रता से कोई कुछ चाहेगा, उतना ही गहन परिश्रम वह उसके लिए करेगा।

लगभग हर बड़ी व्यावसायिक संस्था में हर वर्ष कुछ अफसरों को ऊँचे प्रशिक्षण के लिए चुना जाता है। चुने हुए अफसरों में से अधिकतर स्वयं इस प्रशिक्षण को नहीं लेना चाहते और किसी न किसी बहाने से मना कर देते हैं। जो वास्तव में महत्त्वाकांक्षी होते हैं और परिश्रम से नहीं डरते, वे ही जाते हैं।

ऐसा नहीं कि बाकी सारे अफसर ऊँचे पदों पर नियुक्ति न चाहते हों। अवश्य चाहते हैं, पर उसके लिए जो अतिरिक्त कड़ा परिश्रम अपेक्षित है, वह नहीं करना चाहते। अपनी पदोन्नति के लिए वे अन्य तरीके अपनाते हैं। उच्चाधिकारियों की चाटुकारिता या उनके सामने अपना दुखड़ा रोना या किसी और ऐसे ही तरीके से चाहते हैं कि काम बन जाए। कुछ वरिष्ठ अधिकारियों से बातचीत करके वह रोचक तथ्य ज्ञात हुआ है कि जो इस तरह रोते-कलपते रहते हैं, वास्तव में अपना दिन-प्रतिदिन का काम भी भली प्रकार करने में विफल रहते हैं। आगे बढ़नेवाले रोते-घिघियाते नहीं, चुपचाप परिश्रम करते रहते हैं। अपने को सक्षम बनाने में जुटे रहते हैं। जब किसी वरिष्ठ पद पर नियुक्ति का समय आता है, तो वे उसकी जिम्मेदारियाँ निभाने के लिए पहले से ही तैयार रहते हैं।

छिपी संभावनाओं की पहचान

अकसर मनोवांछित सुख हमारे सामने होता है, किंतु उसे हम पहचान नहीं पाते। अपने जीवन की छिपी संभावनाओं को पहचानने के लिए वास्तव में अपने सोचने के ढंग को नकारात्मक नहीं, सकारात्मक बनाना चाहिए। अल हाफिद की कहानी इसका अच्छा प्रमाण है।

अल हाफिद एक धनी खेतिहर था। वह अपने जीवन से बहुत असंतुष्ट था, क्योंकि उसकी महत्त्वाकांक्षा ऐश और आराम की जिंदगी जीने की थी। इसलिए वह अपने खेत बेचकर हीरों की खान की तलाश में निकल पड़ा। दुनिया-भर में घूमते-घूमते उसका सारा धन स्वाहा हो गया। हीरे की खान तो मिली नहीं, अलबत्ता उसकी खोज में अल हाफिद ने अपनी जिंदगी जरूर गरीबी और बेचारगी में गुजार दी। अंत में कुछ चिथड़ों और कुछ टूटे सपनों में लिपटा वह दुनिया से चल बसा।

इधर जिस आदमी ने अल हाफिद के खेत खरीदे थे, उसने वहाँ काम शुरू कर दिया। खेतों के बीच में एक छोटा-सा नाला जाता था। एक दिन काम करते-करते उसने उस नाले की मिट्टी में एक चमकदार वस्तु देखी। उसे निकालने पर वह एक असाधारण इंद्रधनुषीय चमकवाला पत्थर निकला। अपने एक मित्र से जाँच करवाने पर उसका अनुमान सही निकला। वह पत्थर एक हीरा था। फिर क्या था! दोनों ने मिलकर नाले की तह को छान डाला और ढेर सारे कीमती हीरे ढूँढ़ निकाले। ऐसे चमत्कारी ढंग से गोलकुंडा की प्रसिद्ध हीरे की खान की स्थापना हुई। इसी खान से आगे चलकर विश्वप्रसिद्ध कोहिनूर हीरा पाया गया।

कैसी विडंबना थी! जिन हीरों की खोज में अल हाफिद सारी दुनिया में मारा-मारा फिरा, वे हीरे उसी के खेतों में छिपे हुए थे।

छोटे गुण भी बड़े काम के

कभी-कभी एक छोटा-सा गुण भी बड़े कारोबार की प्रेरणा की नींव बन सकता

है। एक गरीब बढ़ई को ठेकेदार ने काम से निकाल दिया। चिंता में डूबा वह बैठे-बैठे लकड़ी के टुकड़े को अपनी पैनी छुरी से खरोंचने लगा। देखते ही देखते उसके हाथों की कला ने उस लकड़ी के टुकड़े को एक सुंदर, मनोहारी खिलौने का रूप दे दिया। उस खिलौने के लिए जब उसके बच्चों में झगड़ा होने लगा, तो उसने एक और बना दिया। दूसरे खिलौने को बनाते समय ही उसे खयाल आया कि क्यों न वह खिलौने बनाकर ही अपनी जीविका चलाए! वह सामान्य बढ़ईगीरी छोड़ खिलौने बनाने और बनवाने लगा। इस तरह एक छोटे-से गुण के आधार पर एक खिलौना-फैक्टरी की स्थापना हो गई और एक गरीब बढ़ई मेहनत, साहस और प्रेरणा के बल पर एक सफल व धनी व्यापारी बन बैठा।

अवसर-रूपी हीरे

अवसर ईश्वर द्वारा दिये गये वरदान नहीं होते। वे तो अल हाफिद के हीरों की तरह हमारे सामने ही बिखरे रहते हैं। अल हाफिद की ही तरह कहीं आप उन्हें खो तो नहीं रहे? खुद को सतर्क बनाकर जीवन को और सफल व संपन्न बनाया जा सकता है। ये अवसर के हीरे उन्हीं के काम के हैं, जिनमें उन्हें पहचानने की शक्ति, पहचान का लाभ उठाने की क्षमता और लाभ उठाने के लिए परिश्रम करने की लगन व कठिनाइयों से जूझने का साहस हो।

हर काम में कुशलता तो होनी ही चाहिए

काम एक ही होता है, पर हर कोई उसे अपने ढंग से करता है। बहरहाल, किसी भी काम को करने का सबसे अच्छा तरीका वही होता है, जिससे वह कम समय में और बेहतरीन ढंग से हो सके। कुछ काम धनोपार्जन के लिए किए जाते हैं, तो कुछ महज शौक के रूप में। पर काम कोई भी हो, जब तक वह सलीके से नहीं किया जाता, तब तक वह कलात्मक, आकर्षक और प्रभावोत्पादक नहीं होता। चित्रकला-प्रदर्शनी में कुछ चित्रकारों के चित्र हाथों-हाथ बिक जाते हैं, कुछ के पड़े रह जाते हैं। शिल्पकार अपनी कृतियों की प्रदर्शनी लगाते हैं तो उनमें अनेक कृतियाँ इतनी जीवंत होती हैं कि बोलती-सी प्रतीत होती हैं, बाकी वैसी नहीं होतीं। कुछ अभिनेता अपनी भूमिका में जान डाल देते हैं, तो कुछ महज रस्म-अदायगी-सी करते जान पड़ते हैं। यह सब अंतर कलाकार की अपनी कुशलता का द्योतक होता है।

कार्यकुशलता और निपुणता हर क्षेत्र में चाहिए। कलात्मकता और उत्कृष्टता की माँग हर कहीं रहती है। अच्छा काम करने-वालों को पुरस्कार मिलता है, प्रतिष्ठा मिलती है। वे सफलता की सीढ़ियाँ फलाँगते चले जाते हैं। इसके विपरीत अकुशल लोग रेंगते हुए जीवन व्यतीत करते हैं।

अकुशल व्यक्ति रेंगते हुए-से जीवन व्यतीत करते हैं

वैसे तो जितनी तरह के काम, उतने ही उन्हें निपटाने के ढंग होते हैं। फिर भी कुछ सामान्य सावधानियाँ होती हैं, जिनका पालन करके अनेक अनावश्यक परेशानियों से बचा जा सकता है और कार्य की गुणवत्ता और अपनी साख बढ़ाई जा सकती है।

लक्ष्य का बोध

सर्वप्रथम, हमें अपने लक्ष्य का बोध होना आवश्यक है। बिना लक्ष्य निर्धारित किए जब कोई काम किया जाता है तो उसमें परेशानी ही होती है। सूर्य की किरणों की लेंस द्वारा केंद्रित करके कागज आसानी से जलाया जा सकता है। लक्ष्य होने से बिखरी शक्तियाँ एक जगह इकट्ठी हो जाती हैं। जब वह केंद्रित शक्ति किसी काम में लगाई जाती है तो फिर वह काम रुक नहीं सकता। कार्य को योजनाबद्ध तरीके से और उसकी प्राथमिकता के आधार पर करना ही उचित होता है।

लक्ष्य बन जाने से हमारे मस्तिष्क को कार्य करने में सहायता मिलती है। हमारा दिमाग तो जादू की पिटारी है, जो सतत कार्यशील रहता है। मस्तिष्क के दो प्रमुख हिस्से होते हैं : एक, चेतन मस्तिष्क, जो ज्ञानेंद्रियों से संकेत ग्रहण करता है। दूसरा होता है, अवचेतन। यह अवचेतन मन अपने-आपमें एक बहुत बड़ा कारखाना है। यहीं कल्पनाशक्ति विद्यमान रहती है, जिसका उपयोग कर हम कुछ भी प्राप्त कर सकते हैं। चेतन मन उपयोगी सूचनाओं को अवचेतन मन में जमा करने के लिए प्रेषित करता है, जहाँ वे स्मृति के रूप में इकट्ठी हो जाती हैं। आवश्यकता पड़ने पर अवचेतन मन इस संगृहीत खजाने की सहायता से समस्या का विश्लेषण करता है और हल सुझाता है। जब लक्ष्य अवचेतन मन में बैठ जाता है तो उसे काम मिल जाता है। वह उठते-बैठते, सोते-जागते उसके बारे में ही सोचता रहता है और हमें सही मार्ग पर चलने को प्रेरित करता है। जिसे हम 'संयोग' कहते हैं, वह और कुछ नहीं, अवचेतन मन का ही करिश्मा है।

एक समय पर एक ही काम

अनेक कार्य एकसाथ हाथ में लेने से निराशा व असफलता ही हाथ लगती है। ऐसे में अवचेतन मन को एकाग्र होकर किसी एक समस्या को निपटाने का समय नहीं मिलता। यदि एक समय में एक ही काम हाथ में लिया जाए तो कुशलता से निपट जाता है। बड़ा कार्य छोटे-छोटे हिस्सों में बाँटा जा सकता है। एक-एक भाग एक बार में निपटाते हुए पूरा कार्य आसानी से समय पर संपन्न किया जा सकता है।

मुश्किल काम पहले

अनचाहे काम का बोझ कुछ ज्यादा ही महसूस होता है। दफ्तर में अकसर कठिन फाइलें बाद में निपटाने के लिए छोड़ दी जाती हैं। उस समय तो ऐसा लगता है कि उन्हें एक तरफ रखकर मानो चैन मिल गया है, पर अंततः यह आदत हानिकारक साबित होती है। इस टाले हुए काम का बोझ अवचेतन मस्तिष्क पर पड़ता है। फलस्वरूप मन उद्विग्न हो उठता है। अतः सबसे अच्छा तरीका है कि कठिन काम पहले किया जाए। हर काम करना तो होता ही है, जिसके लिए उसे समय भी देना ही पड़ता है। कठिन काम पहले निपटाने से एक तो मन सदा प्रसन्न

रहता है और उत्साह बढ़ता है। दूसरे, बचे हुए काम और आसानी तथा शीघ्रता से निपट जाते हैं।

कल पर न टालिए

काम टालते रहने की प्रवृत्ति से अनचाहे कामों का अंबार लग जाता है और फिर अकसर नींद की गोलियाँ खानी पड़ती हैं। निर्णय लेने की शक्ति की कमी से ही काम टालने की प्रवृत्ति को प्रश्रय मिलता है। एक प्रसिद्ध व्यक्ति की स्वीकारोक्ति है, 'मेरे मात्र 75 प्रतिशत निर्णय ही सही रहे तो फिर सामान्य व्यक्ति किस गिनती में हैं, उनके तो 50 प्रतिशत निर्णय भी सही हों तो गनीमत है।' अतः केवल सही निर्णय लेने के लिए, जिसका कोई भरोसा नहीं है, निर्णय टालना ठीक नहीं। इससे, अगर निर्णय गलत भी हुआ तो उसे ठीक करने का समय तो मिल जाता है।

समय पर नियंत्रण

कार्य के दौरान अपने समय पर नियंत्रण रखना बहुत आवश्यक है। इसी को समय-प्रबंधन यानी टाइम-मैनेजमेंट कहा जाता है। अगर दिन-भर के लिए एक-एक मिनट का हिसाब रखा जाए तो विश्लेषण करने से पता चलेगा कि हमारा कम से कम एक-चौथाई समय बेकार के कामों में नष्ट हो जाता है। सबसे अच्छी बात तो है—न अपना समय बरबाद करो और न दूसरे का ही। जो भी काम हाथ में लिया जाए, उसकी बारीकियों को समझने में समय लगाना चाहिए। इसीलिए प्रशिक्षण की व्यवस्था की जाती है। डॉक्टर अस्पतालों में व्यावहारिक प्रशिक्षण लेते हैं। नए वकील पुरानों की शागिर्दी करते हैं। जो ऐसा नहीं करते या प्रशिक्षण को समय की बरबादी समझते हैं, वे सफलता की पहली सीढ़ी पर भी पैर नहीं रख सकते।

आराम हमेशा हराम नहीं

काम के साथ आराम एक नेक सलाह है। किसी भी कार्य को लगातार करने से कार्यक्षमता का ह्रास होता है। यह पाया गया है कि एक मजदूर हर एक घंटे के पीछे दस मिनट आराम करके शाम तक उससे ज्यादा काम दे सकता है, जितना वह लगातार आठ घंटे काम करके देता है। आराम का मतलब यही नहीं होता कि टाँगें फैलाकर लेटा जाए। कार्य-परिवर्तन से भी वांछित फल मिल जाता है। जैसे एक घंटे दिमागी काम किया, फिर पाँच मिनट कुछ पढ़ लिया। इसलिए शौक पैदा करना आवश्यक होता है। दूसरे के व्यवसाय भी हमारे लिए शौक हो सकते हैं, जैसे बागबानी, मछली पकड़ना, गाना-बजाना आदि।

अनचाहे काम को मनचाहा बनाएँ

कार्य में उत्साह व उल्लास उड़ेलने की जरूरत होती है। यह तभी होगा, जब हम अपने कार्य से प्यार करेंगे। जब तक काम मनचाहा नहीं होगा, हम उसे प्यार कर

ही नहीं सकते। लेकिन सारे काम तो हमारे मनचाहे हो नहीं सकते। ऐसे में, अनचाहे कामों को मनचाहा बनाना पड़ता है। इसके लिए हमें यह समझना चाहिए कि जब काम करना ही है, चाहे रोकर करें या हंसकर, तो क्यों न फिर उसे हंसकर ही किया जाए? दूसरे, हमें उसे समझने, उसकी गहराई में जाने की कोशिश करनी चाहिए। काम से प्यार करने से थकान नहीं होती और थोड़े समय में ज्यादा काम होता है। गुणवत्ता बढ़ती है, सो अलग। पर जिस काम को करने की मन गवाही न दे, उसे करना केवल समय बरबाद करना है। जितने पैसे मिल रहे हैं, उससे अधिक व अच्छा काम करके देना चाहिए। 'जितना दाम, उतना काम' की प्रवृत्ति से जिंदगी की गाड़ी भले ही खिंच जाए, पर उन्नति नहीं होती।

हड़बड़ी न दिखाएँ

काम करने में अनावश्यक उतावलापन अच्छा नहीं होता। जल्दी का काम शैतान का। बिना विचारे किए, जल्दबाजी में काम करने से हर काम बिगड़ता है। पंचतंत्र की 'कछुआ और खरगोश' कहानी याद रखनी चाहिए। धीरे-धीरे, पर लगातार काम करना सफलता की ओर अग्रसर होने का उचित तरीका है। केवल दो पृष्ठ रोज लिखते रहकर प्रेमचंद और बर्नार्ड शा के बराबर लिखा जा सकता है।

सँभलकर कदम उठाएँ

विचारशील और बुद्धिमान व्यक्ति एक पैर आगे बढ़ाता है तो दूसरा तब तक पीछे जमाए रहता है, जब तक कि स्थान की परीक्षा नहीं हो जाती। एक बच्चा भी दूसरा कदम सँभालकर रखता है। एक बार सोच-विचारकर हाथ में लिए काम को लगन और परिश्रम से जुटकर करना चाहिए। सोचने-विचारने में चाहे जितना समय लग जाए, पर एक बार निश्चय करने के बाद उसे छोड़ना नहीं चाहिए। पर यदि हालात का तकाजा हो तो परिवर्तन के लिए भी तैयार रहना चाहिए। हर काम को प्रतिष्ठा का प्रश्न नहीं बनाना चाहिए। काम के दौरान सकारात्मक विचारधारा आवश्यक होती है, उससे मनोबल बढ़ता है।

सहयोग लें

आखिरी बात, हर काम को करने में अनेक लोगों का सहयोग अपेक्षित होता है, दूसरों की सहायता की आवश्यकता होती है। अतः अपना व्यवहार ऐसा होना चाहिए कि सदैव दूसरों का सहयोग मिलता रहे। साथ ही, अनावश्यक परेशानी से बचने के लिए अपने साथ ऐसे व्यक्ति रखने चाहिए, जिनके विचार अपने से मिलते-जुलते हों।

खुश रहने में छिपा है सफलता पाने का राज

रूस का एक किसान 156 वर्ष का था। वह अपना काम आखिरी समय तक बड़ी चुस्ती, फुर्ती और प्रसन्नता से करता रहा। एक बार एक पत्रकार ने उससे उसकी लंबी उम्र का राज़ जानना चाहा। किसान ने जवाब दिया, 'मैंने कभी गुस्सा नहीं किया और चाहे कितनी भी खुशी या गम की बात हो, कभी हड़बड़ाया नहीं। बस, यही मेरी इतनी लंबी उम्र पाने व चुस्त और प्रसन्न रहने का राज़ है।'

क्या आप नहीं चाहेंगे कि आपकी उम्र भी लंबी हो और आप जीवनपर्यंत स्वस्थ व प्रसन्न रहें ? प्रसन्नता अपने-आपमें कोई दुर्लभ वस्तु नहीं है, जिसे आप प्राप्त नहीं कर सकते। निम्नलिखित सात उपायों पर अमल करके आप भी प्रसन्नता पा सकते हैं।

अपने भीतर के दुश्मनों को पहचानें

एक तरोताजा मस्तिष्क ही निपुणता से कार्य कर पाता है

आम तौर पर लोगों की यह धारणा रहती है कि घर में और बाहर, सभी तरफ उनके दुश्मन फैले हैं। वे उनके मार्ग में बाधा पहुँचाते हैं और उनकी प्रसन्नता हर लेते हैं। लेकिन सच बात तो यह है कि किसी भी मनुष्य के बाहरी दुश्मन उसे इतना नुकसान नहीं पहुँचाते, जितना कि उसके भीतर के दुश्मन पहुँचाते हैं। हम अपने भीतर एक नहीं, कई-कई दुश्मन लिए फिरते हैं। ये दुश्मन हर समय हमारे साथ रहते हैं और मौका मिलते ही हम पर हमला कर देते हैं। ये दुश्मन हैं हमारी कमियाँ।

स्वयं को टटोलने की कोशिश करें कि हममें कौन-कौन-सी कमियाँ हैं, जिनकी वजह से हमें दूसरों के साथ सामंजस्य बैठाने में दिक्कत आती है और हम प्रगति नहीं कर पाते? क्रोध, अभिमान, लालच, आलस्य, अनिश्चय जैसी बुराइयों को अपने पास न फटकने दें।

मानव-जीवन का क्या अर्थ है? हमारे जीवन का क्या उद्देश्य है? इसे भली भाँति समझकर अपना लक्ष्य निश्चित करके प्रयत्नशील हों, ताकि अपने कार्य से आप मानव-जाति की सेवा कर सकें। इससे मन को जो सुख मिलेगा, उसका कोई मोल नहीं। मरने के बाद भी लोग अपने कार्यों की बदौलत याद रखे जाते हैं। इसी को अमरता का नाम दिया गया है।

घर को घर समझें, मकान नहीं

हर व्यक्ति के जीवन का एक केंद्र होता है। यह केंद्र उसकी तमाम गतिविधियों को दिशा देता है, उसकी क्षमताओं का विकास करता है, उसे सुख और सफलता के मार्ग पर ले जाता है। यह केंद्र प्रायः उसका घर होता है। आप दफ्तर, दुकान या कारखाने में दिन-भर काम करके थके-हारे घर आते हैं और कुछ ही देर में वहाँ के प्यार-भरे वातावरण से तरोताजा हो जाते हैं। घर में सुख और शांति है, तो वह आपको निरंतर आगे बढ़ने की प्रेरणा देती है और किसी कारण यदि अशांति है, तो वह दोनों पक्षों को तोड़कर रख देती है।

यदि आप विवाहित हैं, तो अपने पति या पत्नी के साथ एक सच्चे जीवनसाथी की भूमिका निभाएँ। एक-दूसरे की कमियों को न ढूँढ़ते हुए एक-दूसरे के गुणों पर न्योछावर होना सीखें। पति-पत्नी अपने प्रेमपूर्ण व्यवहार से एक-दूसरे की कमियाँ पूर्ण करने में सफल हो सकते हैं। पति-पत्नी दोनों ही कामकाजी हैं, तो पति को चाहिए कि घर के छोटे-छोटे कामों में पत्नी का हाथ बँटाए, ताकि घर के सारे काम ठीक समय पर पूरे हो सकें। इस प्रकार सहयोग करने से घर में और अधिक सुख आएगा व प्रसन्नता बढ़ेगी। छुट्टी के दिन बाहर पिकनिक मनाने या कोई अच्छी फिल्म आदि देखने का कार्यक्रम बनाएँ, ताकि घर से कुछ देर के लिए बाहर निकलकर थोड़ी ताजगी महसूस कर सकें। बच्चों की शिक्षा, स्वास्थ्य और रहन-सहन का उचित प्रबंध करें, ताकि आप देश के लिए आदर्श भावी नागरिक तैयार कर सकें। आप अपने बच्चों के साथ घर में खुश रहेंगे, तो घर से बाहर निकलकर अपने कार्यक्षेत्र में भी हर काम उत्साह और प्रसन्नता से कर पाएँगे।

काम को खुशी-खुशी करें

आप जिस व्यवसाय में लगे हैं या जिस पद पर भी कार्य कर रहे हैं, उसे पूरी लगन से करें। अपने काम को कभी छोटा न समझें। मन लगाकर कार्य करेंगे, तो फल अवश्य मिलेगा। काम को बोझ न समझें, बल्कि प्रसन्नचित्त होकर खुशी-खुशी

पूरा करें। दिन के सात-आठ घंटे ऐसे आनंद से बीत जाएँगे कि पता भी नहीं चलेगा। अपने सहकर्मियों से मित्रता का भाव रखें। हर तरह के स्वभाववाले लोगों से घुल-मिल जाने की कोशिश करें।

एक रोज लेखक को दफ्तर के लिए देर हो रही थी, इसलिए जैसे ही बस आई, वह झट से चढ़ गया। बस में बहुत भीड़ थी। लेखक ने किसी तरह टिकट लिया। टिकट देते हुए कंडक्टर ने मुस्कराकर कहा, 'भाई साहब, जरा आगे बढ़ जाइएगा।' उसका रवैया बड़ा नम्रतापूर्ण था। बस रुकने पर हर स्टॉप से जितनी भी सवारियाँ चढ़ जातीं, वह सभी को ले लेता और सभी के साथ प्यार से पेश आता। वह खुद भी हँसी-मजाक कर रहा था और दूसरों को भी हँसा रहा था। लेखक मन ही मन सोचने लगा कि आम कंडक्टरों के विपरीत, यह कंडक्टर दिन-भर यात्रियों के साथ कितना खुश रहता होगा और दूसरों को भी कितना खुश रखता होगा! ऐसे व्यक्ति से कोई झगड़ा कर सकता है भला?

मित्रों का दायरा बढ़ाएँ

अपने मित्रों का दायरा बढ़ाने की कोशिश करें, ताकि आपके शत्रुओं की संख्या नहीं के बराबर रह जाए। मित्रों के सहयोग से आप किसी भी आपत्ति का सामना आसानी से कर सकते हैं। अपने रिश्तेदारों से भावनात्मक संबंध बनाए रखें। सुख-दुख में आप उनके साथ रहेंगे, तो वे भी आपका साथ देने को तत्पर रहेंगे। अपने पड़ोसियों के साथ भी मित्रता का संबंध बनाए रखें। उनसे प्रेमपूर्ण व्यवहार करें। यदि वे आपसे वैमनस्य रखें, तो भी आप अपने मन में किसी प्रकार की द्वेष-भावना न पालें। हम शत्रु से घृणा करके उस पर विजय नहीं पा सकते। शत्रुता की भावना से मुक्ति पाकर अवश्य शत्रु से छुटकारा पा सकते हैं।

खर्च करने की कला सीखें

प्रसन्न रहने के लिए यह आवश्यक है कि आप अपनी आय और व्यय में संतुलन बनाए रखें। अपनी आमदनी से ज्यादा खर्च करने से रोज आपके सामने समस्याएँ खड़ी रहेंगी। फिर छोटी-छोटी जरूरतों के लिए भी सहायतार्थ इधर-उधर दौड़ना पड़ेगा। इससे आप चिंतित व खिन्न रहेंगे। जरूरत तो इस बात की है कि आर्थिक संतुलन बनाए रखने के साथ-साथ आप भविष्य के लिए भी प्रति मास कुछ न कुछ राशि बचाकर रखें। इससे आपके और पूरे परिवार के जीवन में सुख-चैन बढ़ेगा।

एक महिला स्वागत-अधिकारी के पद पर काम करती है। वह प्रति मास 5,000 रुपए वेतन पाती है। उसके पति एक केबल-फैक्टरी में अधिकारी हैं, लेकिन उन्हें शराब पीने-पिलाने का बहुत शौक है। अपने इस शौक को पूरा करने के लिए वे महीने का वेतन दस दिन भी नहीं चला पाते। फैक्टरी से अग्रिम वेतन लेकर भी शराब पर उड़ा देते हैं। इतना ही नहीं, जेब खाली होने पर पत्नी से भी माँगना शुरू

कर देते हैं। इसके लिए वे तरह-तरह के झूठ बोलते हैं। पत्नी उन्हें डर की वजह से दे तो देती है, लेकिन दुखी बहुत रहती है। घर में पति-पत्नी के सौहार्दपूर्ण संबंधों का स्थान आपसी तनाव व क्लेश ने ले रखा है।

जीवन में शौक भी जरूरी है, लेकिन उन पर उतना ही पैसा खर्च कीजिए, जितना आवश्यक हो। शौक के नाम पर शराब या सिगरेट पीना, दिन-भर पान चबाते रहना, जुआ आदि खेलना खुद को परेशानी में डालना है। इससे परिवार में अशांति होती है। आपका पारिवारिक जीवन अशांत रहेगा, तो आप बाहर भी स्वयंको खुश नहीं रख पाएँगे। दूसरों को खुश देखकर अपनी आंतरिक अशांति से परेशान रहेंगे। सारी दुनिया एक कब्रिस्तान की तरह नजर आएगी। इसलिए आवश्यक है कि संयम से रहें। इससे आपका जीवन अधिक स्वस्थ, संतोषप्रद और आनंदमय रहेगा। संयम से रहने से जीवन में अधिक वर्ष जोड़े जा सकते हैं। ध्यान रखिए, रुपया कमाना कला है, तो उसे खर्च करना उससे भी बड़ी कला है।

समय ही सबसे बड़ा धन है

समय एक ऐसी पूँजी है जो एक बार खो जाए तो फिर हाथ नहीं आती। इसलिए समय को बरबाद न करें। समय का सदुपयोग करके ही आप अपने लक्ष्य तक पहुँच सकते हैं और सफलता व सुख पा सकते हैं। काम के साथ-साथ मनोरंजन के लिए भी समय निकालें। स्वस्थ मनोरंजन के लिए किसी शौक में समय लगाना समय का दुरुपयोग करना नहीं है, बल्कि इससे मस्तिष्क तरोताजा हो जाता है और आप कार्य को अधिक निपुणता से कर पाते हैं।

अच्छा स्वास्थ्य सफलता की सीढ़ी

सदा प्रसन्न रहने व लंबी उम्र पाने के लिए आवश्यक है कि आप स्वस्थ रहें। आप स्वयं स्वस्थ रहेंगे, तो अपना काम और साथ ही दूसरों की सेवा भी अच्छी तरह कर सकेंगे। यदि आप बीमारियों से घिरे रहेंगे, तो आपका स्वभाव चिड़चिड़ा हो जाएगा। आप दूसरों के काम आने की अपेक्षा खुद दूसरों पर बोझ बन जाएँगे। स्वस्थ रहने के लिए पौष्टिक और संतुलित भोजन लें। आवश्यक व्यायाम करें और समय-समय पर अपने स्वास्थ्य का परीक्षण कराते रहें।

स्वस्थ शरीर में ही स्वस्थ मस्तिष्क निवास करता है और मस्तिष्क स्वस्थ होगा, तभी आपकी सोचने-समझने की शक्ति सही रहेगी और आप किसी भी विषय पर सही निर्णय ले सकेंगे। स्वस्थ होने पर आप हर प्रकार के संकटों का सामना करने के काबिल रहेंगे।

सफलता का महत्त्व लक्ष्य हासिल करने से ही है

सफलता की चोटी पर पहुँचनेवाले महापुरुषों की जिंदगियों का अध्ययन करनेवाले अध्येताओं ने पाया है कि वे लोग न तो विलक्षण अतिमानव रहे हैं और न कोई उनके पास असाधारण प्रतिभा या विशिष्ट रणनीति ही रही है, जिसे वे सभी समान रूप से लेकर चले हों। हाँ, उन सबमें कोई बात समान दिखती है तो वह है आगे बढ़ने की अदम्य इच्छा और विषम परिस्थितियों को अपने पक्ष में मोड़ने के कुछ ऐसे सामान्य सूत्र, जिन्हें साधारण प्रयास से कोई भी व्यक्ति अपने भीतर विकसित कर सकता है। वे सूत्र इस प्रकार हैं :

लक्ष्य निर्धारित करें

आगे बढ़ने की अदम्य आकांक्षा ही व्यक्ति को असाधारण बनाती है

सफलता के शिखर पर पहुँचनेवाले लोग सिर्फ अपने सामने पेश आनेवाले काम में सफलता पाकर संतुष्ट नहीं हो जाते। उनका लक्ष्य दूरगामी होता है, जो उनकी प्रतिबद्धता और उनके कर्म को प्रेरित करता है।

टॉमस वाटसन सीनियर चालीस वर्ष के थे तो एक छोटी-सी कंपनी के महाप्रबंधक बने। यह कंपनी मांस के कतले काटने की मशीन, कर्मचारियों के आने-जाने का समय दर्ज करनेवाली घड़ी और गणना में काम आनेवाली पुरानी पंचकार्ड-मशीनें बनाती थी। तभी उन्होंने एक ऐसी मशीन देखी, जिसमें सूचनाओं का भंडारण एवं विश्लेषण किया जा सकता था। वह मशीन क्या थी, कंप्यूटर ही था, जिसकी उपयोगिता इस मशीन के व्यावसायिक

उपयोग में आने के दशकों पहले वाटसन ने जान ली थी। अपने उद्देश्य के अनुरूप उन्होंने अपनी उस छोटी कंपनी का नाम बदलकर उसका नया नाम रखा 'इंटरनेशनल बिजनेस मशींस कॉरपोरेशन'। जीवन के अंतिम दिनों में जब उनसे पूछा गया कि आईबीएम के रूप में इतनी विशाल कंपनी बनाने की कल्पना उन्होंने कब की थी, तो उनका जवाब था, 'एकदम शुरू में ही।'

अपने लक्ष्य को तय करते समय सफलता के शिखर पर पहुँचनेवाले व्यक्ति स्वयं से यह प्रश्न करते हैं, 'मुझे क्या करना सुहाता है? कौन-सा काम है, जिसे मैं अच्छी तरह कर सकता हूँ।' ऐसे लोगों की चिंता इस बात को लेकर नहीं होती कि वे हर काम में दक्ष क्यों नहीं हैं? उनकी चिंता अपने भीतर छिपी उन विशिष्ट समस्याओं को जानने की होती है, जिनके बल पर वे अपने लक्ष्य-विशेष तक पहुँच सकते हैं।

परिणाम के लिए काम

कुछ लोग हरदम काम में पिले रहते हैं। उन पर काम का भूत सवार रहता है। पर उपलब्धियों की चोटी पर पहुँचनेवाले लोग अपने काम के नतीजों के प्रति प्रतिबद्ध होते हैं। काम करते समय उनके सामने मात्र उनका लक्ष्य होता है और उनकी सारी गतिविधियाँ उसी से संचालित होती हैं।

जिम ग्रे एक टेलीफोन-कंपनी में लाइनमैन के रूप में काम करता था और उसकी इच्छा थी कि वह रखरखाव-दल का सुपरवाइजर बने। लेकिन वह न तो वरिष्ठ था, न उसकी पदोन्नति के ही कोई आसार थे। अतः उसने अपने ऊपर के अधिकारियों को अपनी उपस्थिति का अहसास कराने के लिए स्वयं को अपने दल का सर्वश्रेष्ठ मिस्तरी सिद्ध करने में अपनी सारी शक्ति लगा दी। 'मैं उनको दिखा देना चाहता था कि जिम ग्रे और अच्छा काम एक-दूसरे के पर्याय हैं,' उसने एक बार बताया।

ऊपर के अधिकारियों की निगाह से यह बात छिपी भी न रह सकी। उन्हें इस बात का पता था कि जिम उस मैनहोल में भी काम करता है जिसमें और लोग घुसने से कतराते हैं, लेकिन इसके बावजूद काम श्रेष्ठतम होता है क्योंकि वह जिम के हाथों हुआ होता है। अतः उसे टेलीफोन आदि लगानेवाले विभाग से हटाकर रखरखाव वाले विभाग में भेज दिया गया। इसके बाद उसका तबादला काम की भरमारवाले दक्षिणी कैलिफोर्निया में कर दिया गया। वहाँ उसे नए तकनीशियनों को प्रशिक्षित करने का काम मिला। इसके बाद जल्द ही उसे रखरखाव विभाग में सुपरवाइजर के पद पर भी नियुक्त कर दिया गया, जहाँ पहुँचने के वह स्वप्न देखा करता था।

अपनी आंतरिक क्षमताओं का उपयोग

मनोवैज्ञानिक अब्राहम मास्लोव की मान्यता थी कि हर आदमी में अपने भीतर की शक्ति या क्षमता को साकार करने की प्रवृत्ति होती है। उन्होंने तो उपयोग में लाए जाने के लिए ठाठें मारती क्षमताओं की और ऐसी 'बेचैनी' तक की बात कही जो आत्मविकास के लिए, कार्य-सिद्धि और आत्मसम्मान की प्राप्ति के लिए मनुष्य में विद्यमान होती है। व्यक्ति की संपूर्ण आंतरिक क्षमता एक के बाद एक कौशल प्राप्त करते चले जाने से नहीं उभरती, इसके लिए तो उपयोग में लाए जाने के लिए तैयार आंतरिक संसाधनों के भंडार के कपाट ही पहले खोलने होते हैं।

1953 तक बहुत-से विशेषज्ञों का खयाल था कि 4 मिनट में 1600 मीटर की सीधी दौड़ पूरी करना शारीरिक रूप से संभव नहीं। लेकिन रोजर बैनिस्टर में ऐसे आंतरिक संसाधन थे, जिनके चलते तथाकथित बाधाएँ उसके सामने कोई अड़ंगा नहीं डाल सकती थीं। वह इसे संभव कर दिखाने के लिए कृतसंकल्प था। 1954 में बैनिस्टर ने 3.59.4 मिनट का समय लेकर विश्व-कीर्तिमान से भी कुछ ज्यादा ही तोड़ दिया। उसने मनुष्य की क्षमताओं को सीमाबद्ध करनेवाली मनोवृत्ति को ही तोड़कर रख दिया। उसकी इस विजय के बाद विश्व-भर के धावकों ने 4 मिनट से कम समय में कई बार 1600 मीटर की दूरी तय की है।

टीम-भावना से लाभ उठाएँ

आप यदि अपने सहयोगियों की अंतर्निहित क्षमताओं का भी अपने हित में उपयोग करें, तो आपकी उपलब्धियाँ कई गुना बढ़ सकती हैं। यह खास तौर से उन संगठनों में विशेष लाभदायक है, जहाँ प्रतिस्पर्धा की स्थितियाँ काफी उच्च स्तर की हैं।

दक्षिणी कैलिफोर्निया के एक ऊष्मागतिवैज्ञानिक (थर्मोडाइनामिक्स) संयंत्र में काम करनेवाले एक फोरमैन ने बताया कि उसके संयंत्र के जटिल उपकरणों के तापमान और दबाव को जाँचने-परखनेवाले तकनीशियनों के एक दल के सदस्य रोज-रोज के उसी काम से ऊबकर नौकरी क्यों नहीं छोड़ जाते और श्रेष्ठ से श्रेष्ठ काम ही कैसे किए चले जाते हैं। उसने शल्य-चिकित्सकों के-से हरे रंग के अपने ढीले-ढाले लबादों की ओर इशारा करते हुए कहा, 'ये हमारे पेशे की देन हैं। मैंने अपने इन लोगों से कहा—हम भी इन पाइपों आदि की उसी तरह देखभाल करते हैं जिस तरह डॉक्टर हमारे हृदय की देखभाल करता है। हम लोग जब तक पाइप-रूपी इन धमनियों की देखभाल करते रहेंगे, इनमें किसी प्रकार का अवरोध नहीं होगा।' गर्व तथा सहज हास्य के साथ इस संयंत्र के कार्मिक एक-दूसरे को 'डॉक्टर' कहकर संबोधित करते हैं। बहुत-सी कंपनियाँ सफलता के उच्च शिखर पर इसीलिए पहुँचती दिखाई पड़ती हैं कि वे अपने कर्मचारियों के साथ कंपनी के बराबर के हिस्सेदारों

का-सा व्यवहार करती हैं।

इस तरह कर्मचारियों को अधिकाधिक स्वायत्तता और दायित्व सौंपते जाने और साथ ही उनको अपने विकास के लिए भी अवसर प्रदान किए जाने से स्वाभाविक रूप से गुणवत्ता, उत्पादन और संतोष में वृद्धि के परिणाम सामने आते हैं।

असफलता सीढ़ी है सफलता की

पृथ्वी और चंद्रमा के बीच यात्रा करनेवाले अपोलो यान अपनी उड़ान के दौरान 90 फीसदी मौकों पर निर्धारित मार्ग से इधर-उधर हटकर चलते रहे और अंतरिक्ष-यात्रियों को बार-बार उनका प्रक्षेप-पथ सुधारना पड़ता था। पर क्या आप यह जानते हैं कि निर्धारित मार्ग से हटकर चलने का अर्थ हमेशा गड़बड़ी ही नहीं होता? इसी प्रकार, निर्धारित मार्ग पर चलने का मतलब भी हमेशा यह नहीं होता कि सबकुछ दुरुस्त ही है। एक अध्ययन में व्यापार, राजनीति, खेल और कला के क्षेत्र में अग्रणी 90 लोगों से पूछताछ की गई। उनमें से अनेक ने 'गलत शुरुआत' की बात तो कही, लेकिन किसी ने भी 'असफलता' का नाम तक नहीं लिया। असल में, निराशा भी संकल्प की दृढ़ता में वृद्धि कर विकास और परिवर्तन की ओर ले जाती है। बकौल गालिब, मुश्किलें इतनी पड़ीं कि आसां हो गयीं।

यह बात ध्यान देने की है कि अपने जीवन में सफलता के शिखर चूमनेवालों के सामने चाहे जितनी विषमताएँ पेश आई हों, वे हमेशा यह महसूस करते रहे हैं कि सफलता पाने के और भी क्षेत्र हैं और उनकी भी तलाश की जा सकती है। उनके पास आजमाने के लिए हमेशा एक न एक विचार मौजूद रहता है।

अपने जीवन में निरंतर इस बात की खोज करते रहने के बाद कि वह कौन-सी चीज है जो लोगों को सफलता की चोटी पर पहुँचाती है और क्यों व कैसे पहुँचाती है, चार्ल्स ए गारफील्ड इस अपरिहार्य निष्कर्ष पर पहुँचे कि ये सफल लोग जो कुछ करते हैं, उसमें असाधारण कुछ भी नहीं होता, सब सामान्य होता है। अधिकांश मामलों में ये लोग भी हमारी-आपकी तरह साधारण व्यक्ति ही होते हैं, जो असाधारण बन जाते हैं। कैसे ?

वस्तुतः विख्यात जर्मन लेखक गेटे ने जिसे कभी 'प्रतिभा, शक्ति एवं जादू' कहा था, मेहनत और लगन के उन्हीं गुणों को विकसित कर वे असाधाण बन जाते हैं और कहना न होगा कि ये सब गुण हम सभी में विद्यमान होते हैं।

अपने अंदर छिपी शक्तियों का उपयोग करें

हम सबके परिचितों में कोई न कोई ऐसा व्यक्ति अवश्य होगा, जो शक्ति का जीता-जागता प्रतीक हो—उत्तेजक, उत्साही, प्रेरक और कभी-कभी तो लोगों को पागल तक कर देने में सक्षम। ऐसा व्यक्ति अपने जीवन में अन्य मनुष्यों की अपेक्षा कहीं अधिक काम कर जाता है और हँसते-खेलते जीवन बिता देता है। जब हम इस बारे में सोचते हैं, तो जीवन के वे दिन याद आते हैं जब हम ऊर्जा से भरे होते थे। तब हमें दिन बहुत छोटे लगते थे और काम व खेलकूद के बीच की संधि-रेखा न जाने कैसे खो जाया करती थी!

आप वे दिन भूल गए, जब कक्षा में पढ़ाई के समय आँखें खुली रखना मुश्किल हो जाता था, किंतु खेलकूद के समय कितने चौकन्ने रहते थे! और प्रणय-प्रसंग आरंभ होने पर अथवा किसी काम की चुनौती या किसी खतरे के समय भर जानेवाली शक्ति की व्याख्या कैसे करेंगे?

शक्ति का उपयोग किए बिना और अधिक शक्ति प्राप्त नहीं की जा सकती

थके-हारे किसलिए

इसके बावजूद हम प्रायः अपने को थका-हारा-सा अनुभव करते हैं। एक मामूली-सा काम करना भी दूभर हो जाता है। पत्रों के जवाब, टपकते नल यूँ ही रह जाते हैं और हम अपनी सर्वोत्तम शक्ति उद्‌देश्यहीन कामों में या टेलीविजन के निरर्थक कार्यक्रम देखने में नष्ट कर डालते हैं। आखिर क्यों?

मनुष्य का शरीर वस्तुतः एक ऐसी मशीन है, जो इस्तेमाल न

होने पर बेकार हो जाती है। हाईस्कूल की भौतिक विज्ञान की पुस्तक में हमने पढ़ा था कि गतिक शक्ति (काइनेटिक एनर्जी) गति से उत्पन्न होती है। यही बात मानव-शक्ति पर भी लागू होती है। यह भी प्रयोग से उत्पन्न होती है। आप इस शारीरिक शक्ति को जमा नहीं कर सकते।

शक्ति का सदुपयोग

हम सभी में निहित शक्ति का अतुल भंडार है, जो इतना विशाल है कि उसका चुकना तो दूर, पूरा इस्तेमाल तक नहीं किया जा सकता। यदि हम अपने इस अजस्र शक्तिस्रोत का केवल 10 फीसदी भाग भी प्रयोग में लाएँ, तो जीवन में आमूलचूल परिवर्तन कर सकेंगे। प्रस्तुत हैं इस शक्ति के सदुपयोग के कुछ निर्देश :

सदा स्वस्थ रहिए

शारीरिक स्वास्थ्य हमारे जीवन के प्रत्येक अंग को अत्यधिक स्फूर्ति और ऊर्जा प्रदान करता है। प्रायः थकान दूर करने का उत्कृष्ट इलाज है तीस मिनट तक वातजीवी व्यायाम, जिससे आपके शरीर को पर्याप्त ऑक्सीजन मिल सके।

जो लोग अपने को स्वस्थ अनुभव करते हैं, वे आलस्यपूर्ण व रोगी जीवन बितानेवालों की तुलना में अपनी व दूसरों की भलाई में अपनी शक्ति का ज्यादा उपयोग कर सकते हैं। आखिर शरीर ही तो समस्त कार्यों की सिद्धि का माध्यम है—शरीरमाद्यं खलु धर्मसाधनम।

क्रोध का भी लाभ उठाइए

क्रोध किसे नहीं आता? किंतु उसे इतना दबाया जाता है कि हम क्रोध से उत्पन्न ऊर्जा को भी खो बैठते हैं।

जीवन में ऐसे अवसर भी आते हैं, जब गुस्से को व्यक्त करना सार्थक और उचित होता है। किंतु क्रोध और रोष से उत्पन्न प्रचंड शक्ति को सार्थक कामों में लगाना भी उतना ही संभव है। जब भी आपको अपना गुस्सा बढ़ता लगे, तो आप अपनी रुचि का कोई कार्य उत्साह और लगन से उसी समय करने लग जाइए।

सकारात्मक दृष्टिकोण विकसित कीजिए

अध्ययनों से यह सिद्ध हो चुका है कि जीवन के प्रति सकारात्मक दृष्टिकोण रखनेवाले व्यक्ति नकारात्मक दृष्टिकोण रखनेवाले व्यक्तियों की अपेक्षा बहुत कम बीमार पड़ते हैं। आशावादी व्यक्तियों में उनकी अपेक्षा शक्ति भी कहीं अधिक होती है।

अमेरिका के दो प्रबंध सलाहकारों—टॉम पीटर्स और रॉबर्ट वाटरमैन और अमेरिका की सर्वाधिक सफल कंपनियों के प्रबंधकों के विचारों में एक अद्भुत समानता है। ये सभी प्रबंधक आशावादी दृष्टिकोण, प्रशंसा के प्रभाव और अन्य सार्थक प्रतिक्रियाओं

के महत्त्व पर बल देते हैं।

जीवन की कठोर ठोकरें भी आपका अंतरतम झकझोरकर आपमें अतिरिक्त शक्ति भर सकती हैं। जीवन के ये संकट आपकी निष्क्रियता झटककर दूर कर देते हैं। किंतु यदि आप इन संकटों को असली न समझें, तो आप सचेष्ट नहीं हो पाएँगे। आपको यह तथ्य स्वीकारना होगा कि नैराश्य केवल हाथ पर हाथ धरकर बैठने के लिए नहीं होता। उसका एक और अर्थ है और वह यह है कि आप वस्तुस्थिति का मुकाबला करें और संकट से उबर जाएँ। श्रीकृष्ण द्वारा शेषनाग के दमन का प्रतीक इस्तेमाल करते हुए राष्ट्रकवि दिनकर लिखते हैं : 'तान-तान फन व्याल कि मैं बाँसुरी बजाऊँ।' अपने किसी घनिष्ठ मित्र को अपने जीवन की परेशानियाँ बता देने पर भी शायद आप अपने को सहज और स्फूर्तिवान अनुभव करें। एक बार निराशाजनक स्थिति से निपट लेने के बाद आप अपने गुणों और शक्तियों पर ध्यान केंद्रित कर सकते हैं।

सच को अपनाइए : टॉम पीटर्स की धारणा है कि 'जिस कंपनी के कर्मचारी आपस में सचाई बरतते हैं, उस कंपनी की शक्ति में वृद्धि होती है।'

अपनी अनुभूतियों को प्रकट करने के लिए प्रयुक्त सत्य सबसे प्रभावशाली होता है। दूसरों का अपमान करने और अपना काम निकालने के लिए सच का सहारा लेना इस दृष्टि से निरर्थक है। उस स्थिति में तो 'सत्य बोलो, प्रिय बोलो, अप्रिय सत्य मत बोलो' का पालन करना चाहिए। सत्य का आचरण करने से आपमें उत्साह और जोखिम उठाने और चुनौती स्वीकारने का हौसला तो भरता ही है, आपमें निहित शक्ति को निःसृत भी कर देता है।

प्राथमिकताएँ निश्चित कीजिए

कोई भी निर्णय लेने में आपको इस विकराल वस्तुस्थिति का सामना करना पड़ता है—एक दिशा में बढ़ने का अर्थ है, अन्य दिशाओं का त्याग; एक लक्ष्य चुन लेने का अभिप्राय है, अनेक संभावित लक्ष्यों का परित्याग। असल में अनिश्चय अकर्मण्यता को जन्म देता है और अकर्मण्यता क्षीणता, उदासीनता और नैराश्य की जननी है।

कार्यरत होने का दृढ़ निश्चय मानसिक और आध्यात्मिक शिथिलता दूर करने में सक्षम है। आप प्रत्येक काम नहीं कर सकते, किंतु एक काम तो कर सकते हैं और उसके बाद दूसरा, फिर तीसरा। कोई भी निर्णय या चुनाव न करने की अपेक्षा बेहतर है कि आप गलत चुनाव ही करें। काम शुरू करने के लिए एक कागज पर अपनी प्राथमिकताएँ निर्धारित कीजिए—दैनिक, साप्ताहिक और मासिक। फिर इन सभी कामों को क, ख और ग—इन तीन वर्गों में बाँट दीजिए। अब कम से कम क भाग के काम तो कर ही डालिए।

यही उपाय लंबी अवधि के लक्ष्य पूरे करने के लिए भी अपनाइए। समय-समय

पर प्राथमिकताओं में कभी भी परिवर्तन कर सकते हैं। लेकिन लिखित कार्यों से जीवन में स्पष्टता आएगी और स्पष्टता शक्ति का स्रोत है।

प्रण कीजिए

यदि आप कोई काम पूरा कर डालने के लिए समय-सीमा निश्चित कर लेते हैं, तो यह दृढ़ निश्चय ही आपमें शक्ति भर देगा। इस तथ्य से थिएटर के उद्घाटन की सीमा-रेखा से चालित अभिनेता, निश्चित तिथि तक के प्रस्ताव स्वीकार करनेवाले व्यापारी और निश्चित समय तक शोध-प्रबंध प्रस्तुत कर देनेवाले विद्यार्थी भली भाँति परिचित हैं।

यह सदैव संभव नहीं कि कोई और व्यक्ति आपके किसी काम की समाप्ति की अवधि निश्चित करे। अंततः आपको स्वयं यह अवधि निर्धारित करना आना चाहिए। कोई भी काम पूरा कर डालने की अवधि संजीदगी से निर्धारित करने का एक सरल उपाय है कि आप अपना यह निश्चय अपने परिचित किसी महत्त्वपूर्ण व्यक्ति के समक्ष प्रकट कर दीजिए। अवधि जितनी कठिन होगी, उसे तोड़ना भी उतना ही अधिक कठिन होगा। इससे आपमें और अधिक शक्ति आएगी।

गतिशील रहिए

पूरी तैयारी के बिना कोई काम शुरू मत कीजिए। योजना सोच-समझकर और समय लगाकर बनाइए। किंतु योजना ही बनाते मत रहिए। आप जितना भी और जो कुछ कर सकते हैं—बस, कीजिए। यह बात सदैव ध्यान में रखिए कि शक्ति का संचय नहीं हो सकता। अपनी शक्ति का प्रयोग किए बिना आप और अधिक शक्ति प्राप्त नहीं कर सकते। किसी भी काम के साथ पर्याप्त विश्राम भी आवश्यक है, लेकिन कोई सार्थक काम किए बिना आराम नैराश्य भरता है।

हमारी निराशा और अवसाद का मूल कारण काम में न लाई गई हमारी शक्ति और सामर्थ्य ही है। रचनात्मक और सृजनात्मक कामों की कमी नहीं। इन्हें कर लेने के बाद भी अनेक काम बचे रहते हैं। उन्हें करते हुए हम सब अपनी शक्ति और सामर्थ्य बढ़ा सकते हैं—आज से ही।

दुर्घटनाएँ जीवन की दिशा भी बदल सकती हैं

कुछ साल पहले अपनी मॉरीशस-यात्रा के दौरान मैं देश के सबसे बड़े औद्योगिक घरानों में से एक के उत्तराधिकारी से मिला। यह औद्योगिक घराना कुरीमजी का है, जो कंप्यूटर से लेकर कार तक उत्पादों की व्यापक शृंखला में कारोबार करता है। वे तकरीबन एक सदी से मॉरीशस में रह रहे थे। मैं इस बात को जानने के लिए उत्सुक था कि कैसे दादा कुरीमजी कच्छ से समुद्र पार करते हुए यहाँ इस देश में आए। पोते ने मुझे बताया कि उसके दादा पूर्वी अफ्रीका जा रहे थे। जिस जहाज पर वे यात्रा कर रहे थे, उसके जहाज में कुछ खराबी आ गई। खराबी को ठीक करने के उद्‌देश्य से जहाज को मॉरीशस के पोर्ट लुई पर खड़ा किया गया। अठारह वर्षीय कुरीमजी को, जो पिता से हुए झगड़े के बाद घर छोड़कर अपना भविष्य तलाशने के लिए निकले थे, यह जगह पसंद आ गई। उन्होंने यह अनुमान लगाया कि मॉरीशस में कारोबार की अपार संभावनाएँ हो सकती हैं। उन्होंने एक दुकान लगाई और एक छोटे व्यवसायी के रूप में शुरुआत की। कालांतर में उन्होंने एक विशाल साम्राज्य खड़ा किया, जिसे उनके लड़कों व पोतों ने और आगे बढ़ाया। एक दुर्घटना उनके जीवन में एक महत्त्वपूर्ण मोड़ साबित हुई।

दुर्घटनाओं से पार पाने के कई सकारात्मक उदाहरण मौजूद हैं

दृष्टिअंधता के बावजूद

डॉ. कृष्णास्वामी ग्लैक्सो के मेडिकल-रिप्रेजेंटेटिव थे। उनका मुख्य कार्यालय दक्षिण के एक शहर में था। यह एक प्रभावशाली

मेडिकल-रिप्रेजेंटेटिव थे, हालाँकि मैं यह नहीं जान पाया कि डॉक्टर होने के बावजूद उन्होंने यह पेशा क्यों चुना था। लगभग पैंतालिस साल की आयु में डॉ. कृष्णास्वामी की आँखों की रोशनी चली गई। अब वह पहले की तरह एक जगह से दूसरी जगह नहीं जा सकते थे। कंपनी ने उन्हें चेन्नई-कार्यालय में बैठे-बिठाए करनेवाला काम दे दिया। उन्होंने बिक्री-प्रशासन-सहायक के रूप में काम करना शुरू किया और तेजी से प्रोन्नति करते हुए शाखा के बिक्री-संवर्धन-प्रबंधक बन गए। ऐसा लग रहा था कि वह अपने नए काम में काफी फल-फूल रहे हैं। उनकी आँखों की ज्योति जाने के बाद उनकी इंद्रियाँ ज्यादा संवेदनशील हो गई थीं। वे दरवाजे पर आहट से ही व्यक्ति को पहचान लेते थे। जब एक बार मैं उनसे मिलने गया तो उन्होंने मुझसे आग्रह किया कि मैं थोड़ी देर इंतजार करूँ, तब तक वे कुछ पत्र लिखवा लें। उन्होंने पाँच पत्र लिखवाए और काम समेटकर मेरी ओर उन्मुख हुए। बाद में मुझे पता चला कि डॉ. कृष्णास्वामी, जिन्हें लोग प्यार से 'डॉक्टर' कहते हैं, को उनकी सेक्रेटरी एक बार में 30 पत्र पढ़कर सुनाती थी और फिर वे उसी क्रम में उन 30 पत्रों का जवाब लिखवाते थे। इसके बाद पत्रों के अगले बंडल की बारी आती थी। डॉ. कृष्णास्वामी के लिए उनकी आँखों का अंधापन उनके कैरियर के लिए एक महत्त्वपूर्ण मोड़ साबित हुआ और उन्होंने स्थिति का सफलतापूर्वक सामना किया।

निर्णायक मोड़

रॉय कंपनी का सबसे बढ़िया लिफ्ट-सर्विसमैन था। उसने कंपनी में 26 साल काम किया। उसका काम इतना अच्छा था कि कंपनी ने उसे काम करने के लिए मध्य-पूर्व के एक देश में स्थानांतरित कर दिया। एक दिन जब वह और उसका एक सहयोगी एक खराबी को ठीक कर रहे थे, तो उसने देखा कि अब्दुल की पकड़ ढीली हो गई और वह बहुत ऊँचाई से नीचे जा गिरा। वह खून से लथपथ मृत पड़ा था। इस दृश्य को रॉय कभी भी भूल नहीं पाया। उस दिन के बाद से वह लिफ्ट से जुड़ा अपना काम कभी नहीं कर पाया। उसने नौकरी छोड़ दी और कनाडा चला गया। उसे वहाँ नौकरी ढूँढ़ने में परेशानी हुई, क्योंकि उसे केवल लिफ्ट ठीक करने का ही काम आता था और उस काम को भी वह करना नहीं चाहता था। अब वह मांट्रियल के छोटे-से उपनगर में डाकिए का काम करता है और खुश है। वह समाज के सभी लोगों को जानता है। वे उसके आने का इंतजार करते हैं और कई बार उसे एक कप कॉफी पीने के लिए अपने यहाँ आमंत्रित भी करते हैं। वह एक दोस्त, दार्शनिक व मार्गदर्शक बन गया है, विशेष कर उम्रदराज व अकेले रहनेवाले लोगों के लिए। एक सहयोगी की मृत्यु उसके कैरियर का निर्णायक मोड़ साबित हुई।

चिकित्सा छोड़ पत्रकारिता अपनाई

रघु ने इस बात का बुरा नहीं माना कि उसका लड़का अनिल उसके पदचिह्नों

पर नहीं चला। रघु के पास एक बड़ा, फलता-फूलता निर्यात-कारोबार था। अनिल ने डॉक्टर बनने का फैसला किया। वह तेज विद्यार्थी था और उसे चेन्नई मेडिकल कॉलेज में दाखिला मिल गया। वहाँ से पढ़ाई पूरी करके वह सर्जरी में विशेषज्ञता हासिल करने के लिए अमेरिका चला गया। पता नहीं कि क्या हुआ, अनिल का कहना है कि एक ऐसा समय आया जब खून को देखना उसकी बरदाश्त के बाहर हो गया। उसने कैरियर के रूप में चिकित्सा को छोड़ पत्रकारिता का क्षेत्र अपनाने का फैसला किया। आज वह न्यू जर्सी में एक बड़ी दवा-कंपनी में मेडिकल-कॉपीराइटर के तौर पर काम करता है। किसी तरह से वह अपने कैरियर के निर्णायक मोड़ पर पहुँच गया।

कैमरे का उपहार

बारह साल की उम्र में कुणाल को उसके चाचा ने एक कैमरा दिया। यह उसकी सबसे कीमती वस्तु बन गया। कुणाल यदा-कदा ही अपने कैमरे के बिना कहीं आता-जाता था। उसके पिता ने भी कभी उसे फोटो बनवाने पर आनेवाले खर्चे के लिए रोका-टोका नहीं। समय के साथ-साथ कुणाल की फोटोग्राफी में सुधार होता गया और उसने खुद फोटो-डेवलपिंग के इंतजाम कर लिए। स्कूल की पढ़ाई खत्म करने के बाद कुणाल ने फोटोग्राफी को अपने कैरियर के रूप में चुना। वह अमेरिका गया और इस क्षेत्र में विशेषज्ञता हासिल की। वह भारत वापस आया और उसने एक स्टूडियो स्थापित कया, जो नवीनतम सुविधाओं से संपन्न था। उसने कलर-प्रोसेसिंग के क्षेत्र में काम का विस्तार किया और इसके बाद उच्चस्तरीय प्रिंटिंग में भी। उसका कारोबार बहुत सफल साबित हुआ। यह सब उपहार में कैमरा मिलने के निर्णायक मोड़ के चलते आया।

घायल की गति घायल जाने

डॉ. जैन एक व्यस्त हृदयरोग-विशेषज्ञ थे। उन्हें अकसर रात में, आपातकाल में बुलाया जाता था। रात में मरीजों को देखने के लिए जैन को खुद ही गाड़ी चलाकर जाना पड़ता था, क्योंकि उनका ड्राइवर अपने घर चला जाता था। उन्होंने इसे अपनी जिंदगी का हिस्सा मान लिया था। एक दिन रात को एक बजे गंभीर हालत में एक मरीज का फोन आया। वे जल्दी से तैयार हुए और नीचे गए। वे अपनी कार में बैठे और तेजी से पार्किंग से बाहर निकलने के लिए गाड़ी को पीछे किया, तो उन्हें चीख सुनाई दी। उनकी गाड़ियों के पहिए के पास एक बूढ़ा आदमी सो रहा था। वह गरीब बेसहारा आदमी गंभीर रूप से घायल हो गया। जैन उस कृशकाय आदमी को अपनी गाड़ी के पास सोया हुआ नहीं देख पाए थे। बाकी रात अस्पताल, एमर्जेंसी वार्ड, खून चढ़ाने आदि में ही बीत गई।

उस रात ने डॉ. जैन की जिंदगी की दिशा ही बदल दी। उन्होंने अपने मरीजों की संख्या घटा दी। रात में मरीजों को देखने के लिए वे टैक्सी में जाने लगे। उनकी स्मृति से उस कुचले हुए आदमी की बदतर स्थिति मिटी नहीं।

हादसे के कारण

कार्ल एक अच्छा सर्जन था और पचास के दशक में मुंबई में उसकी प्रैक्टिस अच्छी जमने लगी थी। उसकी जिंदगी व्यस्त व सफल थी, जब एक व्यक्तिगत हादसा घटित हुआ। उसकी नवजात बेटी का होंठ कटा हुआ था। पहले तो कार्ल व उसकी पत्नी को समझ में ही नहीं आया कि वे क्या करें। लेकिन जब बदहवासी का दौर थोड़ा शांत हुआ, तो कार्ल ने फैसला किया कि वह ब्रिटेन जाएगा और वहाँ प्लास्टिक-सर्जरी का अध्ययन करेगा, जो उस समय बिलकुल नया-नया क्षेत्र था। वह ब्रिटेन से दो साल बाद आया और उसने अपनी लड़की का ऑपरेशन किया तथा देश में इस क्षेत्र की सर्जरी में अगुआ हो गया। उसकी लड़की का जन्म उसके लिए निर्णायक मोड़ साबित हुआ।

एक बच्ची की बदौलत

मानसिक रूप से विकलांग मालिनी के जन्म ने मिट्रू अलूर को स्पास्टिक सोसाइटी ऑफ इंडिया के निर्माण के लिए प्रेरित किया। यह भारत के सबसे बड़े और सबसे अधिक पेशेवर ढंग से संचालित संस्थानों में से एक बन चुका है। इसके स्कूल देश-भर में फैले हुए हैं और उसका एक शोध-केंद्र व एक प्रशिक्षण कार्यशाला भी है। यह मिट्रू के जीवन का निर्णायक मोड़ साबित हुआ, वरना वह एक साधारण गृहिणी के रूप में ही जिंदगी व्यतीत कर देती।

दुर्घटनाएँ और विचित्र घटनाएँ कैरियर शुरू कर सकती हैं, कैरियर बदल सकती हैं और कैरियर समाप्त भी कर सकती हैं। यह हम सबके साथ घटित होती है। इसमें महत्त्वपूर्ण बात यह है कि आप स्थिति से मुकाबला करें और विजयी होकर निकलें।

अपने बारे में जानिए

प्राचीन एथेंस के एक दार्शनिक को दो हजार साल पहले सिर्फ इसलिए जहर पीना पड़ा क्योंकि वह खतरनाक सवाल किया करता था। उसके श्रोताओं की संख्या अधिक नहीं थी, फिर भी आज दुनिया में शायद ही ऐसा कोई पढ़ा-लिखा आदमी होगा, जिसने सुकरात का नाम न सुन रखा हो। असीसी के संत फ्रांसिस ने ऐशोआराम का जीवन इसलिए त्यागा ताकि गरीब और रोगी लोगों की सहायता कर सकें। मोहनदास करमचंद गांधी ने केवल सत्य और अहिंसा की शक्ति से अपने देश को उस समय के सबसे शक्तिशाली साम्राज्य से आजाद करवाया।

इन सब लोगों में कौन-सी बात समान थीं? यही कि वे अपने व्यक्तित्व से अलग कुछ कहते या करते नहीं थे। अपने विश्वास पर दृढ़ता से चलते थे। अपने आदर्शों के प्रति सच्चे थे। मतलब यह कि वे 'असली थे', विश्वसनीय थे। आजकल बहुत-से आलोचक इस आत्मज्ञान की निंदा करते हैं। वे कहते हैं कि यह व्यक्ति को स्वार्थी बना देता है, लेकिन असलियत ऐसी नहीं है। यह ज्ञान व्यक्ति के केंद्र से शुरू जरूर होता है, लेकिन आत्मकेंद्रित नहीं होता। यह दूसरों के लिए उज्ज्वल उदाहरण बनता है और उन्हें कुछ करने की प्रेरणा देता है। यह इसकी अलौकिक शक्ति है और यह हम सबके पास है।

खुद को जैसे हैं, वैसे ही स्वीकार करके चलने से ऊर्जा मिलती है

स्व-रूप का ज्ञान

हमें अपने आपको जानना चाहिए और वही होना चाहिए, जो हम शारीरिक या मानसिक रूप से हैं। यह धारणा उतनी ही प्राचीन है, जितनी मनुष्य की यह जिज्ञासा कि 'मैं कौन हूँ?'

सुकरात के अनुसार स्वयं को जानना ही सारे ज्ञान की आधारशिला है। शेक्सपियर ने भी 'हेमलेट' में कहा है, 'जब मनुष्य अपने प्रति सच्चा रहता है, तो वह किसी के भी प्रति झूठा नहीं रह सकता।' भारतीय दर्शन की तो आधारशिला ही 'स्व' को जानना और उसे अर्थवत्ता प्रदान करना रही है। 'स्व'-रूप का यह ज्ञान हर व्यक्ति को शक्ति देता है और जीवन को गरिमापूर्ण बनाता है। अस्मिता एक ऐसी स्वाभाविक, मानवीय और सार्वभौमिक शक्ति है, जो अपने साथ वरदानों का अक्षय-घट लाती है।

हमारे बहुत-से संस्थानों का संचालन 'असली' लोगों के हाथ में होता है। वे जीवन में इसीलिए ऊपर उठते हैं क्योंकि दूसरे लोग उनके प्रति आकर्षित होते हैं, उनकी सराहना करते हैं और उनके पदचिह्नों पर चलते हैं। ईमानदार व्यापारी अपने से अधिक चतुर व्यापारियों से आगे बढ़ जाता है। उसके साथी कह सकते हैं कि वह ज्यादा 'खरा' या दूरदर्शी है, लेकिन असल बात और है। उस व्यक्ति के भीतर एक शक्ति होती है, जो दूसरों में उसके प्रति विश्वास जगाती है। स्वभाव से ईमानदार होने के कारण उसकी नैतिकता उसे बेईमानी से समझौता नहीं करने देती। यह ईमानदारी ही खरे लोगों की पहली विशेषता है। उनकी अन्य विशेषताएँ हैं :

दिशाबोध

सच्चे लोग जानते हैं कि उन्हें किस दिशा में अग्रसर होना है। जब महान मिशनरी डॉक्टर अलबर्ट श्वाइटसर बालक थे, तो एक मित्र ने सुझाव दिया, 'आओ, पहाड़ी पर चलकर परिंदों का शिकार करें।' अलबर्ट जाना नहीं चाहता था, लेकिन इस डर से कि कहीं दोस्त मजाक न उड़ाएँ, वह चला गया। वे एक पेड़ के पास पहुँचे। वहाँ चिड़ियाँ चहचहा रही थीं। लड़कों ने गुलेल में पत्थर रखे। तभी गिरजे के घंटे बजने लगे और चिड़ियों ने कलरव में मिलकर स्वर्गिक संगीत पैदा करने लगे। अलबर्ट के लिए जैसे यह कोई दैवी आदेश था। उसने शू-शू करके चिड़ियों को उड़ा दिया। उस दिन से उसके लिए हँसी उड़ने का डर कम और जीवन का आदर अधिक महत्त्वपूर्ण हो उठा। प्राथमिकताएँ स्पष्ट हो गईं।

आत्मनिर्मित ऊर्जा

थकान उन लोगों का सामान्य लक्षण होता है, जो अपनी वास्तविकता का दमन करते हैं। असल में वे थके हुए नहीं, ऊबे हुए होते हैं। एक महिला मनोचिकित्सक ने अपने रोगियों के बारे में बताया कि वे इतने ऊबे हुए थे कि उनके लिए एक पैर उठाने के बाद दूसरा पैर उठाना भी मुश्किल था। उसने उनकी स्थिति का स्पष्टीकरण इस प्रकार किया, 'वास्तव में शारीरिक शक्ति से अधिक उनकी आत्मिक शक्ति का ह्रास हो चुका था।'

हम भी अकसर थके हुए होते हैं, शारीरिक शक्ति के ह्रास से नहीं, बल्कि अपनी

वास्तविकता बनाए रखने का प्रयास न करके। हम ऐसे अभिनेता हैं, जो दूसरों को प्रभावित करने में लगे हैं और यह बड़ा कठिन काम है। लेकिन इसके विपरीत असली लोग व्यर्थ के प्रतिवाद में अपनी शक्ति नष्ट नहीं करते। उनकी अपनी ईमानदारी उनके अंदर चल रहे द्वंद्व को समाप्त कर देती है और वे अपने आपको जीवंत अनुभव करते हैं। जिन कामों को वे महत्त्वपूर्ण समझते हैं, उन्हें करते हुए उनकी शक्ति बनती और बढ़ती रहती है। वे व्यर्थ के झगड़ों या प्रपंचों में अपनी शक्ति नष्ट नहीं करते।

उदाहरण की शक्ति

सच्चा और असली व्यक्ति प्रेरणा देकर दूसरों की शक्ति को भी गति देता है। बीस के दशक में जर्मन क्षेत्र सार पर फ्रांसीसी कब्जे के दौरान अश्वेत औपनिवेशिक सेनाओं की ज्यादतियों के प्रति जर्मन लोगों में विरोध की भावना धधक रही थी। तब रोलैंड हेज नाम के महान अश्वेत गायक को बर्लिन में ऐसे श्रोताओं का सामना करना पड़ा, जो उसे सुनना ही नहीं चाहते थे। लगभग दस मिनट तक हेज पियानो के पास चुपचाप मगर दृढ़ निश्चय के साथ खड़ा रहा। उसे शोर बंद होने का इंतजार था। फिर उसने संगत करनेवालों को इशारा किया और धीमे सुर में शूबर्ट का गीत गाना शुरू किया, जिसका भावार्थ था, 'तुम शांति हो।' गीत के बोल से क्रुद्ध भीड़ में चुप्पी छा गई। जैसे-जैसे हेज गाता चला गया, उसके गायन की कुशलता ने श्रोताओं के विरोध पर विजय पा ली और श्रोताओं व गायक के बीच तादात्म्य स्थापित हो गया।

स्व-प्रेम की शक्ति

जो व्यक्ति अपना आदर करता है, अपना महत्त्व आप आँकता है, वह दूसरों के साथ भी वैसा ही व्यवहार करता है। जब हमें ठीक-ठीक मालूम नहीं होता कि हम कौन हैं, तभी हम अशांत होते हैं। कुछ भी कहने या करने से पहले हम यह पता लगाने की कोशिश करते हैं कि दूसरा हमसे क्या सुनना पसंद करेगा, हमारे किस कार्य की सराहना करेगा। जब हम असुरक्षित होते हैं, तो दूसरों के साथ हमारे संबंध उनकी आवश्यकताओं पर नहीं, बल्कि अपनी आवश्यकताओं पर निर्भर होते हैं। इसके विपरीत असली व्यक्ति केवल अपने लिए ही नहीं, बल्कि दूसरों के लिए भी जीता है। वह डाँवाडोल अहम् की दृष्टि के लिए शक्ति नष्ट नहीं करता।

आत्मिक शक्ति

कोई भी व्यक्ति इच्छा से ही आध्यात्मिक शक्ति प्राप्त नहीं कर सकता। यह शक्ति प्रायः उन लोगों को प्राप्त होती है, जो अपने भीतर गहरे पैठे हैं क्योंकि वह खोज वहीं से शुरू होती है। इस बात पर मुझे वाशिंगटन में अपार जनसमूह को अपने भाषण से मंत्रमुग्ध करते हुए मार्टिन लूथर किंग जूनियर की याद आ जाती

है। उनके साथ हरदम यह लगता था कि आत्मा वह अजस्र स्रोत है, जिससे वह अपने जीवन के लिए शक्ति ग्रहण करते हैं। हममें से कुछ ही बड़े नेता बन सकते हैं, लेकिन जो भी व्यक्ति अपने प्रति सच्चा है, वह इस आत्मिक शक्ति की सीमा तक पहुँच सकता है।

असलियत को खोजना आसान नहीं है। यह तो जीवनभर की कोशिश है और जीवनभर तक कोशिश करने पर भी कोई पूर्णता तक पहुँच नहीं पाता क्योंकि इसका अंत नहीं, केवल आदि है। हम रोज कुछ न कुछ सीखते हैं। इस खोज को शुरू करने के कुछ उपाय हैं।

आपके बाहरी और भीतरी जीवन में जो कुछ हो रहा है, उस पर ध्यान दीजिए। एक डायरी बनाइए, जिसमें समय-समय पर अपने में हुए परिवर्तनों के बारे में लिखिए। आपकी कौन-सी दमित इच्छाओं की अभिव्यक्ति हो रही है, इसे दर्ज कीजिए। हममें से कुछ लोग ऐसे होते हैं जो अपने अंतर्द्वंद्वों को समझने का प्रयत्न ही नहीं करते। उन्हें स्वीकारिए। अपनी अंतरात्मा की आवाज सुनिए और उसे डायरी में दर्ज कीजिए। हर वह चीज शक्ति है, जो असत्य से रहित है। इस विचार को मान लीजिए कि दूसरों से भिन्न होने में कोई बुराई नहीं है। सचाई तो यह है कि हम सब अलग-अलग हैं और ऐसा होना भी चाहिए।

अकेला रहना

अकेलेपन में ही आत्मज्ञान प्राप्त होता है क्योंकि तब हम संसार के बजाय अपने पास होते हैं और तभी हम झूठ और सच में, क्षुद्र और महत्त्वपूर्ण में फर्क करना सीखते हैं। नीत्शे का कहना है, 'अकेलापन ही हमें अपने प्रति कठोर और दूसरों के प्रति कोमल बनाता है।' जिस प्रकार अणु के विखंडन से अपार शक्ति का सृजन होता है, उसी प्रकार आत्म की परतें खुलने पर हमें इस अदृश्य शक्ति के दर्शन होते हैं। यह शक्ति पहले अपनी भावनाओं से और फिर समष्टि से ऐक्य स्थापित करने पर ही प्राप्त होती है। जो आप हैं, वही शारीरिक और मानसिक रूप से होना दुनिया की सबसे बड़ी शक्ति है।

आत्मविश्वास की कमी बीमार व्यक्तित्व की निशानी है

आम तौर पर आदमी अपनी विफलता का कारण अपने भीतर खोजने के बजाय किस्मत या परिस्थितियों को दोषी ठहराने लगता है। एक, तो यह आसान है। दूसरे, ऐसा करके हम अपने उत्तरदायित्व से मुक्त हो जाते हैं, उससे पल्ला झाड़ लेते हैं। अब हमारे करने के लिए कुछ नहीं रहा। जो करना है, भगवान को करना है, भाग्य को करना है, परिस्थितियों को करना है। वे अनुकूल हों, तो हम सफल हों। लिहाजा किस्मत को जिम्मेदार ठहराया और अलग हो रहे। अपनी कमियों पर नजर डालें, तो एक तो यह वैसे ही मुश्किल है। कबीर-जैसा कोई बिरला ही यह कठिन काम कर पाता है—'बुरा जो खोजन मैं चला, बुरा न मिलया कोय। जो दिल खोजा अपना, मुझ-सा बुरा न कोय॥' अपने दोष पहचानना मुश्किल इसलिए है, क्योंकि इससे अहं खंडित होता है। दूसरे, अपने दोष पहचान में आ जाने पर उन्हें दूर करने का प्रयास करना पड़ता है। कौन इस झंझट में पड़े! फलतः अपनी बला तबेले के सिर डालकर छुट्टी पा ली जाती है। पर यह यथार्थ से पलायन है। सच्चाई यह है कि अपनी नाकामियों के लिए प्रायः हम स्वयं ही जिम्मेदार होते हैं।

अपनी विफलताओं के लिए भाग्य या परिस्थितियों को दोष न दें

लक्ष्य पाने की ललक

यह पात्रता कैसे आती है? सफलता के सूत्र क्या हैं? सबसे पहली अपेक्षा तो है ललक। अगर मस्तिष्क में किसी लक्ष्य को प्राप्त करने की ललक यानी उत्कट इच्छा जग जाए तो समझिए,

जीवन में आगे बढ़ने के रास्ते पर पहला कदम पड़ गया। एक सुनिश्चित लक्ष्य शक्ति का स्रोत और व्यक्तिगत उपलब्धि बढ़ानेवाला होता है, जबकि एक अनिश्चित व अस्पष्ट लक्ष्य केवल विध्वंसात्मक बेचैनी और असंतोष का कारण बनता है। अतः अपने लिए एक लक्ष्य निश्चित करें, एक सुस्पष्ट लक्ष्य। आदमी लक्ष्यवेधी पशु है। सारी प्रगति और उन्नति का आधार उसकी लक्ष्य खोजने और उसे पूरा करने की यह प्रवृत्ति ही है। जीवन का अर्थ और उसका प्रयोजन ही समाप्त हो जाता है, यदि उसमें कोई लक्ष्य न हो।

लक्ष्य सिर्फ आगे बढ़ने के लिए प्रेरित ही नहीं करता, बल्कि उसके लिए अपेक्षित ऊर्जा और शक्ति भी देता है। एक लक्ष्य की प्राप्ति से यह भी हो सकता है कि हम स्वतः ही दूसरे लक्ष्य की ओर बढ़ जाएँ। एक व्यक्तिगत उपलब्धि दूसरी उपलब्धि तक पहुँचाती है। जीवन के उच्च सोपानों पर पहुँचने की ललक और कोशिशें आदमी को सदैव सन्नद्ध और तत्पर रखती हैं। वस्तुतः ऐसा कोई बिंदु या सोपान नहीं, जिसे सर्वोच्च या अंतिम मंजिल कहा जा सके।

विजयी मानसिकता

अपने लक्ष्य के प्रति हमारा दृष्टिकोण सर्वाधिक महत्त्व रखता है। स्वयं में आधारभूत विश्वास का नजरिया लक्ष्य-प्राप्ति के लिए अत्यावश्यक है। पराजित मानसिकता व्यक्तिगत उपलब्धियों के मार्ग में सबसे बड़ी बाधा है। पर्याप्त क्षमता और विजयी मानसिकता रखनेवाला व्यक्ति उस व्यक्ति की अपेक्षा कहीं अधिक सफलता प्राप्त कर लेगा, जो अत्यंत बुद्धिमान और प्रतिभावान तो है, लेकिन पराजित मानसिकता रखनेवाला है।

त्वरित कार्रवाई

व्यक्तिगत उपलब्धियों के लिए कार्रवाई के महत्त्व को बताने की आवश्यकता नहीं है। कामों को पूर्णता तक पहुँचाने की क्षमता कम ही लोगों में होती है। काम-धंधों में, व्यापार में, प्रशासन और जीवन के विविध क्षेत्रों में अक्षम लोगों की भरमार दिखाई देती है। ऐसे लोग सदैव व्यस्त तो रहते हैं, पर कोई परिणाम सामने नहीं ला पाते। यह तो परिणाम ही है, जो अंततः महत्त्व रखता है। परिणाम प्राप्त करने के लिए व्यक्ति में कार्य को शुरू करने का साहस होना चाहिए, तो पूरा कर देने का दृढ़ निश्चय भी होना चाहिए। आर्नल्ड ग्लेसोव के शब्दों में, 'एक साधारण योजना, जिसे पूरा कर दिया जाए, उस असाधारण और अद्‌भुत योजना से कहीं अच्छी है, जो कार्रवाई के अभाव में दम तोड़ देती है।'

कठिनाइयों से भी प्रेरणा लें

व्यक्तिगत उपलब्धियों की प्राप्ति के लिए सर्वोत्तम कुंजी है उन बाधाओं और कठिनाइयों पर काबू पाना, जो हमारी योजनाओं के मार्ग की अड़चनें हैं। जब तक

अंडे तोड़े न जाएँ, आमलेट नहीं बनता। कठिनाइयों को तो आना ही है सो आएँ, लेकिन प्रेरित करने के लिए, उत्साहहीन करने के लिए नहीं। आत्मविश्वास बनाए रखें। आत्मविश्वास का अर्थ है, अपने अस्तित्व या व्यक्तित्व के संदर्भ में स्वयं में दृढ़ विश्वास। आत्मविश्वास के होने या न होने से ही जीत या हार के सारे समीकरण बनते हैं, चाहे वह कोई भी क्षेत्र हो। यह आत्मविश्वास ही है, जो साहसपूर्ण जीवन को संभव बनाता है, आशंकाओं और भय को समाप्त करता है, आशा और विश्वास को विकसित करता है और किसी भी प्रयास के लिए व्यक्ति को मानसिक रूप से तैयार करता है।

आत्मविश्वास की कमी का मतलब है कि ऐसा व्यक्ति न तो स्वयं के किसी काम का है, न ही किसी दूसरे के काम का। ऐसा व्यक्ति अपने ढंग से जीवन नहीं जीता, बल्कि उसका सारा जीवन दूसरों द्वारा निर्देशित होता है। वह आत्मदया और बेचैनी का शिकार रहता है और जीवन के प्रति नकारात्मक दृष्टिकोण विकसित कर लेता है। आत्मविश्वास की कमी निस्संदेह बीमार व्यक्तित्व की निशानी है।

जिम्मेदारी से न कतराएँ

परेशानियों और बाधाओं से घिर जाने पर आत्मदया का शिकार न बनें। यथार्थ से भागिए मत, और न ही अपनी विफलताओं के लिए बहाने खोजें। कभी भी अपनी विफलताओं के लिए स्वयं उत्तरदायी होने से न कतराएँ। किस्मत, मौसम, परिस्थितियों, आनुवंशिकी या फिर कुछ और, जिस पर आपका नियंत्रण न हो—ऐसी चीजों पर दोषारोपण करने के बजाय अपनी समस्या का कारण सबसे पहले स्वयं में ही खोजने का प्रयास करें। वास्तविकता का निर्भय होकर सामना करें। अपनी रचनात्मक आलोचना और विश्लेषण करें। अच्छी तरह विचार करें और देखें कि कहीं आप गलत दिशा में तो नहीं जा रहे? गलत तरीका तो इस्तेमाल नहीं कर रहे? अपनी समस्या को सही परिप्रेक्ष्य में देखना और समझना सबसे जरूरी है।

प्रत्येक बाधा में, प्रत्येक विफलता में सकारात्मक बातें देखें। महत्त्वाकांक्षाओं की पूर्ति में बाधाएँ तो आती ही हैं। प्रयास करने से वे चली भी जाती हैं। अपनी कठिनाइयों को महत्त्वपूर्ण अनुभवों की तरह ग्रहण करें। प्रत्येक अनुभव आपमें एक नई शक्ति का संचार करता है और आप अधिक कर्मठ व अधिक उत्साही होकर सामने आते हैं, फिर चाहे परिस्थितियाँ कितनी भी विपरीत क्यों न हों। पराजयों से हमें व्यावहारिक ज्ञान तो प्राप्त होता ही है, साथ ही उनसे हमें महत्त्वपूर्ण व्यक्तिपरक लाभ भी प्राप्त होते हैं। पराजय खोखले और निराधार मूल्य समाप्त करती है, भ्रम दूर करती है, सपनों के पीछे भागने से रोकती है और यथार्थपूर्ण कार्रवाई करने के लिए प्रेरित करती है। योग्य व्यक्तियों से सलाह लें और उनसे लाभ उठाएँ। ऐसी सहायता लेने में अनिच्छा या हिचकिचाहट असफलता के मार्ग की ओर ले जाती है। विश्वास करें कि प्रत्येक समस्या का समाधान होता है, बशर्ते उससे उचित ढंग से

निपटा जाए। यदि आपकी योजनाएँ अनियंत्रित हो जाती हैं तो उन्हें फिर से व्यवस्थित करें और जरूरत पड़े तो बिलकुल नई शुरुआत करने से भी न हिचकिचाएँ।

पछताना बेकार है

इससे कोई फर्क नहीं पड़ता कि क्या हुआ है, लेकिन इससे बहुत फर्क पड़ता है कि जो हुआ है, उससे आप कैसे निपटते हैं। कोई भी आपको पराजित नहीं कर सकता, जब तक कि आप स्वयं ही आत्मसमर्पण नहीं कर बैठते। एक आसान काम को टालना उसे कठिन बना देता है और एक कठिन काम को टालना उसे लगभग असंभव बना देता है।

अंत में, पूरी आशा के साथ सदा आगे देखें। आशा ही सर्वोपरि गुण है, जो मनुष्य को सजीव रखता है। अतीत पर ही न सोचते रहें। आज आपके पास जितना भी सर्वोत्तम है, उसका उपयोग करें। एक सुंदर भविष्य के लिए यही सबसे अच्छा उपाय है। अतीत सिर्फ राख की टोकरी है। कभी भी अतीत पर पश्चात्ताप करने में समय न गँवाएँ। यह उतना ही व्यर्थ है, जितना कि बिखर चुके दूध पर रोना।

सामर्थ्य से कुछ अधिक ही प्रयास करें

मित्र के लिए बड़ा कठिन था यह निर्णय ले पाना। फिर उसमें जोखिम भी खासा था। अतः वह अपने परिचित एक समझदार बुजुर्ग की शरण में गया। 'मैं यह कर भी डालूँ', मित्र ने बड़े दुखी मन से उनसे कहा, 'यदि मुझे भरोसा हो जाए कि मैं काम बना ही लूँगा, लेकिन...'

बुजुर्ग ने क्षण-भर के लिए मित्र की ओर देखा और फिर कागज के एक पुरजे पर कुछ शब्द घसीटकर उसकी ओर बढ़ा दिया। उस एक वाक्य से उसे जो गुर हाथ लगा, वह असाधारण था, 'साहस रखो—और बलशाली शक्तियाँ तुम्हारी सहायता को आगे आएँगी।' मित्र को बाद में पता चला कि बुजुर्गवार द्वारा लिखे गए ये शब्द प्रसिद्ध विदेशी उपन्यासकार बासिल किंग की किताब 'दि कांक्वेस्ट ऑफ फीयर' यानी 'भय पर विजय' से लिए गए थे। इन शब्दों ने मित्र को अपनी विगत विफलताओं का कारण समझने के लिए एक स्पष्ट दृष्टि दी—पहले शायद ही कभी ऐसा हुआ हो कि उसने प्रयत्न किया हो और उसके बावजूद विफल रह गया हो। इसके बजाय अकसर होता यह था कि विफल होने का भय ही उसे कोई भी यत्न करने से रोके रखता था।

साहस करने पर आंतरिक शक्तियाँ सहायता के लिए आ जाती हैं

भय को झटक दें

हमारे मानवीय संवेगों में सबसे अधिक पंगु बना देनेवाला कारक होता भी भय ही है। इससे मांसपेशियाँ जड़ हो जाती हैं और मस्तिष्क और संकल्पशक्ति निष्क्रिय हो जाया करती है।

इस भय को झटककर जब कभी आदमी गहरे पानी पैठता है, तो उसमें शक्ति का संचार हो जाता है या फिर परिस्थितियों की विषमता ही उसे हाथ-पैर मारने पर विवश कर देती है और फलतः वह तैरकर किनारे आ लगता है।

साहस रखो—पर इसका अर्थ उसमें अतिरेक करके दुस्साहसी या लापरवाह बनना कतई नहीं। साहसिकता से तात्पर्य है समय-समय पर सोच-विचारकर लिया गया निर्णय। अर्थात् उतना ही जोखिम मोल लो, जितना तुम्हारे वश का हो। फिर ऊपर जिन बलशाली शक्तियों का उल्लेख आया है, उनमें भी रहस्य जैसी कोई बात नहीं। वे तो हमारी आंतरिक शक्तियाँ हैं, जो सबमें होती हैं—ऊर्जा, कौशल, सही निर्णय करने की शक्ति, रचनात्मक विचार। यहाँ तक कि शारीरिक बल और सहनशीलता आदि भी हममें उससे कहीं ज्यादा ही होती है, जितनी कि हम मान बैठे होते हैं।

आगे ही आगे

दूसरे शब्दों में, साहसिकता एक आपातस्थिति की रचना भी कर सकती है, जिस पर शरीर स्वतः प्रतिक्रिया करता है। एक प्रसिद्ध पर्वतारोही का कथन है कि पर्वतारोही कभी-कभी ऐसे दुर्गम स्थल पर जान-बूझकर पहुँच जाते हैं, जहाँ से वे वापस नीचे नहीं जा सकते—केवल आगे ही जा सकते हैं। जब सिवाय ऊपर जाने के आदमी और कहीं जा ही न सकता हो,' उस पर्वतारोही का कहना है, 'तो वह आखिर क्या करेगा--झख मारकर ऊपर ही जाएगा!'

ठीक यही सिद्धांत अन्य स्थितियों में भी लागू होता है। मसलन, किसी समिति या संस्था का अध्यक्ष पद स्वीकार करते समय या कोई और उत्तरदायित्वपूर्ण पद ग्रहण करते समय या किसी भी अन्य काम का बीड़ा उठाते समय आप जानते हैं कि आपको आगे बढ़ना ही होगा—कोई और चारा ही नहीं। और अगर कोई बिलकुल ही चौपट व्यक्तित्ववाला व्यक्ति नहीं, तो वह गाड़ी बढ़ा भी ले जाएगा। वस्तुतः हमारा आत्माभिमान, स्पर्धा की प्रवृत्ति और हमारा दायित्वबोध ही ऐसी स्थिति से पार पाने में हमारी मदद के लिए हमारे साथ होते हैं। यह भी मानना होगा कि वे विशिष्ट बलशाली शक्तियाँ अंतेंद्रिय होते हुए भी शारीरिक शक्तियों से कहीं अधिक महत्त्वपूर्ण होती हैं। माना कि गोलियथ को गुलेल की गोली के उपकेंद्र बल यानी सेंट्रीफ्यूगल फोर्स ने मारा, पर यह राम का साहस ही था जिसने उन्हें महाबलशाली रावण का सामना करने की शक्ति दी।

पर यहाँ आश्चर्य की बात यह है कि अतेंद्रिय शक्तियों को मानवीय शक्तियों में भी अपने अंश व प्रतिरूप अकसर कैसे मिल जाते हैं! कॉलेज के दिनों का एक सहपाठी अच्छा खिलाड़ी था। वह विख्यात था अपने भयानक धावों के लिए, जबकि उसका वजन किसी औसत खिलाड़ी के वजन से काफी कम था। किसी ने इस पर आश्चर्य प्रकट किया कि उसे इस तरह धावा बोलने में चोट-वोट कैसे नहीं लगती?

'ऐसा है,' उसने बताया, 'इसका श्रेय मेरी किशोरावस्था की एक घटना को है जबकि मैं बड़ा दब्बू था और गली-गली में गेंद लिए डोलता रहता था। एक मैच के दौरान मैंने अपने आपको विरोधी पक्ष के फुलबैक के सामने फँसा पाया। उसके और गोल-रेखा के बीच में और कुछ नहीं, बस मैं था। बंदा निश्चित रूप से भीमकाय भी था। मैंने घबराकर आँखें मींच लीं और घबराहट में ही छूटी गोली की तरह दनदनाता उसकी ओर लपका। बंदा एकदम से धराशायी हो गया। वहीं, उसी वक्त मैंने सीखा कि अगर आप लंबे-तगड़े खिलाड़ी से भी जमकर भिड़ जाते हैं, तो आपके घायल होने की संभावनाएँ घट जाती हैं। कारण बड़ा सीधा है—मोमेंटम या संवेग बराबर होता है मास यानी द्रव्यमान गुना वेवासिटी यानी वेग के।' अतः आप हिम्मती हैं, तो गति का नियम स्वयं अपनी सहायता को आएगा।

प्रयत्न महत्त्वपूर्ण है

यह गुण—अपने आपको चरम बिंदु तक लिए चले जाने की इच्छा—ऐसा नहीं कि रातों-रात प्राप्त किया जा सके। लेकिन इसे बच्चों को सिखाया जा सकता है और बड़ों में विकसित किया जा सकता है। काल-क्रम में धीरे-धीरे ही आत्मविश्वास बढ़ता है। यह निश्चित है कि जीवन में आगे बढ़ने के किसी भी प्रयास में विफलताएँ और निराशाएँ अवश्य आएँगी, क्योंकि मात्र साहस ही अपने-आपमें सफलता की गारंटी नहीं होता। लेकिन वह व्यक्ति, जो कुछ करने का प्रयास करता है और असफल हो जाता है, उस व्यक्ति से कहीं श्रेष्ठ है जो कुछ प्रयास किए बिना ही सफल हो जाता है।

दृढ़ आत्मविश्वास और ठोस निर्णय-क्षमता अकसर उद्योग और व्यवसाय क्षेत्रों के अग्रणी व्यक्तित्वों के सहज गुण होते हैं। अपने जीवन में अब तक जिन कार्यपालकों के लिए मैंने कार्य किया है, उनमें सर्वाधिक सफल सज्जन वह थे जो तत्क्षण निर्णय ले लिया करते थे। 'कम से कम,' वह कंधे उचकाकर कहा भी करते थे, 'मैं अपनी गलतियाँ करके चटपट उनसे निबट तो लेता हूँ।' एक बार किसी व्यक्ति ने इस सज्जन से पूछा कि क्या वह आगे-पीछे देखकर कूदने में विश्वास नहीं करते ? 'नहीं,' उन्होंने मुस्कराते हुए उत्तर दिया, 'असल में इसके साथ कठिनाई यह है कि अगर आप बहुत देर तक आगा-पीछा सोचते रह गए तो कभी कूद ही नहीं पाएँगे।'

क्षमताएँ अपार हैं

कुछ व्यक्ति यह दावा भी करते हैं कि हम अपनी सुरक्षा की चिंता में कुछ इस हद तक पड़ते जा रहे हैं कि हमारी जोखिम उठाने की वृत्ति ही नष्ट होती जा रही है। उनका कहना है कि भौतिक सुखों के अभाव को भरने की सहज वृत्ति का ही नाम होता है पहल। किंतु सचाई यह है कि लोग नई-नई चुनौतियों का सामना करने,

उन पर विजय पाने की सहज वृत्ति रखते हैं और वे इस दिशा में निरंतर बढ़ते भी रहेंगे। बचपन में हमारी कक्षा में एक सज्जन पधारे। उनसे दो शब्द बोलने के लिए कहा गया। ठीक से याद नहीं कि वह कौन थे, लेकिन उन्होंने जो कहा, आज भी अच्छी तरह से याद है। उन्होंने कहा था, 'जीवन से प्यार करो। इसके लिए सदा कृतज्ञ रहो और अपनी इस कृतज्ञता का प्रदर्शन जीवन की चुनौतियो का सामना करके करो। हमेशा अपने सामर्थ्य से कुछ ज्यादा ही कर गुजरने का यत्न करो—और तब तुम्हें यह भी पता चल जाएगा कि तुम्हारी क्षमताएँ इतनी अधिक हैं, जितनी तुमने सपने में भी नहीं सोची होंगी।'

अपने विचारों की थाह लीजिए

यह सच है कि योजना एक ऐसी प्रक्रिया है, जिसे हम देख नहीं सकते, फिर भी हमारे मन में जो कुछ चल रहा होता है, उसे हम जानते हैं। फिर दूसरे लोग अपनी समस्याओं का जो समाधान तलाशते हैं या जो निर्णय लेते हैं, उसमें निहित उनके विचारों के व्यावहारिक पक्ष को भी हम देख सकते हैं। इस सारे उपक्रम में जो चीज हम नहीं देख पाते, वह है विचार-प्रक्रिया, जो अलग-अलग लोगों के मन में अलग-अलग तरीके से चला करती है।

एक उदाहरण से हम इसे समझने का प्रयास करें। मान लीजिए, दो व्यक्ति एकदम नई कार खरीदने निकले हैं। इनमें से एक व्यक्ति कार की उपयोगिता को लेकर काफी छानबीन करता है, लेकिन इसके विपरीत दूसरा व्यक्ति कार लेते समय उसकी बनावट और रूप-रंग भर को खरीद का आधार बनाता है। कहना न होगा कि हम सभी लोग तथ्य एकत्र करते हैं और निष्कर्ष निकालते हैं, लेकिन हमारी सोचने की शैली एकदम भिन्न होती है। थोड़े-से चिंतन-मनन से ही आप अच्छी तरह यह अनुमान लगा सकते हैं कि इन पाँचों कोटियों में से कौन-सी कोटि की विचार-प्रक्रिया से आप संबद्ध हैं—सामंजस्यवादी, आदर्शवादी, व्यवहारवादी, विश्लेषणवादी या यथार्थवादी? अनुसंधान से पता चलता है कि सिर्फ 15 फीसदी जनसंख्या ही विचार की पाँचों शैलियों का बराबर-बराबर उपयोग करती है, जबकि अन्य 50 फीसदी लोग इनमें से एक न एक विशिष्ट वर्ग

हर व्यक्ति अपनी विचारशैली का विस्तार कर सकता है

से ही संबंध रखते हैं। शेष 35 फीसदी लोग दो या तीन श्रेणियों में भी आते हैं यानी ये लोग सोचने की दो या तीन शैलियों का इस्तेमाल करते हैं।

सामंजस्यवादी

ऐसा व्यक्ति रचनात्मक और संजीवनी शक्तिवाला होता है, लेकिन इससे दूसरे लोग थोड़े परेशान भी होते हैं। ऐसे व्यक्ति का झुकाव काल्पनिक दार्शनिकता की ओर होता है। यह उसे उस वास्तविकता और यथार्थ से दूर ले जाता है, जो दूसरे सभी लोगों की नजरों में काफी महत्त्वपूर्ण होता है।

आप किसी भी सत्य को विभिन्न तरीकों से देखते हैं, जिसका परिणाम यह होता है कि आप चुटकियों में बहस पर उतर आते हैं। अधिकतर लोगों की चिंतन-प्रक्रिया सरल रेखा जैसी होती है। वे तर्कसंगत तरीके से एक विचार से दूसरे विचार की ओर बढ़ते हैं। पर आप एक विचार से दूसरे विचार पर कूदते चले जाते हैं, जबकि दूसरे लोग इससे किंकर्तव्यविमूढ़ ही आपको ताकते-भर रह जाते हैं।

अगर आपके पति या आपकी पत्नी या मित्र सामंजस्यवादी हैं और आप नहीं, तो याद रखिए कि सामंजस्यवादी के लिए तर्क-वितर्क मजाक-भर है और उसे जीता नहीं जा सकता। यदि वह विचारों की तिरछी उड़ान भरता है, तो उसे जरा उड़ने ही दीजिए। हो सकता है, उसके मन में कोई रचनात्मक विचार जन्म ले रहा हो। ऐसे में आपको व्यावहारिक बने रहना चाहिए और वह भी अपने ऐसे संगी के उत्साह पर पानी फेरे बिना।

आदर्शवादी

समानता के तत्त्वों पर अपने ध्यान को केंद्रित कर आदर्शवादी सहमति के बिंदु पर पहुँचता है। आप अच्छे श्रोता हैं, अपने लक्ष्य को ध्यान में रखते हैं, मूल्यों व दूसरों की भलाई के लिए चिंतित रहते हैं। आपके लिए ईमानदारी व नैतिकता काफी महत्त्वपूर्ण चीजें हैं। आपने अपने लिए जो ऊँचे-ऊँचे लक्ष्य निर्धारित कर रखे हैं, उन्हें प्राप्त न कर पाने पर प्रायः अपनी आलोचना खुद किया करते हैं। दूसरे लोग जब नैतिक मूल्यों की अनदेखी करते हैं, तो आपको भारी निराशा होती है।

अन्य लोगों की तुलना में आप भविष्य को लेकर ज्यादा चिंतित रहते हैं। लेकिन आप उनके लिए भी अपना सामर्थ्य व शक्ति नष्ट कर सकते हैं, जिनको आपकी मदद की उतनी आवश्यकता ही नहीं, जितनी कि आप सोचते हैं। कुछ लोग आपको हर बात में टाँग अड़ानेवाला भी मान सकते हैं।

आप किसी आदर्शवादी के साथ रहते हैं, तो याद कीजिए कि उसके मन में अपने और दूसरों के बारे में अवास्तविक उम्मीदें हो सकती हैं। आप ऐसे व्यक्ति से अकसर यह प्रश्न पूछते रहिए, 'आप मुझसे, खुद अपने से और अपने बच्चों से क्या उम्मीद रखते हैं?' दीर्घकालीन लक्ष्यों और योजनाओं पर बात करने के लिए भी

तत्पर रहिए। ऐसे व्यक्ति को आलोचना का अवसर दीजिए। याद रखिए कि उसका इरादा आपको दुखी करने का जरा भी नहीं है और संभव है कि अपने मन में वह सारी शिकायतें तब तक छिपाए ही रहे, जब तक कि वे विस्फोटक रूप धारण न कर लें।

व्यवहारवादी

जिंदगी के प्रति आपका रुख जीवंत व सकारात्मक है। आज जो संभव है, उसे आज ही पूरा कर लेने में आपकी आस्था है, इसलिए समस्याएँ आप पर हावी नहीं हो पातीं। आप जानते हैं कि भविष्य में भी प्रयास करने के और अवसर प्राप्त होंगे।

आपकी दृष्टि में यह स्पष्ट रहता है कि आप किस दिशा में बढ़ रहे हैं, आपकी यथार्थ की पकड़ भी तगड़ी है, पर विस्तृत योजना बनाने में आप ऐसे कुशल नहीं हैं। आपकी दृष्टि उपलब्ध साधनों से ही काम पूरा करने पर रहती है। आप नए-नए तरीकों से काम करने की क्षमता रखते हैं और साधनसंपन्न भी होते हैं। किसी काम को श्रेष्ठतम ढंग से पूरा कर दिखाने में भी आप अपनी तरफ से कोई कसर नहीं छोड़ते।

आप सहर्ष समझौता कर लेते हैं। परिस्थितियों के अनुकूल खुद को ढालने की भी आपमें अद्‍भुत क्षमता है। आप दुनिया का सारा काम एक साथ ही कर डालने को तत्पर नहीं रहते। विरोध अपनी सीमा में भी हों, तो आप असंभव-सी दिखनेवाली बात को भी हँसते-हँसते संभव बना सकते हैं। अधिकतर लोगों की तुलना में आपमें रणनीति संबंधी कौशल अधिक है और आप समझौते की सह-प्रतिभा रखते हैं।

आप किसी ऐसे व्यावसायिक व्यक्ति के संपर्क में हों, तो अपने जीवन में यह उम्मीद कभी मत कीजिए कि वह भविष्य के लिए योजना बनाएगा। फिर बहुत सारे लक्ष्यों की भरमार भी इन पर बोझ बन सकती है।

विश्लेषणवादी

विश्लेषणवादी होने के नाते आप सोचते हैं कि काम चाहे जो भी हो, उसे करने का एक सर्वश्रेष्ठ तरीका भी होता है। उस तरीके को ढूँढ़ निकालने के लिए विश्लेषणवादी पहले तो यह निर्णय लेता है कि समस्या क्या है, फिर धैर्यपूर्वक उससे संबंधित आँकड़े और विवरण एकत्र करता है, और उसके बाद बड़ी सावधानी से उसके लिए सही युक्ति खोजता है। एक बार सर्वोत्तम तरीका निकल आए, तो वह हमेशा के लिए आपके दिमाग में जम जाता है। यह स्थिति तब तक बनी रहती है, जब तक इससे हर तरह से पुख्ता और बेहतर रास्ता पेश नहीं आ जाता।

आप ठोस चिंतक हैं। आप मानते हैं कि संवेदनाएँ, इच्छाएँ और कल्पनाएँ भी अपनी जगह पर ठीक हैं, लेकिन आपके निर्णय लेने की प्रक्रिया में ये चीजें अधिक महत्त्व नहीं रखतीं। आप प्रशंसा और स्तुति को भी असंगत मानते हैं। दुर्भाग्य से पूर्णता व सूक्ष्मता के प्रति प्रशंसा की मिठास से रहित आपकी सजगता मीन-मेख निकालनेवाली दमनकारी प्रवृत्ति के रूप भी ली जा सकती है।

आपके विचार में कोई सदस्य यदि विश्लेषणवादी है, तो उसके इस बात पर भी हमेशा अड़े रहने से आप हताश हो सकते हैं कि फलाँ काम को करने का इससे बेहतर तरीका भी हो सकता है। किसी से उत्साह न मिले, तो उसे अस्वीकृति ही नहीं मान लेना चाहिए। विश्लेषणवादी को सोचने का अवसर भी देना ही चाहिए। आप प्रतिमाह यह भी सुनिश्चित करने की कोशिश करें कि आपकी चेक-बुक में एक-एक पैसे का हिसाब सही है। विश्लेषणवादी कार्यकुशलता को कार्यक्षमता का पर्याय मानते हैं।

यथार्थवादी

आप जो कुछ भी महसूस करते, देखते या सुनते हैं, वही आपके लिए रोमांचक रूप में वास्तविक होता है। इसके अलावा जो कुछ भी है, वह कल्पना से भरपूर और सिद्धांत-भर है, इसलिए ज्यादा काम का भी नहीं। आपको तथ्य पसंद है, खास तौर से ऐसे तथ्य, जो आपकी आँखों के सामने हों। दरअसल आप यह मानते हैं कि जो कुछ जैसा दिखता है, वैसा ही है।

आप दुनिया में समझौते, सामंजस्य, आदर्शवाद और लोगों के साथ नरम व्यवहार को सशंकित निगाहों से देखते हैं। आपको अपने लक्ष्य और उद्देश्य साफ नजर आते हैं और आप यह नहीं समझ पाते कि आपकी तरह से दूसरे लोग भी उन्हें क्यों नहीं समझते। इसलिए आप बिना अधिक आगा-पीछा देखे या सोच-विचार किए व्यवहारवादियों के साथ काम करने को तत्पर हो जाते हैं, लेकिन जैसे ही उन्होंने समझौते की बात की नहीं कि आप उनसे दामन झटक लेते हैं।

आपका पाला किसी यथार्थवादी से पड़े, तो अपने विचार उन्हें संक्षेप में बताइए, बहुत सूक्ष्म रूप से विस्तार में जाने से बचिए। अपने विचारों पर डटे रहिए। यथार्थवादी ऐसे लोगों को हेय दृष्टि से देखता है, जो केवल सहमत होने के लिए सहमत होते हैं, बेमन से पक्ष लेते हैं या शांति के नाम पर ऐसा करते हें। आपने कुछ करने के लिए सहमति व्यक्त की है, तो उसे कर डालिए। वचन तोड़ने पर यथार्थवादी सबसे बुरा व्यवहार करता है।

भिन्न होने में कोई बुराई नहीं

बहरहाल, आपके सोचने की शैली चाहे कोई भी हो, बस इस बात को ध्यान में रखिए कि औरों से भिन्न होना कोई खोट नहीं है। आप अपने परिवार अथवा अपने साथियों में दूसरों से अलग हैं, उदाहरण के लिए दूसरे बिना पूर्व योजना के काम करने पर बल देते हैं और आप योजना बनाकर चलना चाहते हैं, तो आप अपनी बात पर डटे रहिए। संभव है, लोगों को अभी इस बात का एहसास न हो, लेकिन आपके पास जो अद्वितीय दृष्टि है, उसकी उन्हें आवश्यकता भी पड़ ही सकती है।

आपको जो काम मिले, उसे अपने सोच के मुताबिक ढालिए। वैसे, काम वही लीजिए, जो आपकी काम करने की शैली के अनुकूल हो। लेकिन कभी-कभी अपने को चुनौतीपूर्ण स्थिति में भी डालिए–ऐसे काम करने की भी कोशिश कीजिए, जो आपके चरित्र के अनुकूल या मनोनुकूल न हों। प्रत्येक व्यक्ति अपनी विचारशैली को विस्तार दे सकता है। और फिर, सोच-विचार की नई रणनीति सीखने का प्रयास शुभ ही होता है।

घर न लाएँ दफ्तर का तनाव

आज कोई शख्स यह दावा नहीं कर सकता कि वह पूर्णतः तनावमुक्त जीवन जी रहा है। तनाव जीवन में हर कदम, हर मोड़ पर मिलेगा। लेकिन तनाव पूरी तरह नकारात्मक भी नहीं होता। उसका सकारात्मक पहलू भी है और वह यह कि तनाव ही हमारे सामने चुनौतियाँ पेश करता है, जिनसे दो-चार होने के बाद ही हम मंजिल तक पहुँचने के काबिल बन पाते हैं।

इसमें कोई दो राय नहीं कि तनाव की अति जीने का मजा छीन लेती है। उसके रहते आदमी कई बार आत्महत्या जैसी चरम स्थिति में भी पहुँच सकता है। वह जीते-जी आदमी को मार देता है। उसे गहरे अवसाद में डुबोकर उसकी जिजीविषा हर लेता है। कार्यस्थल पर सभी को अकसर तनाव झेलना पड़ता है, जिसे वे प्रायः घर की चहारदीवारी तक ले आते हैं। यहाँ वे पत्नी और बच्चों पर बरसकर हलके होने का प्रयास करते हैं। हो सकता है, वे यह जानबूझकर न करते हों, मगर होता यही है।

तनाव को चुनौतियों की तरह लेकर उससे मुकाबला करने की कोशिश करनी चाहिए

आ बैल मुझे मार

बलदेव की अपने बॉस से जरा भी नहीं पटती थी। दोनों में छत्तीस का आँकड़ा था। बलदेव को इस बात का घमंड था कि उसने कभी किसी की चमचागीरी नहीं की। 'जब मैं अपने काम में मुस्तैद हूँ तो क्यों किसी की जी-हुजूरी करूँ?' ऐसी डींग वह रोज सहकर्मियों के आगे मारता। बात बॉस तक पहुँचती और वह बलदेव को नीचा दिखाने का बहाना ढूँढ़ते। ऑफिस के तनाव

के कारण बलदेव का मिजाज काफी चिड़चिड़ा रहने लगा था। वह बात-बेबात बच्चों को पीट देता, पत्नी से गाली-गलौज करता, उसे मानसिक कष्ट पहुँचाने के लिए उसके पीहरवालों को कोसता, ताकि मन का गुबार निकाल सके।

इसी तरह असलम पदोन्नति न होने से पैदा हुई कुंठा भुलाने के लिए शराब में डूबकर रह गया। शराब तो बरबादी का द्वार है ही। उसमें डूबकर इनसान न दीन का रहता है, न दुनिया का। पहले वह शराब को पीता है, फिर शराब उसे पीकर खत्म करने लगती है। दरअसल, ऐसा कमजोर इच्छाशक्ति के लोग ही करते हैं। जिन लोगों में आत्मबल होता है और अपनी परेशानियों से स्वयं निपटने की कूवत होती है, वे ऐसा बरबादी का रास्ता नहीं अपनाते।

तनाव से निपटने के लिए जरूरी नहीं है कि बॉस की चमचागीरी ही की जाए। लेकिन अपने अस्तित्व को साबित करने के लिए उनसे उलझा जाए, हर बात में बहस कर उनकी बातों को काटा जाए, यह भी तो उचित नहीं। इससे सिर्फ तनाव ही मिलेगा। ऐसे ही, माना कि पदोन्नति से अभिप्रेरणा मिलती है और समय पर पदोन्नति न मिलने से कार्य के प्रति अरुचि और बेरुखी पैदा होती है, फिर भी उसके बिना मरा तो नहीं जाता। शराब का सहारा लेने के बजाय पदोन्नति न होने के कारण तलाश करते हुए उन्हें दूर कर अपने को और योग्य और पात्र बनाने की कोशिश करनी चाहिए।

यों बचें तनाव से

अत्यधिक तनाव की त्रासद स्थिति से बचने के लिए कुछ उपाय किए जा सकते हैं, जैसे :

1. हमारा चेहरा हमारी मनोदशा का आईना होता है। ज्योंही हम तनावग्रस्त होते हैं, हमारे चेहरे की रंगत बदल जाती है, माथे पर बल पड़ जाते हैं, चेहरे की मांसपेशियाँ खिंचने लगती हैं। चूँकि हमारा चेहरा खुद हमें नजर नहीं आता, अतः हम यह नहीं जान पाते कि हम कितने भद्दे लग रहे हैं। अलबत्ता जबड़ों का भिंचना साफ महसूस किया जा सकता है। ज्योंही आपको ऐसा लगे, कोशिश करके आप उन्हें ढीला कर लें। ऐसा करते ही आपका समूचा व्यक्तित्व तनावमुक्त महसूस करेगा।

2. मुस्कान वह शस्त्र है, जिससे दुश्मन को बगैर मारे जीता जा सकता है। यह संभव नहीं कि कोई तनाव में भी रहे और मुस्कराता भी रहे। लेकिन यह ध्यान रहे कि मुस्कान व्यंग्यमिश्रित न होकर निश्छल रहे, वरना बात बिगड़ने का अंदेशा ज्यादा है। मुस्कान से आप स्वयं तो तनावरहित रहेंगे ही, दूसरे को भी तनावमुक्त कर देंगे। भले ही सामनेवाले को औपचारिकतावश ही आपकी मुस्कान की प्रतिक्रिया मुस्कराहट से देनी पड़े, वातावरण तो खुशनुमा बन ही जाएगा।

3. बड़ी-बड़ी फैक्टरियों में, जहाँ मशीनों का शोर रहता है, कर्मचारियों को ऊँचे

स्वर में बात करने की आदत पड़ जाती है। फिर चाहे वे फैक्टरी में हों या घर पर, स्वर उनका सप्तम पर ही रहेगा। नरम बात भी जोर से कही जाए तो लड़ाई-सी लगती है। अगर व्यक्ति ऊँचे स्वर में बात करने से इनकार करता है तो वह हर तरह के तनावों से बचा रहता है। अकसर ऊँचे स्वर में बात करनेवालों की बोलने की रफ्तार भी तेज होती है। ऐसे में शब्द सामनेवाले पर कभी-कभी पत्थर-से बरसते हैं, जबकि मधुर स्वर में धीरे-धीरे की गई बातें फूलों की मानिंद झरती प्रतीत होती हैं। अतः उच्च स्वर में बात करने से बचना चाहिए।

4. कई लोगों की आदत होती है कि जैसे ही जरा-सा तनाव महसूस हुआ, उसे धुएँ में उड़ाने की कोशिश में सिगरेट पर सिगरेट फूँकनी शुरू कर दी या फिर चाय-कॉफी के कप पर कप सुड़क गए, जबकि पढ़े-लिखे होने के नाते इन चीजों के स्वास्थ्य पर पड़नेवाले कुप्रभावों से वे भली भाँति परिचित होते हैं। चाय-कॉफी का सेवन एक सीमा में करना ही ठीक होता है।

5. स्थानाभाव के कारण आजकल छोटी-छोटी जगहों में कार्यालय खुले होते हैं, जहाँ उसी हिसाब से छोटा फर्नीचर-सेट होता है। चीजें फर्नीचर में समाती नहीं हैं और एक से एक भिड़ाकर रख दी जाती हैं। चलते हुए इधर-उधर टक्कर लगती है, जिससे मूड उखड़ जाता है। उखड़ा मूड तनाव का ही दूसरा नाम है। मूड अच्छा रखिए, तनाव से स्वतः दूर रहेंगे। इसके अलावा, कभी फाइल, कागज इत्यादि इधर-उधर न दबाएँ, फाइलें और कागजात करीने से रखने की आदत डालें। ऐसा करेंगे तो उन्हें ढूँढ़ने में होनेवाली परेशानी से बचे रहेंगे और तनावग्रस्त नहीं होंगे।

6. अकसर देखने में आता है कि लोग आसान काम पहले कर लेना चाहते हैं और मुश्किल काम टालते रहते हैं। दिन के शुरुआती दौर में हमारी क्षमताएँ रात-भर के विश्राम के बाद अपने शिखर पर होती हैं, इसलिए इस समय मुश्किल काम निपटा लेना चाहिए। हाँ, भरपूर वक्त देने के बावजूद कोई उलझन सुलझ ही न रही हो तो उसी पर अटके न रह जाएँ। यह समय और ऊर्जा दोनों की बरबादी होगी। ऐसे में दो-चार आसान काम इस बीच निपटाकर फिर से कठिन कार्य पर आ सकते हैं। अगर लगे कि यह दुष्कर कार्य उस दिन संपन्न न हो पाएगा, तो उसे अगले दिन की शुरुआत में करें। इस ढंग से कार्य करने पर तनावग्रस्त होने की नौबत बहुत कम आएगी।

7. अपने को शाबाशी देते रहने की आदत डालें। इससे आपका उत्साहवर्द्धन होगा। इसके लिए दूसरों के भरोसे रहना निरर्थक है क्योंकि उससे निराशा भी हाथ लग सकती है। वैसे भी आजकल पक्षपात और अन्याय का जमाना है, तो क्यों न अच्छा कार्य करने पर स्वयं ही अपनी पीठ ठोंकें? इससे आपमें आत्मसम्मोहन पैदा होगा, आत्मविश्वास बढ़ेगा, जो आपको तनावमुक्त रखेगा। आपका सम्मान अपनी निगाह में बढ़ेगा, जो किसी भी प्रकार की हीनभावना का उचित जवाब होगा। उससे युद्ध कर वह उसे आप पर हावी नहीं होने देगा। हीनभावना व्यक्तित्व को दीमक की

तरह खोखला कर देती है।

उपर्युक्त बातों पर अमल करने का भरसक प्रयत्न करेंगे तो आप तनाव पालने से बच जाएँगे। तनाव होने पर उससे लड़ पाने में सक्षम होंगे। जब दफ्तर में तनाव होगा ही नहीं या होने पर आप उसे वहीं चित कर देंगे, तो उसे घर तक लाने का प्रश्न ही नहीं उठेगा।

कैरियर-निर्माण

समय रहते कर लें लक्ष्य-निर्धारण

लेखक के पिता के एक मित्र डॉक्टर थे। हायर सेकेंडरी पास करने से पहले जब भी मैं उनके पास जाता, तो वे एक प्रश्न करते, 'भविष्य में क्या करना चाहते हो?' मैंने इस बारे में कभी सोचा ही न था। कोई लक्ष्य ही नहीं था। बस, पढ़ने के लिए पढ़ रहा था। डॉक्टर साहब हर बार पूछते और मैं कोई संतोषजनक उत्तर न दे पाता। धीरे-धीरे इस परेशान करनेवाले प्रश्न से बचने के लिए मैंने उनके पास जाना ही बंद कर दिया। काफी बाद में मैं उनका आशय समझा और तब कहीं मैंने इसे गंभीरता से लिया।

लक्ष्य निर्धारित करने से हमारी शक्तियाँ उसी पर केंद्रित हो असीम ऊर्जा और सामर्थ्य पैदा कर देती हैं

एक ही सिक्के के दो पहलू

पेशे यानी कैरियर का चुनाव करना और जीवन का कोई लक्ष्य होना एक ही सिक्के के दो पहलू हैं। स्कूल की किशोरावस्था से निकलते ही युवा व्यक्ति को इन बातों का सामना करना पड़ता है। यही समय होता है, जब गंभीरता से पेशे के चुनाव के बारे में सोचना चाहिए। लक्ष्य क्या है? किस काम में रुचि है? यदि इस अवस्था में इसका फैसला न किया तो बाद में पछतावा ही हाथ लगता है।

विडंबना है कि आज भी कमोवेश वही स्थिति है। आज भी किसी किशोर से पूछें कि भविष्य में क्या योजना है, तो वह कोई संतोषजनक उत्तर नहीं दे सकेगा। आज जब व्यवसाय की सुविधाएँ बेहिसाब बढ़ गई हैं, ज्यादातर किशोरों व युवाओं को इनका ज्ञान ही नहीं है। भेड़ियाधसान से बी.ए., बी.कॉम.करने-

वालों की कमी नहीं। दो-चार क्लर्कों की जगह निकलती है, तो हजारों युवा उन पर मँडराने लगते हैं। नौकरी पाना, चाहे वह कैसी भी हो, प्रमुख आकर्षण बना हुआ है। यह कोई सुखद स्थिति नहीं है।

अन्यत्र भी यही हाल है

वैसे यह अकेले हमारे देश की ही समस्या नहीं है। अमेरिका-सरीखे समृद्ध देश में 16,000 व्यक्तियों का सर्वेक्षण किया गया। उनसे पूछा गया कि जीवन में उनका लक्ष्य क्या है? 95 प्रतिशत का उत्तर था, 'संसार की अधिक से अधिक सेवा करना और अपना जीवन-यापन करना।' केवल 5 प्रतिशत ने बताया कि वास्तव में जीवन में वे क्या क़रना व पाना चाहते हैं। कुछ वर्ष बाद जब इन्हीं व्यक्तियों का पुनः सर्वेक्षण किया गया तो पता चला कि वे लक्ष्यहीन अपना जीवन जैसे-तैसे जी रहे थे परंतु जिन लोगों ने अपने सामने लक्ष्य रखा था, उनमें से अधिकांश लक्ष्य को पा चुके या पानेवाले थे।

यह देखा गया है कि जो विद्यार्थी अपने विद्यार्थी-जीवन में ही तय कर लेते हैं कि भविष्य में उन्हें क्या करना है या क्या बनना है, वे ही अपने चुने हुए पेशे में ऊँचे स्थान पर पहुँच पाते हैं। उनकी शक्तियाँ व्यर्थ यहाँ-वहाँ हाथ-पैर मारने में खर्च नहीं होतीं। सारी शक्ति जब केंद्रित होकर एक लक्ष्य पर लगाई जाती है, तो कैरियर सफल होता ही है।

लक्ष्य निर्धारित होते ही पेशे का चुनाव होता है। फिर उसी के अनुरूप कार्य-कलाप किए जाते हैं। यदि कोई किशोर भविष्य में डॉक्टर बनना चाहता है तो उसे स्कूल में ऐसे विषयों पर ध्यान देना होगा, जिन्हें पढ़कर वह डॉक्टरी प्रवेश-परीक्षा में बैठ सके। इंजीनियर बनने के इच्छुक किशोर को गणित और अन्य संबंधित विषय पढ़ने होंगे, ताकि वह इंजीनियरिंग की प्रवेश-परीक्षा दे सके।

विद्यार्थी-जीवन में विषयों का चयन अत्यंत महत्त्वपूर्ण रहता है। यह चयन इस पर निर्भर करता है कि लक्ष्य क्या है।

खुद ही निर्धारित करना पड़ता है लक्ष्य

कोई भी किसी को यह नहीं बता सकता कि उसका क्या लक्ष्य हो। दूसरा तो मात्र सलाह दे सकता है। इसलिए आत्मनिरीक्षण करना आवश्यक होता है। जिस काम में कोई दिलचस्पी न हो, उसे लक्ष्य बनाने से कुछ हासिल नहीं हो सकता। रुचि न होने से उससे प्यार नहीं हो सकता और काम से प्यार न होने से काम ठीक तरीके से नहीं होता। जब काम ठीक तरीके से नहीं होगा, तो वह पूरा कैसे होगा? उसमें उत्कृष्टता व कलात्मकता कहाँ से आएगी? अतः लक्ष्य ऐसा होना चाहिए जिसमें रुचि हो।

कोई न कोई कार्य ऐसा अवश्य होता है, जिसे हम दूसरों से अच्छा कर सकते

हैं। अच्छा इसलिए कर पाते हैं, क्योंकि उसमें हमारी रुचि होती है। अतः उसी से मिलता-जुलता लक्ष्य बना, उस पर अपनी शक्ति केंद्रित करनी चाहिए। अपनी पसंद के काम में जी-जान से लगा जा सकता है। मनपसंद काम को हम बिना थके लंबे समय तक कर सकते हैं।

पेशे का चुनाव सबको स्वयं करना होता है। यह चुनाव किशोरावस्था में ही हो जाना चाहिए। लक्ष्य-निर्धारण में इन पाँच प्रश्नों के उत्तर महत्त्वपूर्ण होते हैं :

1. आपकी स्वाभाविक रुचि क्या है?
2. आप क्या बनना या करना चाहते हैं?
3. यह कब होना चाहिए?
4. इसे क्यों करना चाहते हैं?
5. इसे कैसे पाना चाहते हैं?

इन पाँचों प्रश्नों का उत्तर विस्तार से देते समय आत्मनिरीक्षण होने लगता है और भविष्य की योजना बननी आरंभ हो जाती है। संसार में किसी भी काम को पाने से पहले उसे प्राप्त करने की योजना बनाना आवश्यक है। लक्ष्य पाने की योजना बनाकर उसके अनुसार काम करने से अपना प्राप्य पाया जा सकता है। ध्यान रखें, कोई वस्तु मुफ्त में नहीं मिलती। श्रम के रूप में उसकी कीमत अदा करनी पड़ती है।

यदि हम समझ लें कि लक्ष्य-निर्धारण करने से वह कैसे पाया जा सकता है, तो लक्ष्य बनाने के प्रति उदासीनता न रहे। एक प्रयोग करके देखें। एक आतशी शीशा ले धूप में जाकर उसके नीचे एक कागज रखें। उस शीशे द्वारा सूर्य की किरणों को एक जगह केंद्रित करें। थोड़ी ही देर में कागज से धुआँ उठने लगेगा। क्या हुआ ? थोड़ी ही देर में जब सूर्य की किरणें एक जगह एकत्र हुईं, तो इतना ताप पैदा हुआ कि वह कागज को जलाने में समर्थ हो गया। इसी नियम का उपयोग कर आजकल सूर्य-किरणों की ऊर्जा से पानी गरम किया जाता है और बिजली बनाई जाती है। लक्ष्य निर्धारित होने से मानवी शक्तियाँ भी उसी पर केंद्रित हो इतनी ऊर्जा और सामर्थ्य पैदा करती हैं कि लक्ष्य पाना आसान हो जाता है।

चेतन और अवचेतन मन

हम अपनी चिंतनशक्ति को दो भागों में विभक्त कर सकते हैं—चेतन व अवचेतन। बाह्य इंद्रियों, यथा आँख, कान, नाक, जिह्वा, त्वचा, आदि द्वारा हमारे मन को लगातार संकेत मिलते रहते हैं। ये संकेत चेतन मस्तिष्क में आते हैं। वह उन्हें उपयोगी और अनुपयोगी में वर्गीकृत कर उपयोगी को अवचेतन मन में संगृहीत होने के लिए प्रेषित कर देता है। अनुपयोगी अपने-आप बाहर निकल जाते हैं। संगृहीत उपयोगी संकेतों को आवश्यकता पड़ने पर उपयोग में लाकर उनके आधार पर निर्णय लिए जा सकते हैं।

अवचेतन मन की भंडारण व कार्य-क्षमता असीम है। अवचेतन मस्तिष्क चौबीसों घंटे अनवरत कार्य करनेवाली एक ऐसी कार्यशाला है जहाँ हमेशा उसे सौंपी गई गुत्थियाँ सुलझाने का काम चलता रहता है। सोते में हमें जो स्वप्न दिखाई देते हैं, वे सब हमारे चिंतन के इसी भाग की क्रियाशीलता हैं। हम अकसर पाते हैं कि यदि हम किसी समस्या को लेकर सो जाते हैं, तो सवेरे उसका हल मिल ज़ाता है। अवचेतन मन की इस कार्य-प्रणाली का अध्ययन करके ही आत्मसुझाव का सिद्धांत प्रतिपादित किया गया है।

आत्मसुझाव का सिद्धांत

संक्षेप में, इस सिद्धांत के अनुसार यदि कोई किसी विचार या सुझाव को बार-बार अपने मन को प्रेषित करता है, तो कुछ समय बाद अवचेतन मन उस विचार या सुझाव को अपना लेता है और उसे मूर्त रूप देने के लिए प्रयत्नशील हो जाता है। तो जब लक्ष्य बनाकर बार-बार हम उसके बारे में सोचते हैं या दूसरे शब्दों में अपने मन को उसका सुझाव देते हैं, तो कुछ समय बाद वह हमारे अवचेतन मन का अंग बन जाता है, जो उसे प्राप्त करने के तरीके सोच-सोचकर सुझाता रहता है।

यही कारण है कि जब हम किसी परीक्षा को पास करने का दृढ़ निश्चय कर लेते हैं, तो अवचेतन मस्तिष्क क्रियाशील हो उठता है और फिर उसे पूरा करने के रास्ते सुझाता है। सारी सुविधाएँ जुटती जाती हैं, किताबों का, निर्देशन का प्रबंध हो जाता है। उच्च मनोबल व उत्कट इच्छा के अनुकूल ही अवचेतन मस्तिष्क क्रियाशील होता है।

तीव्र इच्छा होते ही हमारा संपर्क उन लोगों से होता है, जो लक्ष्य-प्राप्ति में सहायक हो सकते हैं। साथ ही शक्तियों का केंद्रीकरण होता है, फिर वह केंद्रित शक्ति लक्ष्य-प्राप्ति की सीढ़ी बन जाती है।

भटकाव को रोकता है लक्ष्य

इसका दूसरा पहलू भी है। यदि हम नाव पर सवार हैं, पर कहाँ जाना है—यह नहीं मालूम और पतवार भी नहीं है, तो या तो हम एक जगह घूमते रहेंगे या फिर बहाव के साथ बहते रहेंगे। केवल श्रम से सफलता नहीं मिलती। मकान बनाने का सारा सामान—गारा, चूना, ईंट, सीमेंट, लोहा आदि एकत्र कर लेने मात्र से मकान नहीं बन जाता। कैसा मकान चाहिए, कितने कमरे चाहिए, क्या-क्या सुविधाएँ चाहिए, जब तक इनका निश्चय नहीं होता, अच्छा, सुंदर व सुविधायुक्त मकान नहीं बन सकता। मकान का नक्शा चाहिए, ताकि उसके अनुसार कार्य किया जा सके।

लक्ष्य बनते ही वह मस्तिष्क के चिंतन का प्रमुख अंग बन जाता है, बाह्य इंद्रियाँ उन सब संकेतों को ग्रहण करने लगती हैं, जिनके प्रति सामान्य रूप से कोई आकर्षण ही नहीं होता। यदि कोई मकान बनवा रहा है तो वही एक प्रमुख चिंता

रहती है, रास्ते का हर भवन सुझाव देता मालूम पड़ता है।

लक्ष्य बनने मात्र से उससे संबंधित ज्ञान उपलब्ध होने लगता है। पुस्तकालय में विषय के अनुरूप पुस्तकें मिलने लगती हैं, संबंधित पत्र-पत्रिकाएँ नजर आने लगती हैं। ऐसा नहीं कि वे पहले मौजूद नहीं थीं। मौजूद वे पहले भी थीं, पर अब इसलिए मिलने या नजर आने लगती हैं क्योंकि अब वे हमारे मकसद से जुड़ गई हैं, अब वे हमारे काम की हैं।

लक्ष्य होने से हम अवसर को पहचानकर उसे पकड़ने की स्थिति में आ जाते हैं। अवसर तो हर क्षण आते रहते हैं, उन्हें पकड़कर अपने उपयोग में लाने की बात है।

रुचि के अनुसार लक्ष्य

इन सब बातों को ध्यान में रखते हुए किशोरों व युवाओं को निश्चय करना चाहिए कि उन्हें किस काम में रुचि है? उनमें किस काम को अच्छे तरीके से करने की क्षमता है? इस आधार पर वे अपना पेशा यानी कैरियर चुन सकते हैं। नाना प्रकार के पेशे उपलब्ध हैं—डॉक्टर, वकील, गायक, पेंटर, इंजीनियर, वास्तुकला, उद्योग, व्यवसाय, कृषि-विशेषज्ञ, हवाईजहाज-चालक, फौज, नौसेना, हवाई सेना आदि। अपनी रुचि के अनुसार पेशे का चयन कर अपना लक्ष्य बनाएँ। इसके बाद कटिबद्ध होकर उसे पाने का प्रयत्न करें।

इस संबंध में कुछ उपयोगी बातें नीचे दी जा रही हैं :

● लक्ष्य स्पष्ट भाषा में लिखकर अनेक स्थानों पर रखें, ताकि समय-समय पर उस ओर ध्यान जाता रहे व मस्तिष्क को आत्मसुझाव मिलता रहे। एक तो तकिए के नीचे ही रख लेना चाहिए, जिसे सोने से पहले पढ़ा जा सके।

● लक्ष्य प्राप्त करने की विस्तृत योजना बनाएँ।

● फिर एक-दो ऐसे विश्वस्त साथियों की तलाश करें, जो लक्ष्य-प्राप्ति में मदद करें।

● अपनी विचारधारा सकारात्मक रखकर स्वयं से कहते रहें कि लक्ष्य-संबंधी विचार साकार होंगे।

● लक्ष्य-प्राप्ति के दौरान यदि योजना में फेरबदल करना पड़े तो अवश्य करें। कोई भी इतना चतुर नहीं हो सकता कि एकदम सही योजना बना सके।

● लक्ष्य को जीवन का हिस्सा बना लें।

● लक्ष्य तय करने के बाद पेशे का चुनाव हो जाने पर हाथ-पैर ढीले न छोड़ दें। उस क्षेत्र में और सफलता पाने की लगातार कोशिश करें और आगे ही आगे बढ़ने का प्रयत्न करें।

व्यवसाय का चयन ठीक से करें

पिछले बीस साल में नरपत शाह ने गुजरात और महाराष्ट्र में वनस्पति घी की सात फैक्टरियाँ लगा ली हैं। नरपत में बचपन से ही उद्योगपति बनकर दौलत कमाने की उत्कट महत्त्वाकांक्षा थी। मगर उनके इकलौते बेटे रमेश को कभी ऐसी अभिलाषा नहीं रही। उसे धन-दौलत की कोई चाह नहीं थी। वह व्यापार की भाग-दौड़ और उठापटक पसंद नहीं करता था। उसे एकांत और शांति पसंद थी।

स्वप्नों के आसमान में कल्पना के पंख लगाकर उड़ने के बजाय यथार्थ के धरातल पर टिके रहकर ही अपना व्यवसाय चुनें

रमेश साहित्य और संगीत का प्रेमी था। बचपन से ही कविता और नाटक में उसकी रुचि थी। कॉलेज के दिनों में उसने कई एकांकी लिखे थे और विभिन्न अवसरों पर कॉलेज के छात्रों ने वे नाटक मंच पर प्रस्तुत भी किए थे। रमेश शाह का सपना था नाटक लिखने और फिल्म-निर्देशन के क्षेत्र में कुछ कर दिखाने का।

परिजनों का असहयोग

पिता ने इस विचार की खिल्ली उड़ाई। रिश्तेदारों और परिवारजनों ने भी उसे महत्त्व नहीं दिया। मित्रों ने भी ऐसे समृद्ध व्यापार को छोड़कर तानपूरा थाम लेने की योजना का विरोध किया। रमेश की पत्नी, जो एक बड़े पूँजीपति की पुत्री थी, लेखन और संगीत को पागलपन समझती थी।

रमेश में दृढ़ता नहीं थी। वह कोमल स्वभाव का नवयुवक था। इस चौतरफा विरोध के आगे वह झुक गया। हारकर उसे

पैतृक व्यवसाय में लगना पड़ा। मगर उसका मन यहाँ न था। उसे पिता ने महाराष्ट्र के तीनों कारखानों की जिम्मेदारी दे दी। तीन साल में ही तीनों जगह नुकसान होने लगा। दो कारखाने तो बंद कर देने पड़े। भारी आर्थिक संकट खड़ा हो गया।

नरपत शाह दिवालिया हो गए। रमेश आज भी बेचैन है। उसे लगता है, जैसे मछली को पानी से निकाल लिया गया हो! इस व्यवसाय से उसे सख्त नफरत है।

अनिश्चित दिनचर्या वाला काम

सुबोध को बी. एस-सी. करने के बाद एक दवा-कंपनी के प्रतिनिधि का काम मिल गया। उसका काम था अपने क्षेत्र के शहरों में घूम-घूमकर डॉक्टरों से संपर्क करना, उन्हें कंपनी की दवाओं की गुणवत्ता से प्रभावित करना, स्थानीय दवा-विक्रेताओं को समझाना कि डॉक्टरों ने इस दवा को बहुत अच्छा माना है, उनसे ऑर्डर प्राप्त करना और इस तरह कंपनी की बिक्री बढ़ाना।

उसे प्रतिदिन चार-पाँच शहरों में आना-जाना पड़ता था। महीने में वह तीन-चार दिन भी घर नहीं रह पाता था। वह इस जीवन-शैली से परेशान हो बुरी तरह थक गया और चिड़चिड़ा हो गया।

असल में वह एक ही जगह एक निश्चित दिनचर्या की जिंदगी पसंद करता था। मेहनत से उसे डर न था, मगर वह निश्चित समय पर सोना, जागना, खाना और काम करना पसंद करता था। गाँव-गाँव, शहर-शहर घूमने से उसे नफरत थी।

सुबोध को कंपनी से लगभग 3,500 रुपए प्रतिमाह मिलते थे, जो शुरुआत में बुरे न थे। जल्दी ही उसे 5,000 रुपए प्रतिमाह पर तरक्की मिलनेवाली थी। एक दिन अचानक उसने एक माध्यमिक स्कूल में विज्ञान-अध्यापक की नियुक्ति ले ली, जहाँ उसे 1,800 रुपए के वेतन से शुरुआत करनी थी।

सुबोध अब खुश है, क्योंकि अब उसे एक निश्चित दिनचर्या की जिंदगी मिल गई है। वह कहता है, 'मुझे अपने फैसले पर कोई अफसोस नहीं। मैंने उन दो वर्षों में अपना स्वास्थ्य खूब बरबाद किया। वैसे भी मुझे ट्रेनों और बसों की यात्राओं में भारी असुविधा होती थी।'

पिंजरों में फँसे जानवर

रमेश और सुबोध की तरह बहुत-से नवयुवक ऐसे व्यवसायों में फँस जाते हैं जिनमें उनका दम घुट जाता है, जहाँ उनकी योग्यताओं की कद्र नहीं होती, जहाँ उन्हें प्रशंसा और मान्यता नहीं मिलती, जिनमें उनकी रुचि नहीं होती, और जहाँ जाना उनका लक्ष्य कभी न था। ऐसे लोग एक अनचाही जिंदगी की कैद में जकड़ जाते हैं और वहाँ से भागने को आतुर रहते हैं।

आपने जंगली जानवरों को पिंजरों में दिन-रात इधर से उधर अधीर होकर घूमते देखा होगा। वही हालत उन लोगों की होती है, जो गलत व्यवसायों में फँस जाते हैं।

यों कोई भी व्यवसाय अपने-आपमें गलत या सही नहीं होता। बस, जिसमें आपकी रुचि हो, वह आपके लिए सही है और जो आपको पसंद न हो, वह गलत है।

शुरू कीजिए सोचना

अगर आप किशोरावस्था में आ पहुँचे हैं, तो अब सोचना शुरू कर दीजिए कि आप क्या बनना चाहते हैं—तंबाकू के व्यापारी, कैमिस्ट, बुकिंग-क्लर्क, ठेकेदार, डॉक्टर, अभिनेता, पत्रकार, किसान या कुछ और। अजीब बात तो यह है कि अकसर नवयुवकों के मन में अपने भावी व्यवसाय का कोई स्वरूप ही नहीं होता और जो काम उन्हें पहले-पहल मिल जाता है या जिधर उनके परिवारजन उन्हें मोड़ देते हैं, वे उधर ही मुड़ जाते हैं।

किसी व्यवसाय को चुनने के लिए या उस पर सोचने-समझने के लिए वे उतना समय भी खर्च नहीं करते, जितना अपनी कमीज के लिए कपड़ा खरीदने में कर देते हैं। उन्हें सिर्फ कोई काम चाहिए। उनकी यात्रा का कोई लक्ष्य नहीं होता और वे किसी भी सड़क पर चलने को तैयार रहते हैं। चलकर कहीं पहुँचने पर भी उन्हें यह पता नहीं होता कि वे कहाँ आ गए हैं। वे समुद्र में पड़ी उस नाव की तरह होते हैं, जो जिधर हवा बहती है उधर ही बहने लगती है।

मनमर्जी के काम ने बनाया विश्वप्रसिद्ध

प्रकृति-विज्ञानी एलेक्जेंडर वान हम्वोल्ट जब छोटे थे तो विज्ञानविद् गोथे ने उनकी 'रुचियाँ' पूछीं। हम्वोल्ट ने कहा, 'मुझे सैर करना और पेड़-पौधों के बारे में जानना बेहद पसंद है।' इस पर गोथे ने उनके पिता को राय दी, 'इसे विज्ञान की शिक्षा दिलवाना अधिक बेहतर है।'

गोथे की राय पर हम्वोल्ट को सैर करने और विज्ञान की पुस्तकें पढ़ने की छूट मिल गई। फलस्वरूप उन्होंने कई अनूठी खोजें कीं और पूरे यूरोप में मशहूर हो गए। प्राणी, खगोल, भौतिकी, भूगर्भ तथा वनस्पति पर उन्होंने एक विशाल ग्रंथ 'कासमोस' लिखा, जो विज्ञान-जगत में आज भी प्रसिद्ध है।

इस युग के सबसे बड़े आविष्कारक एडीसन को कौन नहीं जानता! वह स्कूल में भी नहीं पढ़ पाए थे। बचपन में अखबार बेचने का काम करते थे। उन्होंने वैज्ञानिक प्रयोग शुरू किए। वह प्रतिदिन घंटों तक अपनी प्रयोगशाला में काम करते थे। बरसों तक वह प्रयोगशाला में ही सोते और खाते-पीते रहे। उन्होंने सैकड़ों आविष्कार किए।

मेहनत नहीं, मनोरंजन

एक बार एक पत्रकार ने एडीसन से पूछा कि वह इतना परिश्रम कैसे कर लेते हैं, तो एडीसन ने जवाब दिया, 'मैंने जिंदगी में कभी परिश्रम नहीं किया, सिर्फ मनोरंजन किया है।' सचमुच आनंददायक काम मनोरंजन ही महसूस होता है, वह

कभी थकाता नहीं। क्या किसी माँ को अपने बच्चे की तीमारदारी में थकते देखा है?

डॉ. रेमंड पर्ल ने अमेरिकी बीमा-कंपनियों के सहयोग से दीर्घजीवी व्यक्तियों के जीवन का अध्ययन किया और निष्कर्ष निकाला कि अपनी रुचि का व्यवसाय प्राप्त कर पानेवाले व्यक्ति अधिक आयु तक जीते हैं।

इसमें कोई शक नहीं कि उत्साह के बिना आदमी कहीं भी अच्छा काम नहीं कर सकता और उसका जीवन भी उत्साह के बिना फीका ही रहेगा। यह उत्साह तभी हो सकता है, जब आप वह काम करें जिसमें आपकी रुचि हो। अगर आप किसी कार्य या व्यवसाय से मात्र इसलिए जुड़े हुए हैं कि इससे आपको हर महीने गुजारे के लिए वेतन मिल रहा है, तो आपकी कार्यक्षमता बहुत गिर जाएगी और आप एक उत्साहहीन व उदासीन जिंदगी को घसीटते रहेंगे।

अरुचिकर व्यवसाय में न फँसें

संक्षेप में, चाहे माता-पिता तथा अन्य गुरुजनों का विरोध ही करना पड़े, चाहे मित्रों और रिश्तेदारों से विद्रोह ही करना पड़े, चाहे सारी दुनिया आप पर हँसे और चाहे बहुत-सी बाधाएँ भी रास्ते में खड़ी हों, काम वही चुनें जो आपको भाता हो। दबाव में आकर ऐसे व्यवसाय में न फँसें, जहाँ आपका दिल न हो।

आप कितने भी प्रतिभाशाली व्यक्ति हों और कितनी भी क्षमता रखते हों, फिर भी आपकी सीमाएँ हैं। आप सभी काम समान कार्यकुशलता के साथ नहीं कर सकते। आपको ऐसा कार्य या व्यवसाय तो चुनना ही होगा, जिसमें आप इस प्रतियोगी संसार में पिछड़ न जाएँ। सभी कार्यों में हाथ-पाँव मारनेवाला किसी भी काम को अंजाम नहीं दे सकता। चुनाव की प्रक्रिया इस विशिष्टता के जमाने में बहुत महत्त्वपूर्ण हो गई है।

तरह-तरह का लेखन

मसलन, आपने लेखन-कार्य चुना है, अथवा व्यापार में आपकी रुचि है। ठीक है, पर यह पर्याप्त नहीं। लेखन का क्षेत्र एक विशाल जंगल है। आप रचनात्मक लेखन करेंगे या पत्रकारिता या आलोचना? पत्रकारिता आपने चुनी, मगर कैसी पत्रकारिता? खेल-समाचार, खेल-विश्लेषण, फिल्म-आलोचना, पुस्तक-समीक्षा, फीचर-लेखन, रिपोर्टिंग, राजनीतिक समीक्षा, खोजी पत्रकारिता, संपादन, स्तंभ-लेखन, साक्षात्कार, व्यंग्य...सूची अंनत है।

आखिर किस कार्य के लिए आप अपने-आपको विशेष सक्षम मानते हैं? फिर आप स्वतंत्र पत्रकारिता पसंद करते हैं या किसी पत्रिका से वैतनिक आधार पर जुड़ना चाहते हैं? वह दैनिक हो या साप्ताहिक अथवा मासिक? वह वामपंथी विचार का हो या दक्षिणपंथी या मध्यममार्गी या स्वतंत्र? वह पुराणपंथी हो या समाज में नवजागरण का संदेशवाहक? आपकी चयन-प्रक्रिया लगातार चलती रहनी चाहिए।

व्यापार की अनंत शाखाएँ

इसी तरह, व्यापार की भी अनंत शाखाएँ हैं। या तो आप शुरू में ही अपनी शाखा-उपशाखा चुन लें या फिर किसी शाखा में प्रवेश करने के बाद अपने अनुभवों के आधार पर उपशाखाओं का चुनाव करते रहें। बस, यह ध्यान रखें कि अपने चयन पर आपको पछतावा न होता रहे।

व्यवसाय का चयन करने से पहले आप अपनी रुचियों और योग्यताओं की सूची बनाकर देखिए। इस संसार में हम सभी अपूर्ण मानव हैं। कई बातों में हम अक्षम भी हो सकते हैं, क्योंकि हमारी योग्यताओं की सीमाएँ हैं। अच्छा हो कि हम अपनी विशेषताओं के साथ-साथ अपनी कमियों का भी खयाल रखें। यही खयाल रखकर हमें अपनी महत्त्वाकांक्षाओं और अपने सपनों की सूची बनानी है।

अपनी क्षमताओं का आकलन

उदाहरण के लिए, आपका स्वप्न है राजनीति में जाने का। हजारों-लाखों लोगों की भीड़ आपका भाषण सुन रही है, आपकी आवाज रेडियो पर और चेहरा टेलीविजन पर प्रकट होते रहते हैं, चुनाव के महानाटक में आप भी एक तूफान की तरह छा रहे हैं, आदि-आदि चित्र आपके दिमाग में चलचित्र की तरह बनते रहते हैं। अब आप अपनी क्षमताओं पर भी विचार कीजिए। शायद आप अंतर्मुखी और एकांतप्रिय हों। आप शर्मीले हों और लोगों से मिलना-जुलना आपके लिए बोझ हो, आनंद नहीं। आपको अपने विचार प्रकट करने में झेंप महसूस होती हो। स्कूल और कॉलेज में आपने कभी भी चुनाव आदि में हिस्सा न लिया हो। आपकी एकमात्र रुचि अखबार और पत्रिकाएँ पढ़ने में ही हो और अखबार पढ़कर ही आपको राष्ट्र के आकाश पर सितारे की तरह चमकने की धुन पैदा हुई हो।

ऐसी स्थिति में अच्छा हो, फिलहाल आप कोई ऐसा काम शुरू करें जो आप आसानी से कर सकें और उससे रोजी-रोटी कमा सकें। इस बीच अपने व्यक्तित्व को बहिर्मुखी बनाने की कोशिश कीजिए तथा सार्वजनिक कामों में सक्रिय भाग लेना शुरू कीजिए। अगर आप महसूस करें कि आप ऐसा नहीं कर पा रहे हैं, तो राजनीति का भूत अपने सिर से उतार दीजिए।

भेड़ियाधसान से बचें

संक्षेप में, व्यवसाय का चयन करते समय हमें स्वप्नों के रूमानी आसमान में कल्पना के पंख लगाकर नहीं उड़ना चाहिए, बल्कि जिंदगी की हकीकतों के धरातल पर ही पाँव रखने चाहिए।

ऐसे व्यवसायों की तरफ न दौड़ें, जिधर सारी भीड़ भागती हो। कई व्यवसाय ऐसे हैं, जिनमें जरूरत से पचास गुना ज्यादा लोग घुस आए हैं और अब वह काम लाभप्रद नहीं रहा।

उदाहरण के लिए, वकालत या कंप्यूटर-चालन का व्यवसाय लीजिए। प्रतिवर्ष हजारों नवयुवक एल-एल. बी. या तरह-तरह के कंप्यूटर-कोर्स करके इन क्षेत्रों में प्रवेश करते हैं, जिनमें से सिर्फ 3 प्रतिशत लोग ही इनमें जम या खप पाते हैं।

देश का औद्योगिक विकास हो रहा है। नए-नए व्यवसाय सामने आ रहे हैं। आप कोई अपरंपरागत नया धंधा आजमाइए।

एक बार आपको अपनी रुचि का व्यवसाय मिल जाए, तो फिर प्रारंभिक कठिनाइयों और असफलताओं से घबराकर भाग जाने की न सोचें, क्योंकि ये बाधाएँ तो सफलता के मार्ग पर आगे बढ़ने के लिए आपको दिशा-संकेत देती हैं।

कैरियर की सफलता में बाधक है अहंकार

तेज आँधी भी तनकर खड़े रहनेवाले पेड़ों को तो उखाड़ देती है पर झुक जानेवाली झाड़ियों का कुछ नहीं बिगाड़ पाती

मुहल्ले में एक नए किराएदार आए थे। अच्छे पद पर थे। नौकर थे, कार थी, फोन था और थीं सारी आधुनिक सुविधाएँ। आसपास की महिलाएँ शीला बहन जी से परिचय प्राप्त करने के लिए उनके फ्लैट में गईं। शीला ने उनका ठंडा स्वागत किया। जब तक वे बैठी रहीं, शीला अपने साज-सामान के बारे में बखान करती रहीं, अपने पति के बारे में बताती रहीं। ऊबकर पड़ोसी महिलाएँ उन्हें अपने यहाँ आने का औपचारिक निमंत्रण देकर चली गईं। शीला ने उठकर दरवाजे तक जाना भी गवारा न किया।

फिर एक माह तक शीला को घर से निकलने का समय नहीं मिला। सारी महिलाओं में यही चर्चा रही कि बड़ी घमंडी है। अरे, होगी आई.ए.एस. की बीवी तो हम क्या कम हैं ! शीला के यहाँ उनकी आवश्यकता पर भी बाद में कोई नहीं फटका। उन्हें शिकायत हुई कि कैसे पड़ोसी हैं।

धन का अभिमान

विनोद एक धनी व्यापारी का पुत्र था। दिल्ली पब्लिक स्कूल में पढ़ता था। कार से आता, कार से जाता। कक्षा में अकेला बैठा रहता। किसी से संपर्क रखना अपनी तौहीन समझता। कोई सहपाठी पहल करके यदि परिचय पाना चाहता तो रूखे ढंग से बात करता। सारे बच्चे यही कहते कि बड़ा अभिमान है उसे अपने धन का। सहपाठियों का साथ न मिलने से वह अकेला पड़ गया और उसका समुचित विकास नहीं हुआ।

श्याम अपनी कक्षा में प्रथम आया। दिमाग चढ़ गया। उसके द्वारा तैयार किए गए प्रश्नोत्तर सहपाठी देखना चाहते थे, पर श्याम ने संपर्क कम कर दिया। बात करने में भी उसे अपनी बेइज्जती महसूस होने लगी। बोलचाल तो कम कर ही ली, पर यदि कोई कॉपी या किताब माँगता तो झिड़क भी देता। साथियों ने कहा कि प्रथम क्या आ गया है, सिर फिर गया है। द्वितीय, तृतीय या चतुर्थ आनेवाले विद्यार्थियों ने फिर आपस में अपने उत्तरों, टिप्पणियों आदि का मिलान कर जमकर मेहनत की। अगली परीक्षा में श्याम पाँचवें स्थान पर आया। अब वह किसी से आँख नहीं मिला पाता था। घमंडी का सिर नीचा होता ही है।

सफलता का दंभ

श्रीकांत ने टेलीविजन बनाने की एक फैक्टरी लगाई। सफल रही। इस सफलता ने उसका दिमाग आसमान पर चढ़ा दिया। पड़ोसी हरिनारायण के बेटे मनमोहन ने इलेक्ट्रॉनिकी में डिप्लोमा लेकर टेलीविजन की फैक्टरी लगाने का विचार किया। सलाह के लिए श्रीकांत के पास गया। श्रीकांत को सहन नहीं हुआ कि कोई उसके मुकाबले में खड़ा हो। उचित सलाह देना तो दूर रहा, अपनी तरफ से पूरी कोशिश भी की कि मनमोहन फैक्टरी न लगा पाए। मनमोहन उसकी हरकतों से बहुत परेशान हुआ, पर जीवट का आदमी था, फैक्टरी लगा ही ली और मुकाबले में खड़ा हो गया। किसी को भी श्रीकांत का यह दंभ-भरा व्यवहार पसंद नहीं आया। मनमोहन ने अपने टेलीविजन की गुणवत्ता श्रीकांत के टेलीविजन से ऊँची रखी। साथ ही श्रीकांत के अपने प्रति व्यवहार को ध्यान में रखते हुए उसने दूसरों को इस क्षेत्र में आने में मदद भी की।

श्रीकांत धीरे-धीरे अकेला पड़ गया। उसकी बिक्री कम होती गई और एक दिन आया, जबकि उसे फैक्टरी बंद ही करनी पड़ी।

पैर जमीन पर नहीं पड़ते

हम हर क्षेत्र में देख सकते हैं—चाहे वकील हो या डॉक्टर, व्यापारी हो या उद्योगपति—थोड़ा सफल हुए नहीं कि पैर जमीन पर पड़ने बंद हो जाते हैं। घमंड हो जाता है कि मैं भी कुछ हूँ। मेरा स्तर दूसरों से ऊँचा है। उनसे संपर्क रखने में बेइज्जती महसूस होती है। यह विचार जोर पकड़ते ही, आपसी संपर्क कम हो जाता है, ज्ञान का आदान-प्रदान अवरुद्ध होता है, आपसी सहयोग खत्म हो जाता है।

युवावस्था में कदम रखते ही जीवन-यापन के संबंध में आपसी संपर्क बढ़ते हैं। दूसरों का सहयोग अपेक्षित हो जाता है। उस समय अभिमानवश ऐसा कुछ करना जिससे इनमें कमी आए, अपने पैर पर कुल्हाड़ी मारना है। इतिहास साक्षी है कि अभिमानी ज्यादा देर सफलता की चोटी पर नहीं टिक सके। प्राचीन काल से आज तक उदाहरणों की कमी नहीं है। सिकंदर, शिशुपाल, नेपोलियन, हिटलर, मुसोलिनी,

जिनके प्रताप से संसार काँपता था, उनका अहंकार उन्हें खा गया। पतन की ओर ले जाने में अहंकार का प्रमुख हाथ होता है।

जब मनुष्य अपने-आपको सामान्य स्तर का न समझकर, बहुत बड़ा अथवा महत्त्वपूर्ण समझने लगता है, तभी अभिमान का अंकुर फूट निकलता है। धीरे-धीरे यह अंकुर विशाल वट-वृक्ष का रूप ले लेता है। फिर वह झूठी प्रशंसा, उद्‌दंडता, स्वेच्छाचार व शेखी से अपनी वास्तविक स्थिति को नहीं समझ पाता और अभिमान के पंखों पर उड़ने लगता है। अकसर अविवेकी व अदूरदर्शी व्यक्ति ही अभिमानी होते हैं। यह एक ऐसी दुधारी तलवार है, जो दूसरों के साथ-साथ अपना भी विनाश कर डालता है।

समस्त बुराइयों की जड़

अहंकार अहं की भावना से पैदा होता है। अहंकार आते ही अनेक बुरे भाव, जैसे क्रोध, लोभ, मोह आदि उत्पन्न हो जाते हैं। इन भावों के प्रबल होते ही विवेकशक्ति क्षीण होने लगती है। आदमी कुछ का कुछ करने लगता है। परिणामस्वरूप ऐसी स्थिति में आ फँसता है, जहाँ से पतन आरंभ हो जाता है।

अभिमान होते ही प्रगति का मार्ग अवरुद्ध हो जाता है। विद्या का अभिमान होने पर वह घटती है, बढ़ती नहीं। जब यह मान लिया जाता है कि हमें सबकुछ मालूम है, तो और सीखने की, नया कुछ जानने की इच्छा ही समाप्त हो जाती है। कुछ समय बाद आदमी कूप-मंडूक हो जाता है।

प्रसिद्ध वैज्ञानिक न्यूटन से किसी ने प्रश्न किया, 'आपने तो पूर्ण ज्ञान प्राप्त कर लिया है, अब क्यों पढ़ाई में लगे रहते हैं?'

इस पर उनकी प्रतिक्रिया थी, 'मेरे सामने ज्ञान का असीम सागर लहरा रहा है। मैंने तो तट की बालू से कुछ रजकण ही उठाए हैं।'

यही कारण था कि न्यूटन अंत समय तक ज्ञान अर्जित करते रहे और अपनी खोजों का लाभ आनेवाली पीढ़ियों को सौंप गए। यदि उन्हें अपना प्रारंभिक खोजों पर ही अभिमान हो जाता, तो वे हाथ पर हाथ रखकर बैठ जाते। उनके बाद की आज तक की खोजों से यह स्पष्ट हो जाता है कि उन्होंने जो उत्तर दिया था, उसमें कितना तथ्य था। इस संदर्भ में, ऐसे व्यक्तियों की स्थिति पर तरस आता है, जो बेचारे कहीं से कुछ पढ़-लिखकर थोड़ा-बहुत अध्ययन करके अभिमानवश अपने-आपको पंडित व विद्वान मान लेते हैं।

विवेक का हरण

अभिमान का नशा चढ़ते ही मनुष्य के कार्यकलाप, विचार व दृष्टिकोण असंतुलित हो जाते हैं। परिणामस्वरूप विवेकशीलता व दूरदर्शिता मारी जाती है।

अभिमान आने से दूसरों में दोष देखने की प्रवृत्ति बढ़ती है। आत्मनिरीक्षण व

स्वदोषप्रदर्शन की शक्ति कम होने लगती है, जिससे अपनी खामियों पर ध्यान नहीं जाता। इससे व्यक्तित्व में अनेक दोष रह जाते हैं।

अभिमानी की सबसे बड़ी कमजोरी यह होती है कि उसे अपनी प्रशंसा ही अधिक प्रिय लगने लगती है। अतः प्रशंसा करनेवाले ही उसके प्रिय हो जाते हैं। उन्हीं के साथ उठना-बैठना अच्छा लगता है। धीरे-धीरे अभिमानी के चारों ओर चापलूस, खुशामदी व स्वार्थी लोगों का जमघट हो जाता है। ये व्यक्ति अपनी स्वार्थ-सिद्धि के लिए उसे वस्तुस्थिति से अनजान रखते हैं। अँधेरे में रहने के कारण और दूसरों की आँखों से देखने व दूसरों के कानों से सुनने के कारण ऐसे लोग सही समय पर सही निर्णय नहीं ले पाते।

अहंकारी व्यक्ति अपनी निंदा नहीं सुन सकता। इसकी भनक पड़ते ही वह आलोचक से शत्रुता ठानकर उसे नेस्तनाबूद करने का विचार कर लेता है। दंभ इतना बढ़ता है कि अपनी इच्छा के विरुद्ध कुछ भी सुनना पसंद नहीं करता। अतः उसे सच्ची राय देनेवाले, स्पष्टवक्ता, अनुभवी, विचारशील लोगों का साथ नहीं मिलता।

अभिमान का मद

अभिमानी व्यक्ति को अपने सामने दूसरे प्रगतिशील व्यक्ति तनिक भी अच्छे नहीं लगते। वह नहीं चाहता कि कोई और आगे बढ़े, जैसाकि हमने श्रीकांतवाले उदाहरण में देखा। अपने को ऊपर रखने के प्रयास में वह दूसरों को गिराने के ही फेर में लगा रहता है। अतः अपने विकृत कार्यकलापों से वह दूसरों को दुख पहुँचाता रहता है, खास कर निर्बलों को।

हिटलर, मुसोलिनी, नेपोलियन आदि के पतन का कारण यही था। अभिमान के मद में लाखों को मारा-मरवाया, करोड़ों को इतना सताया कि जब वे एकजुट होकर खड़े हुए तो उन्हें रास्ता छोड़ना पड़ा।

अभिमानग्रस्त व्यक्ति सबको अपने से हेय समझता है। उसे दुनिया में सब बुरे ही बुरे दिखाई देते हैं। इसी तरह के एक व्यक्ति से भरी सभा में पूछा गया कि इस सभा में आपको कितने व्यक्ति भले मालूम पड़ते हैं, तो उसने कहा, 'मुझे यहाँ एक भी भला आदमी नहीं दिखाई दे रहा।'

संघर्ष-क्षेत्र में वृद्धि

अहंकारी व्यक्ति का संघर्ष-क्षेत्र बढ़ जाता है। अपने कार्यक्षेत्र में आम लोगों से बड़ा बनने, अपने व्यक्तित्व को महत्त्व देने, अपना रोब रखने के प्रयत्न में वह सबकी आलोचना व निंदा करता है। उन्हें नुकसान पहुँचाने की साजिश करता है। इससे अनायास ही दूसरे शत्रु बन जाते हैं और यही उसकी असफलता का कारण बनता है। सारी शक्ति, जो सृजनात्मक कार्यों में लगनी चाहिए थी, वह विरोध, द्वेष, षड्यंत्रों

में नष्ट हो जाती है।

हर कोई सफलता पाना चाहता है। यह एक अच्छी बात है। लक्ष्य इसीलिए बनाया जाता है। सफल होने के लाभ भी होते हैं। दूसरे प्रशंसा करते हैं। अपना हौसला बढ़ाते हैं। फिर और भी बहुत-कुछ करने की इच्छा होती है। पर इसमें एक छोटी-सी बुराई भी छिपी रहती है। उस ओर यदि ध्यान नहीं दिया तो नुकसान हो जाता है। इस बुराई का नाम है—मद या अहंकार। सफलता पाकर आदमी इतराने लगता है। अपनी औकात भूल जाता है। मानने लगता है कि 'मुझ-सा बुद्धिमान, चतुर व पुरुषार्थी कोई है ही नहीं। मैं हर क्षेत्र में सफलता पा सकता हूँ।'

या पाए बौराय

आत्मविश्वास होना एक बात है, पर अहंकार उससे एकदम अलग भाव है। आत्मविश्वासी का अर्थ है अपनी क्षमता पर विश्वास रखते हुए कर्तव्य-पथ पर दृढ़ रहना और कठिनाइयों से विचलित न होते हुए लक्ष्य की ओर बढ़ना। अहंकार की तुलना मद से की जाती है। जिस प्रकार नशीली वस्तु खाकर उन्मत्तता आती है, उसी प्रकार छोटी सफलताएँ पाकर आदमी बौराने लगता है। उसकी अकड़ उद्‍दंडता और अशिष्टता के रूप में उसके चेहरे पर झलकती है। ऐसा लगने लगता है कि एक सफलता पाकर मानो उसने सज्जनता का मार्ग ही छोड़ दिया है।

उद्धतता सारी मानवता का, सज्जनता का अपमान है। यह किसी को भी बरदाश्त नहीं होती। व्यक्तिगत स्वार्थ न हो, तो किसी की आत्मा इसे स्वीकार नहीं करती। सामान्य रूप से अहंकार हर किसी को बुरा लगता है। भले ही कोई तत्काल विरोध न करे। पर जब भी अवसर आता है, अहंकारी अपने को अकेला पाता है। चापलूस भी अवसर पाते ही गिरे को लात मारने को तैयार हो जाते हैं।

मानव का सबसे बड़ा दुर्गुण अहंकार है। अपनी स्वतंत्र सत्ता की दृष्टि से मानव अत्यंत तुच्छ है। दूसरों की सहायता के बगैर उसका काम चल ही नहीं सकता। मनुष्य को जो कुछ भी प्राप्त होता है, उससे स्वयं की योग्यता के अलावा दूसरों के सहयोग एवं अनुग्रह का भी हाथ रहता है। अतः अपनी उन्नति का सारा श्रेय स्वयं लेकर मदांध होना उचित नहीं।

सामूहिक प्रयत्नों का परिणाम

अकेला रहनेवाला व्यक्ति अविकसित रह जाता है। यदि मनुष्य के बच्चे को कोई न पाले, किसी का सहयोग न मिले तो दूसरे जीवों के बच्चों की भाँति वह जी भी नहीं सकता। आठ-दस साल तक वह परावलंबी ही रहता है। आम जीवों के बच्चे पैदा होने के तुरंत बाद ही आत्मनिर्भर हो जाते हैं। मानव की सारी उन्नति पूर्वजों के सामूहिक प्रयत्नों का ही परिणाम है। अतः समाज के ऋण व सहयोग का अवमूल्यन कर, उनका महत्त्व भूलकर यदि कोई इतराता है और घमंड करता है, तो

यह उसकी तुच्छता ही है।

सफलता प्राप्त करने का प्रयास हमें अवश्य करना है, पर यह न भूला जाए कि उसके साथ फूल में काँटे की तरह जो अहंकार छिपा रहता है, वह ग्रस न ले। हर सफलता के लिए हमें अपने सहयोगियों और मार्गदर्शकों का कृतज्ञ होना चाहिए। यह न भूलें कि यदि आज एक कार्य में सफलता मिली है, तो कोई आवश्यक नहीं, कल दूसरे में भी मिले।

अहंकार एक ओछापन है। बड़प्पन में हर व्यक्ति झुकता व नम्र होता है। उन्नति व सुधार भी उसका होता है, जो अपने दोष जानता है। जो अपने को सर्वोपरि, सर्वगुणसंपन्न समझता है, उसे सुधार की बात सोचने का समय ही नहीं मिलता। हर सफलता मिलने के बाद यह सोचना जरूरी है कि कहीं अहंकार तो नहीं बढ़ा? अहंकार न केवल अहितकर है, वरन् विपत्ति का सूचक भी है।

अहंकारी अपने संपर्क में आनेवालों के मन में क्षोभ की प्रतिक्रिया पैदा करता है। जब हम किसी पर बड़प्पन जताते हैं, तब परोक्ष रूप से अर्थ होता है कि दूसरों के मूल्य एवं महत्त्व को अपने से कम समझते हैं। यह किसी को अच्छा नहीं लगता।

स्वाभिमान व अहंकार में अंतर

स्वाभिमान व अहंकार में अंतर होता है। अपने सामर्थ्य व उत्कृष्टता पर विश्वास रखना और ऐसा कुछ न करना जिसमें अपनी या किसी अन्य की दृष्टि में उसका मूल्य घटता हो, स्वाभिमान है। अहंकार वह है, जिसमें अपनी दौलत, अपनी पदवी, अपनी ख्याति को चोट पहुँचते ही अपमान का अनुभव होता है और प्रतिशोध की आग भड़क उठती है। हर किसी से प्रशंसा सुनने की लालसा केवल अहंकारी में ही होती है।

अतः उचित है कि हम उद्धत नहीं, नम्र बनें। अपनी शेखी मारने में शर्म का अनुभव करें।

प्रशंसा अपने मुँह से नहीं, दूसरों के मुँह से शोभा देती है। झूठी प्रशंसा के लिए लालायित नहीं होना चाहिए। सज्जन नम्र होते हैं और दूसरों की प्रशंसा मुक्तकंठ से करते हैं, पर अपनी सुनकर जमीन में गड़ जाते हैं और उन अवसरों को टालते हैं, जिनमें उन्हें बढ़ा-चढ़ाकर बतलाए जाने की संभावना होती है। नम्रता ही तो मनुष्य की सच्ची महानता है।

अपने कैरियर की सफलता के लिए हमें आत्मविश्वासी व स्वाभिमानी बनना है, अहंकारी नहीं। अहंकारियों की तुलना में निरहंकारी लोग सबका स्नेह, सहयोग, शुभकामनाएँ और आशीर्वाद प्राप्त कर न केवल जिंदगी के हर मोड़ पर सफलता हासिल करते हैं, वरन् विपदाएँ भी उनका ठीक वैसे ही कुछ नहीं बिगाड़ पातीं, जैसे तेज आँधी में तनकर खड़े रहनेवाले पेड़ तो टूटकर गिर जाते हैं, पर झुक जानेवाली झाड़ियों का कुछ नहीं बिगड़ता।

बहस भी बाधक है सफलता में

एक कारखाने में मालिक की नीति के कारण मजदूरों में तनाव की स्थिति उत्पन्न हो रही थी। मालिक ने पहल कर मजदूर-नेताओं की एक बैठक बुलाई। उसमें उसने अपनी समस्याएँ बतलाते हुए अपनी नीति का औचित्य समझाने की कोशिश की। साथ ही यह भी कह दिया कि श्रमिक-नेताओं की हठधर्मी से तनाव की स्थिति पैदा हुई है। श्रमिक-नेता अपने बचाव पर आ गए। वे अपने पक्ष में दलीलें देने लगे।

बहस में हम हारकर तो हारते ही हैं, जीतकर भी हारते हैं क्योंकि हारकर दूसरा व्यक्ति नाराज हो जाता है

कोई भी बात समझने को तैयार न था। गरमा-गरमी होने पर मालिक कुछ अपशब्द कहकर बैठक से उठकर चल दिया। मजदूरों ने इसे अपना अपमान समझा और हड़ताल कर दी। लाखों रुपए का नुकसान होने के बाद समझौता हुआ।

प्रतिष्ठा का प्रश्न

श्याम एक महत्त्वपूर्ण विषय पर चर्चा करने अपने अधिकारी के पास गया। बातचीत के दौरान उसने अपने दृष्टिकोण से समस्या का हल पेश किया। अधिकारी उससे सहमत नहीं हुआ। श्याम अपने को सही बतलाते हुए बहस करने लगा। तर्क पर तर्क देने लगा। अधिकारी उसकी बात काटने लगा। श्याम जब खामोश नहीं हुआ, तो अधिकारी ने गुस्से से कह दिया, 'जाओ, जाकर आदेश का पालन करो।' श्याम की बात सही थी, पर जब उसने बहस आरंभ कर दी तो फिर यह अधिकारी की प्रतिष्ठा का प्रश्न बन गया। दो-तीन दिन बाद जब श्याम ने

बिना चुनौती वह बात उठाई, तो अधिकारी ने पुनर्विचार कर उसकी बात मान ली।

सुदेश ने एक दुकान से गहरे रंग का सूट खरीदा। सूट ने रंग छोड़ दिया। कमीज खराब हो गई। वह दुकान पर शिकायत करने गया। शिकायत सुनकर विक्रेता ने कहा, 'ऐसे सैकड़ों सूट बिक चुके हैं, और कोई शिकायत नहीं आई है।'

सुदेश तैश में बोला, 'तो आप समझते हैं कि मैं झूठ बोल रहा हूँ?'

बात बढ़ती गई। लेकिन तब तक मैनेजर आ गया। सुदेश की बात सुनकर उसने सूट बदल दिया और बात खत्म की।

बहस में गरमा-गरमी

लोकसभा में किसी मामले पर बहस हो रही थी। विरोधी पक्ष के अपने विचार थे व सरकारी पक्ष के अपने। बहस होते-होते गरमा-गरमी होने लगी। दोनों पक्ष अपने ही दृष्टिकोण से अपनी-अपनी बात पर अड़े थे। एक-दूसरे की बात समझना ही नहीं चाहते थे। इस माहौल में भाषा पर से संयम उठ गया। वार्तालाप में कर्कशता आ गई। मारपीट की नौबत आने से पूर्व ही अध्यक्ष ने सदन स्थगित कर दिया।

अभी हाल में दो पड़ोसियों में मारपीट हो गई। बात इतनी थी कि प्रमोद रात ग्यारह बजे अपना रेडियो ऊँची आवाज में चलाकर महेश के बीमार पिता की नींद में बाधा डाल रहा था। महेश के धीमा बजाने के निवेदन का उलटा असर हुआ। प्रमोद ने बहस आरंभ कर दी कि घर उसका है, रेडियो उसका है। जब और जैसा मन करेगा, वैसे ही बजाएगा।

महेश अपने तर्क दे रहा था। दोनों अपनी बात पर अड़े रहे। महेश को क्रोध आ गया, हाथापाई हो गई। पड़ोसियों ने बीच-बचाव किया।

बहस बनी बीमारी

ये तो कुछेक उदाहरण हैं। पर वास्तव में बहस बीमारी का रूप ले चुकी है। हर क्षेत्र में लोग बहस करते दिखाई देंगे। पति-पत्नी, माता-पिता, पिता-पुत्र, अधिकारी-मातहत, दुकानदार-ग्राहक, यानी हर कहीं बहस अबाध गति से चलती रहती है।

मुद्दा एक होता है, पर विचार व दृष्टिकोण अलग-अलग। हर कोई अपने विचारों से जुड़ा रहना चाहता है व अपने पूर्वग्रहों से प्रभावित होता है। इसी आधार पर तर्क दिए जाते हैं। बहस का अंत या तो यह कहकर होता है, 'अच्छा तो तुम्हारी ही बात ठीक सही, बहस कौन करे?' या फिर गरमा-गरमी में एक पक्ष उठकर चला जाता है।

बहस करने के दुष्परिणाम

अनावश्यक बहस से मित्रता टूटती है। पति-पत्नी तलाक के कगार पर पहुँच जाते हैं। ग्राहक टूटते हैं। हड़तालें होती हैं। और भी न जाने कितने नुकसान होते हैं। पर लोग हैं कि बहस में पड़ने से नहीं चूकते। बहस के कभी अच्छे परिणाम नहीं होते। बहस की जाती है बात सुलझाने के लिए, पर बात सुलझती नहीं, और भी उलझ जाती है। साथ ही मनमुटाव भी हो जाता है।

बहस होती क्यों है ? इसलिए कि दोनों व्यक्ति अपनी बात और अपने विचारों को सही मानते हैं। दूसरों को अपनी बात मनवाने के लिए तर्क देते हैं। दूसरा अपने को ठीक समझता है और अपने तर्क देता है। पर एक के तर्क दूसरे के गले उतरते नहीं।

प्रमुख बात यह है कि हम अपनी ही बात को सही मानते हैं। जिस बात को हम पिछले 20-25 साल से सही मानते आए हैं, उसे हम दूसरे के कहने मात्र से गलत कैसे मान लें? जब हम अपने को सही मानेंगे तो दूसरे को गलत समझेंगे ही, क्योंकि उस व्यक्ति के विचार हमारे विचारों से मेल नहीं खाते। जब दोनों अपने को सही मानते हैं, तो स्वाभाविक है कि अपनी बात पर अड़े रहें।

यदि दोनों बराबर के हैं, तो अपशब्द बोलकर भड़ास निकाल लेते हैं। यदि पद में छोटे-बड़े हैं, तो निचले पद का व्यक्ति अपने मत के विरुद्ध बात मान लेता है। ग्राहक और विक्रेता है तो ग्राहक की बात मान ली जाती है। पर जब अपने विवेक के विरुद्ध कोई बात मानी जाती है तो हम अपना मत बदलते नहीं, समय की नजाकत देखकर थोड़ा झुक जाते हैं।

अलग-अलग परिवेश

दुनिया का हर व्यक्ति अपने-आपमें एक विशिष्ट व्यक्ति होता है। वंशानुगत गुण, परिवार का वातावरण, शिक्षा, संस्कृति आदि सबका व्यक्ति पर प्रभाव होता है। ये सब ही उसके विचार और व्यक्तित्व को बनाते हैं। हर समाज की, हर परिवार की अपनी-अपनी विचार-पद्धति, परंपराएँ एवं मान्यताएँ होती हैं। बीस वर्ष की आयु तक हर व्यक्ति की चारित्रिक विशेषताएँ इतनी मजबूत हो जाती हैं कि वे आदत का रूप धारण कर लेती हैं। उसके विपरीत जो कुछ भी होता है, वह हमें गलत लगता है और सहन नहीं होता। पर दूसरा आदमी भी अलग परिवेश से आता है। उसका भी अपना अलग दृष्टिकोण होता है। अतः दोनों एक ही चीज को एक चश्मे से देख ही नहीं सकते।

पर जीवन में आपसी संबंधों में समानांतर पटरियों पर तो नहीं चला जा सकता। ऐसे अवसर तो आते ही हैं, जब सामूहिक लाभ की दृष्टि से दूसरे मतवालों को अपने मत का बनाना पड़ता है। कुछ बातें तो मूलतः सही होती हैं। यदि कोई

किसी कारणवश गलत बातों में पड़ गया है, तो उसके विचार बदलने की आवश्यकता होती ही है। अतः कोई तरीका तो होना ही चाहिए, जिससे दूसरों को अपने मत का बनाया जा सके और अवसर आने पर किसी को गलत काम करते देखकर बिना बहस में पड़े उसे रोका जा सके।

और रोकने के लिए बहस का तरीका तो हो ही नहीं सकता। बहस में हम हारकर तो हारते ही हैं, जीतकर भी हारते हैं क्योंकि हारकर दूसरा व्यक्ति अप्रसन्न हो जाता है। जीतकर हमें तो अच्छा लग सकता है, पर दूसरा अपने को हीन समझता है। उसे लगता है कि उसके आत्मसम्मान को चोट लगी है।

दूसरा भी सही हो सकता है

सर्वप्रथम तो हमें यह मानकर चलना होगा कि दूसरा भी सही हो सकता है। ग्राहक से बहस करके उसे नहीं समझाया जा सकता कि वह गलत है। बहस की जाएगी तो वह वहाँ जाएगा, जहाँ उसके विचारों का आदर होगा।

अब्राहिम लिंकन ने कहा है, 'जो भी व्यक्ति आगे बढ़ना चाहता है, वह बहस में न पड़े। उसके परिणाम अच्छे नहीं होते। इससे आत्मनियंत्रण छूटता है और क्रोध आता है। कुत्ते को रास्ता दे दो। उसे मारोगे तो हो सकता है कि उसके काटे का इलाज कराना पड़े।'

हमारे निर्णय या विचार कितने सही होते हैं, इस विषय में अमेरिका के दिवंगत राष्ट्रपति फ्रैंकलिन डेनिलो रूजवेल्ट के विचार महत्त्वपूर्ण हैं, 'यदि मैं 75 प्रतिशत भी सही हूँ तो कुछ भी कर सकता हूँ।'

यदि इतना महत्त्वपूर्ण व्यक्ति यह सोचता है कि वह अधिक से अधिक 75 प्रतिशत मामलों में ही सही हो सकता है तो हम यदि 50 प्रतिशत मामलों में भी सही हों तो बड़ी बात है।

जब अधिकांश मामलों में हम स्वयं सही नहीं होते, तो दूसरे को कैसे गलत साबित कर सकते हैं? जब भी हम किसी को गलत कहते हैं, तो हमारी बात के लहजे में कड़वाहट का भाव व्यक्त होता है। इससे दूसरे के आत्मसम्मान को चोट लगती है। अतः किसी को यह चुनौती नहीं देनी चाहिए कि मैं आपको गलत सिद्ध करूँगा।

निर्णय लेने में या कुछ काम करने में हर व्यक्ति आगा-पीछा सोचकर ही कुछ कहता है। यह सोच-विचार पिछले अनुभवों पर आधारित होता है, फिर हर कोई अपने चिषय का विशेषज्ञ होता है। आजकल तो एक ही क्षेत्र में छोटे-छोटे दायरे में विशेषज्ञ होने लगे हैं। उदाहरण के लिए, चिकित्सा के पेशे में पहले एक सामान्य डॉक्टर होता था, जो हर रोग का इलाज करता था। अब हर रोग के अलग-अलग विशेषज्ञ होते हैं। अतः किसी को गलत साबित करने के लिए बहस करने से पहले यह देख लेना चाहिए कि हम उस विषय के विशेषज्ञ से तो बात नहीं कर रहे!

चुप रहना बेहतर

दूसरों को यह जतलाए बिना कि आप उन्हें बदलने की कोशिश कर रहे हैं, यदि आप बदल सकते हैं तो ठीक है, नहीं तो चुप रहना ही बेहतर होता है।

उम्र बढ़ने के साथ ज्यों-ज्यों अनुभव बढ़ता है, सोचने का ढंग भी बदलता जाता है। दृष्टिकोण विस्तृत होता जाता है। रूढ़िगत विचार छूटते जाते हैं। युवावस्था आने पर जब संपर्क बढ़ता है, तो भिन्न-भिन्न मत वालों, अलग-अलग विचार वालों से वास्ता पड़ता है। यदि हम अपने विचारों पर अड़कर उनसे बहस करते हैं, तो नुकसान की संभावना अधिक होती है।

अतः यह हमारे हित में है कि किसी को बिना बात के गलत न कहें। गलत कहते ही दूसरा व्यक्ति बचाव पर आ जाता है और नाना प्रकार के तर्क पेश करता है।

सीधे किसी को गलत न कहकर यदि हम कहें, 'आपके विचार ठीक हैं, पर मेरा विचार यह है' या 'हो सकता है, मैं गलत होऊँ, जरा विश्लेषण कर लें', तो दूसरा सामान्य रूप से बात करने की मनोदशा में आ जाता है। साथ ही, जब हम उसके विचारों को महत्त्व देंगे तो हमारी भाषा संयत होगी। जब उसके आत्मसम्मान को चोट नहीं लगती, तो हो सकता है कि वह आपके दृष्टिकोण को समझने का प्रयास करे।

अपने परिवार और कार्यालयों में शांति बनाए रखने के लिए आवश्यक है कि बहस में न पड़ें। दूसरों की गलती बतलाने से बेहतर है कि अपनी गलती स्वीकार कर लें।

बहस आवश्यक ही हो जाए तो

यदि बहस करना आवश्यक ही हो जाए, तो स्वयं को शांत रखें। कभी उत्तेजित न हों। भाषा पर संयम रखें। हाव-भाव में परिवर्तन न हो। ऐसा करने से तर्क तीखे हो जाते हैं, जिससे दूसरा बौखला सकता है। वैसे भी, बहस में व्यंग्य व दुर्वचन का सहारा तभी लिया जाता है, जब अपना पक्ष कमजोर होता है।

बात कुछ इस ढंग से की जानी चाहिए कि उत्तर हाँ में हों। दो-तीन बार उत्तर 'हाँ' में मिलने पर बातचीत का ढंग सामान्य हो जाता है। साथ ही बात मनवा लेने की संभावना भी बढ़ जाती है।

सुकरात, जिन्होंने अपना जीवन ही बहस करने में व्यतीत किया था, कहते थे, 'जिन बातों पर सहमति होने की संभावना हो, उन्हीं पर पहले बात करो। दूसरे को 'हाँ' कहने के लिए प्रेरित करो।'

बहस करते समय ध्यान रहे कि दूसरे को भी बात कहने का अवसर मिले, ताकि उसे जो कहना है, कह ले। फिर धीरे से अपनी बात कही जा सकती है। दूसरे

को अपने मत का बनाने के लिए स्वयं अधिक नहीं बोलना चाहिए। दूसरे के दृष्टिकोण से देखने का भी थोड़ा प्रयास कर लेना उत्तम होता है।

डाँटनेवाले माता-पिता, झिक-झिक करते पति-पत्नी व दोष निकालनेवाले अधिकारियों को समझना चाहिए कि कोई भी व्यक्ति आसानी से अपने विचार नहीं बदलना चाहता।

असंतोष को प्रगति की सीढ़ी बनाएँ

कर्म से संयुक्त कर देने पर असंतोष प्रेरणा का स्रोत बन जाता है और सोई हुई शक्तियों को जगाने लगता है

सोहन एक डाकिए की हैसियत से डाकघर में भर्ती हुआ था। वह स्नातक था। उसके मन में अपनी स्थिति से असंतोष था। उसने पता लगाया कि विभाग में उन्नति के कौन-कौन-से रास्ते हैं। उसे मालूम हुआ कि वह लेखाकार की परीक्षा में बैठ सकता है।

सहयोगियों ने हतोत्साहित किया, पर इसके बावजूद वह परीक्षा में बैठा और पास हुआ। देखते ही देखते वह अपने साथियों से बहुत आगे बढ़ गया। एक बार रास्ता जो खुला, तो बस खुल ही गया। आठ-दस साल में वह प्रथम श्रेणी का लेखाधिकारी बन गया।

रामगुलाम का परिवार गरीबी में जी रहा था। उन्होंने गरीबी से समझौता कर लिया था। भाग्य पर भरोसा करके बैठ गए थे। वही भावना उनके पुत्रों में व्याप्त हो गई। सभी संतोष करके बैठ गए। कई सालों तक उसी स्थिति में रहे।

फिर बड़े पुत्र का विवाह हुआ। बहू अच्छे परिवार से थी। उसे घर का वातावरण दम घोटनेवाला लगा। उसने पति को समझाया कि इस गरीबी को स्वीकार कर दयनीय अवस्था में रहने से बेहतर है कि कुछ करो, जिससे इस स्थिति से मुक्ति मिले। कम से कम अगली पीढ़ी तो अभावग्रस्त न रहे।

उसने कुछ सुझाव दिए। उसके विचारों से उस परिवार में क्रांति आ गई। उसके असंतोष ने इस परिवार को गरीबी की रेखा से ऊपर उठाया और कुछ समय बाद वे संपन्न हो गए।

असंतोष से उन्नति

उपर्युक्त दोनों उदाहरणों से स्पष्ट है कि जिसने संतोष के नाम पर वस्तुस्थिति से समझौता नहीं किया, उसकी उन्नति का रास्ता खुल गया। संतोष कर लिया होता तो कम से कम एक और पीढ़ी उसी स्थिति में जीवन व्यतीत करती।

प्रकृति ने मानव की संरचना इस प्रकार की है कि वह सतत संघर्ष करता रहे। गतिशील रहे। गति होने से ही तो हम आगे बढ़ते हैं। निरंतर परिवर्तन व गति ही तो ब्रह्मांड का नियम है। ब्रह्मांड घूमता है, सूर्य घूमता है, पृथ्वी घूमती है, चाँद घूमता है, तारे घूमते हैं। हवा भी चलायमान है, महासागर अस्थिर है, परमाणु के सूक्ष्म अंग इलेक्ट्रॉन भी अबाध गति से घूमते हैं।

जब गतिशीलता ही संसार का नियम है, तो हम कैसे स्थिर रह सकते हैं? यह विरोधाभास ही है कि गति में ही होता है वास्तविक संतुलन। चलती साइकिल, स्कूटर, हवाई जहाज, मोटर, अंतरिक्ष यान जब तक गतिवान रहते हैं, संतुलित रहते हैं। गति कम हुई तो लड़खड़ाने लगते हैं।

अप्राप्त की लालसा

मानव-स्वभाव की एक विशेषता और है। जो कुछ उसके पास है, उससे उसे संतोष नहीं होता। जो पास नहीं, उसे पाने का वह प्रयास करता है। एक बार उसे पा लेने पर कुछ और पाने की इच्छा बलवती होती है। उसे हमेशा दूर की वस्तु अच्छी दिखाई देती है और वह उसे पाने का प्रयत्नशील रहता है।

कहावत है कि आवश्यकता ही आविष्कार की जननी है। तेज रोशनी की आवश्यकता हुई तो बल्ब बन गया। तेज रफ्तार से चलने की इच्छा हुई तो मोटरकार, रेल और विमान बने। आवश्यकता इसलिए हुई कि वस्तुस्थिति से संतोष नहीं था। असंतोष ने मस्तिष्क को झकझोरा, उसे पाने के लिए जुट गए और अंत में पाकर रहे।

आविष्कार के मूल में असंतोष

हर आविष्कार की यही कहानी है। दूसरों ने अपने असंतोष से प्रेरित होकर हमें आज की सभ्यता के अनेक उपकरण दिए। यदि वे संतोषी होते तो हम आज भी बैलगाड़ी के युग में रह रहे होते। ऐसे लोगों ने हमें इतना कुछ दिया।

हमारा भी कर्तव्य बनता है कि हम संतोष करके न बैठे रहें। हमारा प्रयत्न होना चाहिए कि हम अपनी आनेवाली पीढ़ियों को कुछ और देकर जाएँ। यदि संतोष करके हाथ पर हाथ धरकर बैठ जाएँगे, तो आनेवाली पीढ़ियाँ हमें माफ नहीं करेंगी। आज की सुविधाओं का उपयोग कर हमारी जिम्मेदारी बढ़ जाती है कि हम भी कुछ करें, जिसका लाभ दूसरे उठाएँ। संतोष की भावना से ऐसा नहीं हो सकता।

संतोष का महिमामंडन

हमारे देश की विडंबना है कि यहाँ संतोष को इतना ज्यादा दिया गया कि उसे ही आखिरी लक्ष्य मान लिया गया।

'रूखा-सूखा खायके ठंडा पानी पीव, देख परायी चुपड़ी मत ललचावे जीव' का उदाहरण अकसर दिया जाता है। ठीक है, अपना जी मत ललचाओ, पर मन में चुपड़ी रोटी पाने की इच्छा तो होनी चाहिए। उसे पाने का प्रयास तो करना चाहिए। दूसरों की छीनो मत, पर अपनी कमाई पर संतोष करके बैठने से तो चुपड़ी रोटी मिलने से रही।

संतोष का महत्त्व दर्शानेवाला एक दोहा और कहा-सुना जाता है--गोधन, गजधन, बाजिधन, और रतनधन खान, जब आवै संतोषधन, सब धन धूरि समान। लेकिन यह भी उन्होंने ही कहा है, जिनके पास रतनधन खान नहीं थी। जिनके पास कोई और धन नहीं होता, वे ही संतोष को धन मानते हैं और जो संतोष को धन मान लेते हैं, उनके पास कोई और धन आने का सवाल ही पैदा नहीं होता। असल में ऐसे सभी दोहों का आशय यह है कि असंतोष को बीमारी न बनाएँ, लेकिन उसे दवा तो बनाया ही जा सकता है। असंतोष को पतन का मार्ग नहीं, प्रगति की सीढ़ी बनाने की जरूरत है। और ऐसा उसे योग्यता और कर्म से संयुक्त करके किया जा सकता है। तब असंतोष प्रेरणा का स्रोत बन जाता है और हमारी सोई शक्तियों को जगाने लगता है।

पतन का कारण

तालाब का स्थिर पानी गंदा होता है। स्थिर जिंदगी भी ऐसी ही होती है। संतोष का सीधा मतलब है—गतिहीन होना।

देश की पतनोन्मुख अवस्था का कारण यही संतोष की भावना है। संतोष होने से इच्छा मरती है। इच्छा न होने से आशा खत्म हो जाती है। इच्छा और आशा का चोली-दामन का साथ है। इच्छा के बिना लक्ष्य नहीं हो सकता। लक्ष्य के बिना जीवन बिना पतवार की नाव के समान होता है। तब जीवन शून्य हो जाता है, उसमें कोई उत्साह नहीं रहता। कहना चाहिए कि आदमी मरे के समान हो जाता है।

सफलता का मतलब ही है आकांक्षा की पूर्ति। कोई इच्छा न होना या आशा न होना, यह एक तरह की मृत्यु ही है। अर्थशास्त्र में मानव-कार्यकलापों की जड़ में इच्छा को माना गया है। इच्छा होने से व्यक्ति क्रियाशील होता है। आवश्यकताएँ बढ़ने से उनकी पूर्ति के लिए नए-नए तरीके तलाश किए जाते हैं। यही चक्र मनुष्य को गतिशील रखता है और उसके माध्यम से अर्थव्यवस्था को भी।

संतोष की भावना ने समाज को अकर्मण्य बना दिया है। जब तक समाज में वस्तु-स्थिति के प्रति एक बार फिर असंतोष पैदा नहीं होता, प्रगति की गति धीमी ही रहेगी।

इसलिए हमें छोटी-बड़ी उपलब्धियों से संतुष्ट होकर बैठना नहीं चाहिए। संतोष निराशा से पैदा होता है। निराशा अकर्मण्यता से उत्पन्न होती है। और अकर्मण्य व्यक्ति किसी महान कार्य के योग्य नहीं होता। आशाओं का आँचल इतना फैलाकर रखना चाहिए कि कभी पूरी तरह भरने न पाए और हम संतुष्ट होकर निठल्ले न हो जाएँ।

बड़े लक्ष्य के लिए बड़ा असंतोष

जो व्यक्ति थोड़े से संतुष्ट हो जाता है, उसे कभी अधिक नहीं मिल सकता। ऐसा व्यक्ति जीवन में कोई बड़ा काम नहीं कर सकता। जितना बड़ा काम करने का लक्ष्य होगा, उतना ही बड़ा असंतोष मन में हर समय होना चाहिए। तभी उसे पाने का उसी अनुपात में प्रयास होगा।

यदि राह में ऐसी बाधाएँ आएँ, जिनसे पार पाना असंभव लगे, उस अवस्था में भी अपने लक्ष्य को छोड़ना नहीं चाहिए। स्थिति पर धैर्य से विचार करें और बाधाएँ दूर करने का प्रयत्न करें। इस प्रकार अपने मार्ग से विचलित न हों। संतुष्ट होकर बैठना अनुचित ही नहीं, घातक भी हो सकता है। अच्छा है कि आप परिस्थितियों पर विजय पाएँ, अन्यथा परिस्थितियाँ आप पर विजय पा लेंगी।

अपना लक्ष्य पाने के लिए प्रयत्न व साधन सही होने चाहिए। दूसरों के अधिकारों का हनन किए बगैर अपनी राह पर लगातार चलते रहना ही हितकारी होता है।

अवसरों को परखना सीखिए

अकसर लोग अपने जीवन में सफलता के अवसर न मिलने का रोना रोते रहते हैं। ऐसे व्यक्ति कुछ ही होते हैं, जो अपने कार्यक्षेत्र में ऊँची-ऊँची उपलब्धियाँ और सफलताएँ पाते हैं। अधिकांश लोग असफल ही रहते हैं। इसके पीछे उनकी दलील रहती है कि कामयाबी तो हमें भी मिल सकती थी, लेकिन अवसर ही नहीं मिला तो हम क्या करते?

वास्तव में इस दलील में कोई ठोस तथ्य नजर नहीं आता। ऊपर से देखने पर 'अवसर' कुछ लोगों की बपौती नजर आता है, जिनको कहीं से कृपादृष्टि प्राप्त हुई है। लेकिन सूक्ष्म विश्लेषण करने पर हम पाते हैं कि ऐसा नहीं है। मूल तथ्य यह है कि अवसर के पीछे किसी की कृपादृष्टि नहीं, वरन हमारे अपने प्रयास ही कार्य करते हैं।

शेर भी अगर सोया हुआ हो तो उसके मुँह में मृग अपने-आप प्रविष्ट नहीं हो जाते

अवसर की पहचान

चार्ल्स एटलस (ऐंग्लो सिसिलियाने) बचपन में दुबला-पतला, अशक्त और हमेशा बीमार रहनेवाला बालक था। उसमें जीवन की कोई आशा, कोई उमंग शेष नहीं थी। लेकिन मृत्यु ने नहीं, वरन जीवन ने ही उसका वरण किया। एक बार बलिष्ठ, भारी-भरकम शरीरवाले हरक्यूलिक्स की प्रतिमा को देखकर उसका जीवन ही बदल गया। उसने सोचा—जीवन में क्या नहीं हो सकता? यदि व्यक्ति चाहे और उसके लिए जी-जान से जुट जाए तो हर असंभव कार्य संभव हो सकता है।

इस सोच ने उसे असंभव को संभव कर दिखाने का अवसर

दिया और वह अपनी लक्ष्य-प्राप्ति हेतु परिश्रम करने लगा। इसी का आश्चर्यजनक परिणाम था कि सन् 1922 में उसे विश्व के सर्वाधिक स्वस्थ, सशक्त और सबल व्यक्ति के रूप में चुना गया।

भारत-केसरी मास्टर चंदगीराम युवावस्था में तपेदिक के मरीज थे। अस्वस्थता ने शरीर को जीर्ण-शीर्ण बना दिया। डॉक्टर ने भी नकारात्मक उत्तर दे दिया। तभी एक व्यक्ति उनके लिए जीवन का सुनहरा अवसर लेकर आया और बोला, 'यदि आप मौत को पसंद करते हैं, तो उस राह पर चलिए और यदि जिंदगी पसंद है, तो मेरे बताए मार्ग पर चलिए। यह मार्ग है स्व के संयम का, आहार-विहार के संयम का, श्रम का और प्राणशक्ति के अवशोषण का।' मास्टर चंदगीराम ने उस अवसर को हाथ से जाने न दिया और उसका परिणाम सभी जानते हैं।

जागते की कटिया

प्रसिद्ध विचारक स्वेट मार्टिन ने इस संबंध में कहा है, 'अवसर नहीं मिला, यह दुर्बलता है और अस्थिर मनवालों की बात है।' बेहोशी और नींद में हम अवसर को पहचान नहीं पाते। लेकिन यदि हम सतर्क हैं, तो अवसर के आते ही झट उसे जान लेते हैं और अपनी योजनाओं के क्रियान्वयन में लग जाते हैं। लेकिन बेहोशी की अवस्था में अवसर आता है और अपना उपयोग न होता देख चला जाता है। होश आने पर सिवा पश्चात्ताप के कुछ भी हाथ नहीं लगता। अवसर जगाता नहीं है, बल्कि जो जागे हुए हैं और उसकी प्रतीक्षा में हैं, उन्हीं के हाथ लगता है।

उत्तर भारत में एक कहावत है—सोते का कटड़ा, जागते की कटिया। कटड़ा या कटरा भैंस के नर बच्चे को कहते हैं और कटिया मादा बच्चे को। बड़ा होकर कटड़ा झोटा या भैंसा कहलाता है और कटिया भैंस। काफी मात्रा में दूध देने के कारण भैंस जितनी उपयोगी होती है, केवल बुग्गी (भैंसागाड़ी) खींचने जैसे कामों में आने के कारण भैंसा उतना उपयोगी नहीं होता। कहावत उसी संदर्भ में कही जाती है। लगता है, कभी किसी संयुक्त परिवार के दो उप-परिवारों के मुखियाओं की दो भैंसों ने रात को एकसाथ बच्चे दिए, जिनमें से एक कटड़ा था और दूसरी कटिया। जो जाग रहा था, उसने कटिया पर दावा ठोंका और सोनेवाले को सुबह कटड़े पर संतोष करना पड़ा, क्योंकि सोते रहने के कारण वह नहीं जान सका कि असल में उसकी भैंस ने कौन-सा बच्चा दिया था। जिंदगी में सोते रहनेवालों को अवसर के नाम पर कटड़ा यानी पछतावा ही हाथ लगता है और कहने की आवश्यकता नहीं कि हममें से ज्यादातर लोग बेहोशी में जीते हैं, जागे हुए भी सोए ही रहते हैं।

मिले हुए अवसर का उपयोग करके हम आनेवाले समय में अन्य अनेक अवसरों को आमंत्रित करते हैं। जैसे-जैसे हमारी योग्यता बढ़ती जाती है, हम स्वयं ही अपना पथ अवसरों के अनुकूल बनाते जाते हैं।

छोटी-छोटी बातों में छिपे अवसरों के सूत्र

गौर से देखें तो जीवन की छोटी-छोटी बातों में छिपे हुए अवसर हमारे पास आते रहते हैं। उनका पता लगाकर हम अपनी मंजिल की ओर एक कदम आगे बढ़ सकते हैं। अध्यापक जब कक्षा में प्रश्न पूछते हैं, तो अनायास ही विद्यार्थियों को एक महत्त्वपूर्ण अवसर प्रदान करते हैं। कुछ गिने-चुने विद्यार्थी उसका उपयोग कर अध्यापक की दृष्टि में योग्य सिद्ध हो जाते हैं। तत्क्षण उत्तर देने का साहस न करने के कारण अनेक विद्यार्थियों को अध्यापक जान नहीं पाते। सर्वोत्तम उत्तर ज्ञात होने पर भी उन्हें मन मसोसकर रह जाना पड़ता है। दूसरी ओर, जो योग्य प्रमाणित हो गए, उनकी मदद करने की पहल अध्यापक भी करते हैं। इस प्रकार, अवसर का उपयोग करनेवालों के लिए उन्नति की संभावनाओं के द्वार खुलते जाते हैं।

एक सफल विक्रेता अपनी शालीन, मधुर और शिष्ट बातचीत द्वारा ग्राहकों को अपनी ही दुकान से वस्तुएँ खरीदने के लिए प्रेरित करता है। अपने नम्रतापूर्ण व्यवहार से वह नित नई सफलता की सीढ़ियाँ चढ़ता जाता है। वहीं एक चिड़चिड़ा, रूखा और तानाकशी करनेवाला विक्रेता मुफ्त मिले अवसर को गँवा देता है। फलस्वरूप लोग उसकी दुकान पर जाना पसंद नहीं करते। इस हालत में उसकी दुकान या तो मुश्किल से ही चलती है या उसे बंद करने की नौबत आ जाती है।

अवसरों का स्वयं निर्माण

अवसर की महत्ता प्रत्येक क्षेत्र में परिलक्षित होती है। बुद्धिमान व्यक्ति उसका उपयोग कर प्रतिकूल परिस्थितियों को भी अपने पक्ष में कर लेते हैं, योग्यता के आधार पर नई-नई चुनौतियाँ स्वीकार कर अपनी क्षमता सिद्ध कर देते हैं। अंग्रेजी के विख्यात निबंधकार फ्रांसिस बेकन ने इस संबंध में लिखा है, 'बुद्धिमान मनुष्य को जितने अवसर मिलते हैं, उनसे अधिक वह स्वयं बना लेता है।'

परिपक्वता बढ़ने पर हम स्वयं अपने लिए अवसर निर्मित करते हैं, जिसमें हमारी प्रतिभा का भी प्रदर्शन होता है। अवसरों के पारखी अपने दिन-प्रतिदिन के जीवन में कई महत्त्वपूर्ण बातों का ध्यान रखते हैं, जैसे :

सजगता : सजगता अवसर को पहचानने में महत्त्वपूर्ण भूमिका निभाती है। सजग व्यक्ति अवसर का पूर्ण उपयोग करता है और सफलता पाता है।

निरीक्षण : सूक्ष्म निरीक्षण द्वारा व्यक्ति अपनी क्षमता के अनुरूप अवसरों को चुनकर उनके लिए परिश्रम करता है। यह प्रक्रिया उसके विकास में बड़ी सहायक सिद्ध होती है।

विश्लेषण : अवसरों का पारखी व्यक्ति विश्लेषण की विधि अपनाता है। इसके द्वारा वह सफलता दिलानेवाले कार्य अपने जीवन में उतार लेता है और असफलता के लिए उत्तरदायी कार्य त्याग देता है।

त्रुटियाँ स्वीकार करना : गलतियाँ हरेक से होती हैं, पर अहंकारवश ज्यादातर लोग उन्हें स्वीकार नहीं करते। इससे उनके सुधरने की गुंजाइश भी खत्म हो जाती है, क्योंकि गलतियों को स्वीकार उनके सुधार की पहली अपेक्षा है। समझदार व्यक्ति अपनी गलतियाँ स्वीकार कर उन्हें जल्दी से जल्दी सुधार लेता है और इस प्रकार वह भविष्य में और अधिक अच्छे अवसर प्राप्त करने का पात्र बन जाता है।

तुरंत निर्णय : अवसरों का पारखी व्यक्ति स्वविवेक से तुरंत निर्णय लेकर उसे अभिव्यक्त कर देता है। इससे सामनेवाला व्यक्ति उसकी प्रतिभा को जान जाता है और कार्य सौंपने में संकोच नहीं करता।

अवसर तो प्रत्येक व्यक्ति को मिलता है। सफल व्यक्ति उसे पहचानकर उचित प्रतिक्रिया करते हैं। जो हाथ पर हाथ धरे बैठे रह जाते हैं, वे असफल हो जाते हैं। एक संस्कृत श्लोक के अनुसार, शेर भी अगर सोया हुआ हो, तो उसके भी मुँह में मृग अपने-आप नहीं चले जाते। उसे भी अवसर की ताक में रहकर उचित श्रम करना पड़ता है। बाकियों की तो फिर बात ही क्या!

औद्योगिक संबंध

जैसा ढालेंगे, वैसे ही ढल जाएँगे

ग्रीक पुराणों में एक मूर्तिकार हुआ है—पिगमेलियन, जिसने एक रूपवती स्त्री की ऐसी मूर्ति गढ़ी, जो बाद में जिंदा हो गई। मूर्ति के जिंदा हो जाने की बात को केवल मिथक भी मानें, तो भी इससे इतना तो जाहिर है कि मूर्ति इतनी जानदार बनी होगी कि जीवंत लगती होगी।

जॉर्ज बर्नार्ड शॉ ने अपने नाटक 'पिगमेलियन', जोकि बाद में संगीत-प्रधान हिट फिल्म 'माई फेयर लेडी' का प्रेरक बना, में भी यह दर्शाया है कि एक व्यक्ति के प्रयास, साहस और संकल्प दूसरे की भीतरी और बाहरी दुनिया बदल सकते हैं।

कर्मचारियों को उनकी क्षमताओं का अहसास कराना प्रबंधक की जिम्मेदारी है

'पिगमेलियन' में एलिजा डूलिटिल कहती है, 'एक औरत और मालिन में अंतर यह नहीं कि वह कैसा व्यवहार करती है, बल्कि यह है कि उससे कैसा व्यवहार किया जाता है। प्रोफेसर हिगिंस के लिए मैं हमेशा एक मालिन रहूँगी क्योंकि वह मुझे हमेशा एक मालिन ही समझते हैं, पर तुम्हारे लिए मैं एक औरत हो सकती हूँ, क्योंकि तुम मुझे हमेशा एक औरत समझते हो।' मतलब यह कि आदमी प्रायः वही होता है या होने का प्रयास करता है, जैसा उसे समझा जाता है। वह हमारे लिए अपने बारे में हमारी धारणा का प्रतिरूप होता है।

अंतर्वैयक्तिक संबंधों का प्रभाव

उपर्युक्त उदाहरण का इस्तेमाल यह समझने के लिए किया जा सकता है कि अंतर्वैयक्तिक संबंध कॉरपोरेट-स्तर पर कार्य-

निष्पादन को कितना प्रभावित करते हैं। उदाहरण के लि़ए, यदि अपने अधीनस्थों से प्रबंधक की अपेक्षाएँ ऊँची होंगी तो उत्पादकता भी ज्यादा होगी और यदि उसकी अपेक्षाएँ कम होंगी तो उत्पादकता भी तदनुसार प्रभावित होगी। व्यवहार पर अपेक्षाओं के जबरदस्त प्रभाव के संबंध में किए गए वैज्ञानिक अनुसंधान बताते हैं कि :

1. प्रबंधक द्वारा अपने अधीनस्थों से की जानेवाली अपेक्षाएँ और व्यवहार उनके कार्यनिष्पादन और कैरियर-प्रगति पर व्यापक प्रभाव डालते हैं।

2. अपने अधीनस्थों में उच्च निष्पादन-अपेक्षाएँ पैदा कर सकने की योग्यता प्रभावशाली प्रबंधकों का एक अपूर्व लक्षण होता है।

3. कम प्रभावशाली प्रबंधक ऐसी अपेक्षाएँ जगाने में विफल रहते हैं, जिनसे उनके अधीनस्थों की उत्पादकता प्रभावित होती है।

4. अधीनस्थ प्रायः वही करते दिखाई देते हैं जिसकी उनसे अपेक्षा की जाती है और इस मामले में 'स्वतः संपादन भविष्य कथन' अर्थात् 'सैल्फ फुलफिलिंग प्रोफेसी' चरितार्थ होती है।

अपेक्षानुरूप कार्य

जब कार्यपालक अपने प्रबंधकों द्वारा महत्त्वाकांक्षी समझे जाते हैं, तो वे उस छवि के अनुरूप जीने की कोशिश करते हैं और अपने विश्वास के अनुसार महत्त्वाकांक्षियों से जो अपेक्षित होता है, वैसा करते हैं, लेकिन जब औसत से निम्न ट्रैक रिकॉर्डवाले कार्यपालक अपने प्रबंधकों द्वारा विफल समझे जाते हैं तो उनकी नकारात्मक अपेक्षाएँ भी उनके कार्यनिष्पादन को प्रभावित किए बिना नहीं रहतीं।

ऐसे कार्यपालकों के लिए अपनी छवि और आत्मसम्मान बनाए रखना बहुत मुश्किल हो जाता है और नतीजतन अपने स्वाभिमान और प्रतिष्ठा को और क्षति पहुँचने से बचाने के लिए वे एक सुरक्षित दायरे यानी 'कंफर्ट जोन' में काम करने लगते हैं जो उन्हें अपनी सफलता की संभावनाएँ बढ़ाने नहीं देता।

अपने प्रति अनुकूल रुख

अल्फ्रेड ओबरलैंडर ने एक प्रयोग करते हुए अपने छः सर्वश्रेष्ठ सेल्स-एजेंटों को अपने सर्वाधिक योग्य सहायक प्रबंधक के साथ, इतने ही औसत सेल्स-एजेंटों को एक औसत सहायक प्रबंधक के साथ और शेष न्यूननिष्पादकों यानी 'लो-पर्फोर्मर्स' को सबसे कम योग्य सहायक प्रबंधक के साथ काम करने के लिए नियोजित कर दिया। जैसीकि अपेक्षा थी, सर्वश्रेष्ठ दल का कार्यनिष्पादन नाटकीय ढंग से बढ़ गया और यह पिछले वर्ष पूरी एजेंसी द्वारा हासिल प्रीमियम वॉल्यूम का दो-तिहाई संपन्न करने को अपने प्रबंधकों की अपेक्षाएँ पूरी करने में सफल रहा। दूसरी ओर, न्यून-निष्पादकों का निष्पादन उम्मीद के मुताबिक और घट गया जिसने झगड़े को जन्म दिया।

किंतु, औसत निष्पादकों से हालाँकि औसत निष्पादन अपेक्षित था, पर उनके निष्पादन में उल्लेखनीय वृद्धि नजर आई। कारण की खोजबीन करने पर पता चला कि इस ग्रुप के प्रभारी सहायक प्रबंधक ने यह मानने से इनकार कर दिया कि वह सर्वोत्तम ग्रुप के सहायक प्रबंधक से कम सक्षम है या तथाकथित सर्वोत्तम सेल्स-एजेंट उसके ग्रुप के सेल्स-एजेंटों से ज्यादा योग्य हैं। यहाँ दिलचस्प बात यह है कि औसत ग्रुप के सहायक प्रबंधक के आत्मगौरव ने स्वयं के औसत सहायक प्रबंधक होने की दूसरों की धारणा को स्वीकार नहीं किया। अपनी क्षमता के प्रति यही अनुकूल मनोवृत्ति और पारस्परिक अपेक्षाओं के उच्च स्तरों का सृजन ही अत्यधिक प्रति-योगितात्मक खुले आर्थिक वातावरण में सफलता की कुंजी है।

यथार्थपरक होनी चाहिए अपेक्षाएँ

प्रबंधकीय अपेक्षाओं को निष्पादन में रूपांतरित होने से पहले यथार्थ की कसौटी पर खरा उतरना जरूरी है। अधीनस्थों को उत्पादकता के उच्च स्तरों पर पहुँचने के लिए तब तक प्रेरित नहीं किया जा सकता, जब तक कि वे अपने बॉस की अपेक्षाओं को यथार्थपरक न समझें। यदि उन्हें अप्राप्य लक्ष्यों की प्राप्ति के लिए प्रोत्साहित किया जाएगा, तो वे क्रमशः प्रयास छोड़ देंगे या अपनी क्षमता से कम परिणामों का निर्धारण कर लेंगे।

हार्वर्ड विश्वविद्यालय के डेविड सी. मैकलीलेंड और मिशिगन डब्ल्यू. एडकिंसन द्वारा किए गए वैज्ञानिक शोध दर्शाते हैं कि प्रेरणा और अपेक्षा के बीच का संबंध घंटाकार वक्र रेखा के रूप में भिन्नता लिए होता है। प्रेरणा और प्रयास की डिग्री सफलता की अपेक्षा के 50 प्रतिशत पर पहुँचने तक बढ़ती है, पर फिर गिरनी शुरू हो जाती है, भले ही सफलता की अपेक्षा बढ़ती रहे।

एक प्रभावशाली प्रबंधक की सफलता का ट्रैक-रिकॉर्ड और अपनी क्षमता में उसका आत्मविश्वास उसकी उच्च अपेक्षाओं को विश्वसनीयता प्रदान करता है। परिणामतः उसके अधीनस्थ उसकी अपेक्षाओं को यथार्थ स्वीकार कर उनकी पूर्ति के लिए भरसक प्रयास करते हैं। प्रभावशाली प्रबंधक को अपने अधीनस्थों की क्षमता और संभावनाएँ विकसित कर सकने की योग्यता से अत्यधिक आत्मविश्वास झलकता है। अपनी प्रशिक्षण और प्रेरणा संबंधी योग्यता पर प्रबंधक के विश्वास की महत्ता 'स्वीनीज मिरेकल' में निरूपित की गई है।

स्वीनी का चमत्कार

औद्योगिक प्रबंध विशेषज्ञ और मनोचिकित्सक स्वीनी का विश्वास था कि वह किसी अनपढ़ को भी प्रशिक्षित कर कंप्यूटर-ऑपरेटर बना सकता है। अपनी बात साबित करने के लिए स्वीनी ने अपने विश्वविद्यालय के कंप्यूटर केंद्र के चौकीदार जॉर्ज जॉनसन को चुना और उसे प्रशिक्षण देना शुरू कर दिया।

जॉनसन कंप्यूटरों के बारे में अभी सीख ही रहा था कि तभी विश्वविद्यालय में किसी ने इस बात पर बल दिया कि कंप्यूटर-ऑपरेटर होने के लिए आदमी का एक निश्चित आईक्यू स्कोर होना चाहिए। जॉनसन की परीक्षा ली गई तो उसका आईक्यू टाइप सीखने लायक भी नहीं निकला। फलतः उसे प्रशिक्षण दिए जाने का विरोध हुआ, पर स्वीनी को यह मंजूर नहीं हुआ। उन्होंने धमकी दी कि अगर जॉनसन को कंप्यूटर चलाना नहीं सीखने दिया गया तो वे त्यागपत्र दे देंगे। स्वीनी की विजय हुई और अंततः उन्होंने साबित कर दिया कि 'एक पत्थर की भी तकदीर बदल सकती है, बशर्ते करीने से सँवारी जाए।' कंप्यूटर चलाना सीखता हुआ जॉनसन क्रमशः मुख्य कंप्यूटर कक्ष का इंचार्ज तक बन गया और नए कर्मचारियों को प्रशिक्षण देने लगा। स्वीनी की अपेक्षाएँ वस्तुतः अपनी सिखाने की योग्यता के प्रति अपने विश्वास पर आधारित थीं, न कि जॉनसन की सीखने की योग्यता पर।

सर्वोत्तम होने चाहिए आरंभिक बॉस

शोधकर्ताओं का निष्कर्ष है कि कोई कंपनी अपने कर्मचारी से पहले साल जो कुछ अपेक्षा करती है और वह अगले पाँच सालों में जो कुछ योगदान करता है, इसके बीच का सह-संबंध जरा भी उपेक्षणीय नहीं। कहने की आवश्यकता नहीं कि नए कर्मचारी के आरंभिक बॉस संगठन के सर्वोत्तम व्यक्ति होने चाहिए। दुर्भाग्यवश अधिकांश कंपनियों में ऐसा नहीं होता।

उत्साही कर्मचारी होते हैं उद्योग की सफलता के पीछे

क्या यह सच है कि व्यवसाय की शक्ति का आधार उसका भारी-भरकम आकार, समस्याएँ हल करने के लिए विशाल साधन-स्रोत, तकनीकी श्रेष्ठता बनाए रखने का सामर्थ्य और नई-नई चीजें तैयार करने की क्षमता है? नहीं, यह बात सही नहीं।

अमेरिका की प्रसिद्ध अंतर्राष्ट्रीय कंपनी 'इंटरनेशनल बिजनेस मशींस' (आईबीएम) के नए और अत्यधिक सफल पर्सनल कंप्यूटर की रचना उन उत्साही लोगों की छोटी-सी टोली ने की थी, जो कंपनी के दूरदराज के क्षेत्र में स्थित बोका रेट्रम कारखाने में देर तक मेहनत से काम करते थे। दरअसल, व्यावसायिक क्षेत्र में अमेरिकी कंपनियों की अन्य बहुत-सी सफलताओं की तरह आईबीएम के अधिकांश नए व प्रमुख उत्पादों का विकास भी मुख्य केंद्र से बाहर काम करनेवाले अति उत्साही लोगों की छोटी-छोटी टोलियों ने ही किया।

सफल कंपनियाँ अपने कर्मचारियों को पुरस्कृत करने के बहाने खोजती रहती हैं

श्रेष्ठता की खोज

यह बात अमेरिका में वर्षों से धड़ाधड़ बिक रही एक पुस्तक में कही गई है, जिसका नाम है : 'इन सर्च ऑफ एक्सीलेंस-लेसंस फ्रॉम अमेरिकाज बेस्ट रन कंपनीज'। अमेरिका के व्यावसायिक और औद्योगिक नेताओं ने इस आशा से इस पुस्तक का बड़ी उत्सुकता से अध्ययन किया है कि वहाँ जिन बहुत-से उद्यमों की उन्नति में गिरावट आ रही है, उनकी स्थिति सुधारने का शायद

इसमें कोई उपाय मिल जाए।

इस पुस्तक के लेखक टाइस पीटर्स और राबर्ट वाटरमैन हैं, जो कैलीफोर्निया के स्टैमफर्ड विश्वविद्यालय में प्रबंध-व्यवस्था संबंधी सलाहकार और बिजनेस-स्कूल में शिक्षक हैं।

सर्वोत्तम के आदर्शों की खोज करते हुए वे फैक्टरियों और दफ्तरों में गए। कोट और कमीज के काज तैयार करनेवाले कारीगरों और प्रबंधकों से भी मिले और जो बातें एक कंपनी को दूसरी कंपनी से बेहतर बनाती हैं, उनका पता लगाने के लिए उन्होंने अनगिनत पुस्तकें और लेख ध्यान से पढ़े। अंत में उन्होंने अपने सर्वेक्षण के लिए 62 बहुप्रशंसित कंपनियाँ चुनीं। उन 62 कंपनियों के बारे में वे लिखते हैं, 'सबसे अच्छी कंपनियाँ बुनियादी तौर पर अद्भुत थीं। उन कंपनियों ने जटिल संसार में सरलता बनाए रखने के लिए बड़ा परिश्रम किया। वे अपने प्रत्यनों में डटी रहीं। उन्होंने अच्छी से अच्छी चीजें तैयार करने पर जोर दिया। उन्हें अपने ग्राहकों से प्यार था। उन्होंने अपने कर्मचारियों की बातें ध्यान से सुनीं और उन्हें महत्त्व दिया। उन्होंने नई-नई किस्म की चीजें तैयार करने के साथ ही अपने 'समर्थकों' को काफी हद तक छूट भी दी। उन्होंने तुरंत कार्रवाई और नियमित रूप से नए सुझावों और प्रयोगों पर अमल करते हुए उनके कारण होनेवाली थोड़ी-बहुत अव्यवस्था भी बर्दाश्त की।'

अपने अध्ययन के परिणामों को सार-रूप में प्रकट करते हुए पीटर्स और वाटरमैन ने सफल कंपनियों की निम्नलिखित आठ विशेषताएँ गिनाईं :

गतिरोध असह्य

कंपनियाँ गतिरोध बर्दाश्त नहीं करतीं। अमेरिका में कंप्यूटर तैयार करनेवाली कंपनियों में आईबीएम के बाद दूसरा स्थान डिजिटल इक्विपमेंट कॉरपोरेशन का है। उसके एक वरिष्ठ प्रशासनिक अधिकारी का कहना है, 'जब हमारे सामने कोई बड़ी समस्या आ जाती है, तो हम बीस वरिष्ठ व्यक्तियों को पकड़कर उन्हें एक सप्ताह तक कमरे में बंद कर देते हैं। एक सप्ताह बाद वे समस्या का कोई न कोई हल निकालकर ही बाहर आते हैं और फिर उसे कार्यान्वित करते हैं।'

ग्राहकों से निकट संबंध

सफल कंपनियाँ अपने ग्राहकों से निकटता बनाए रखती हैं। लेखकद्वय ने लिखा है, 'नई-नई किस्म की चीजें बनानेवाली बहुत-सी कंपनियों को अपने सबसे अच्छे उत्पादन तैयार करने का विचार अपने ग्राहकों से प्राप्त हुआ था। ये विचार दूसरों की बातें बराबर ध्यान से सुनते रहने से प्राप्त होते हैं।'

उदाहरण के लिए, आज की शानदार एवं विलक्षण जींस का आविष्कार लेवी स्ट्रास ने नहीं किया था। असल में यह विचार उसके एक थोक ग्राहक—न्यूयॉर्क के

फैशनेबल डिपार्टमेंट स्टोर 'ब्लूमिंगडेल' का था। अपने ग्राहकों के विचार जानकर ब्लूमिंगडेल ने लेवी की जींस खरीदकर उनका रंग उड़ाना शुरू कर दिया था। लेवी स्ट्रास ने तुरंत ही इस दिशा में कदम उठाया और उड़े हुए रंग की जींस तैयार करनी शुरू कर दी। इस प्रकार एक विश्वव्यापी फैशन का जन्म हुआ।

विशिष्ट वर्ग की कंपनियों में अपने ग्राहकों की सेवा करने की एक धुन-सी होती थी। 'कैटरपिलर ट्रैक्टर' नामक कंपनी का दावा है कि वह अपने ग्राहकों को अमेरिका में कहीं भी और संसार के कुछ अन्य भागों में भी अड़तालीस घंटों के अंदर ही हिस्से या पुरजे उपलब्ध करा सकती है। अगर वह अपना वादा पूरा नहीं कर पाती तो ग्राहक को वह पुरजा मुफ्त मिलता है।

पीटर्स और वाटरमैन ने लिखा है कि कैटरपिलर के दावे का मुख्य कारण यह है कि उसकी कार्यप्रणाली ठीक है। कंपनी के प्रवक्ता के अनुसार, 'हम इस हद तक सफलता प्राप्त करने की सोचते हैं, जिसे संकीर्ण आर्थिक शब्दावली में प्रायः पागलपन समझा जाएगा। लेकिन जब आप वर्षों से चली आ रही कैटरपिलर की आर्थिक गतिविधियों के परिणाम पर नजर डालेंगे, तो आपको यह पागलपन नहीं लगेगा।'

समर्थक जुटाना

सफल कंपनियाँ समर्थक तैयार करती हैं। जो लोग नए-नए विचार लेकर आते हैं, उन्हें इस संबंध में अपने प्रयत्न जारी रखने की अनुमति दी जाती है, हालाँकि उनमें बहुत-से असफल रहते हैं। विशिष्ट कंपनियों को यह अच्छी तरह मालूम होता है कि उनसे कुछ हद तक गलतियाँ होंगी ही। सीखने का आसान तरीका है परीक्षण करना। यह आम तौर पर परिष्कृत तरीके से बाजार के बारे में छानबीन करने या कर्मचारियों के बारे में सोच-समझकर योजना बनाने की तुलना में कम खर्चीला और अधिक कारगर सिद्ध होता है।

बहुत-सी नई व सफल चीजें भीतरी प्रतिस्पर्धा से जन्म लेती हैं। नई-नई चीजों के विकास के लिए अधिकृत रूप से कायम की गई बड़ी-बड़ी परियोजना-टोलियाँ विशेष रूप से बड़ी सफलताओं की तलाश में ही रहती हैं, जबकि दो से आठ व्यक्तियों तक के छोटे दल अपेक्षाकृत छोटे, पर अधिक निश्चित लक्ष्यों के लिए धीरे-धीरे काम करते हुए बड़ी टोलियों से कहीं ज्यादा काम करने में सफल रहते हैं।

एक अन्य कंपनी 'जनरल इलेक्ट्रिक' में आड़े वक्त के लिए कुछ धन और श्रम-शक्ति बचा रखने और कंपनी के मुख्य केंद्र से बाहर कार्य करने की परंपरा बहुत पुरानी है। इससे प्लास्टिक की चीजों और हवाई जहाज के इंजनों के निर्माण में प्रत्यक्षतः भारी सफलताएँ मिलती हैं।

अपने लोगों से शक्ति

सफल कंपनियाँ अपने कर्मचारियों से शक्ति ग्रहण करती हैं। अधिकतर कंपनियों का रवैया अपने लोगों के प्रति नकारात्मक रहता है और वे अनजाने ही अपने कर्मचारियों की सृजनात्मक शक्तियों का गला घोंट देती हैं, लेकिन अच्छी कंपनियाँ ऐसा रुख अपनाती हैं कि उनका प्रत्येक कर्मचारी अपने-आपको विजेता समझता है। आईबीएम, 3-एम, प्रोक्टर एंड गैंबल तथा डेल्टा एयरलाइंस जैसी कंपनियों से बातचीत करने पर पीटर्स और वाटरमैन उनके कर्मचारियों की प्रतिबद्धता और उत्साहजनित शक्ति से बहुत प्रभावित हुए।

आईबीएम के टॉमस जे. वाटसन (जूनियर) ने बताया कि 'व्यक्ति का सम्मान करना कंपनी की सबसे महत्त्वपूर्ण मान्यता है।' यह धारणा यों तो साधारण-सी है, किंतु आईबीएम के प्रबंधकों का काफी समय इस धारणा को कार्य-रूप में परिणत करने में ही लग जाता है। अन्य कंपनियों को प्राप्त अच्छे परिणामों का कारण भी मुख्यतः यही है कि वे अपने कर्मचारियों के साथ भागीदारों-जैसा व्यवहार करती हैं, उन्हें प्रतिष्ठा तथा आदर देती हैं।

अमेरिकी एयरलाइनों में डेल्टा एयरलाइन सबसे ज्यादा लाभ कमानेवाली कंपनी है। उसमें काम करनेवालों को ऐसा लगता है, जैसे वे सब एक ही परिवार के हों। इलेक्ट्रॉनिक्स का सामान तैयार करनेवाली एक बहुत बड़ी कंपनी है—'ह्यूलेट पैकार्ड'। इस कंपनी को अपने कर्मचारियों पर इतना विश्वास है कि मैकेनिकल और बिजली के सामान तक इंजीनियरों की न केवल बिना किसी रोक-टोक के पहुँच जाते हैं, बल्कि उन्हें वह सामान निजी उपयोग के लिए घर ले जाने को भी प्रोत्साहित किया जाता है क्योंकि उनके या उनके इर्द-गिर्द वह सामान होगा, तो वे उससे कुछ न कुछ सीखेंगे ही, और इस प्रकार कंपनी ने नई-नई किस्म की चीजें बनाने का जो संकल्प कर रखा है, उसे पूरा करने में मदद मिलेगी।

कहते हैं कि एक शनिवार को बिल ह्यूलेट अपने एक कारखाने में गए और वहाँ उन्होंने गोदाम पर ताला लगा देखा। वे तुरंत ही मरम्मत-घर में आए और उन्होंने वह ताला तोड़ डाला। उन्होंने वहाँ एक पत्र लिखकर छोड़ दिया, जो कर्मचारियों को सोमवार की सुबह मिला। उसमें लिखा था, 'फिर कभी इस दरवाजे पर ताला न लगाएँ, धन्यवाद—बिल।'

मैकडॉनल्ड्स आईबीएम तथा बहुत-सी अन्य चोटी की कंपनियों में अपने लोगों पर तरह-तरह के पुरस्कारों की बौछार के लिए जिस कदर अवसर निकाले जाते हैं, उसे देखकर आश्चर्य होता है। ये कंपनियाँ पुरस्कार देने के अनगिनत बहाने खोजती हैं। भारी उद्योग में काम आनेवाले वाहनों के हिस्से-पुरजे तैयार करनेवाली कंपनी 'डेना-कॉरपोरेशन' के भूतपूर्व अध्यक्ष रेने मैकफरसन का कहना है, 'सफलता की वास्तविक कुंजी है बीच के 60 प्रतिशत लोगों की कुछ सीढ़ियाँ चढ़ने में मदद देना।'

इसलिए पुस्तक के लेखकों का कहना है कि 'सामान्य व्यक्तियों द्वारा किए गए अच्छे काम पर उसे पुरस्कृत करना चोटी के उन कुछ व्यक्तियों को पुरस्कार देने से अधिक महत्त्वपूर्ण है, जिनकी काम के प्रति इतनी अधिक लगन होती है कि वे अपना काम किसी न किसी तरह कर लेते हैं।'

मान्यताओं का पालन

सफल कंपनियाँ अपनी मान्यताओं का पूरी तरह पालन करती हैं। मूल्यों एवं लोकप्रियता को स्पष्ट करना और उनमें प्राण फूँकना ऐसे काम हैं, जिनके बारे में अच्छी कंपनियों के प्रमुख लोग सबसे अधिक चिंतित दिखाई देते हैं। 'आईबीएम' के वाटसन और 'ह्यूलेट पैकार्ड' के विलियम ह्यूलेट द्वारा अपने कारखानों में अचानक पहुँचने के किस्से मशहूर हैं।

हैमबर्गर बनाने की कंपनी मैक-डॉनल्ड्स के संस्थापक राय क्रॉक नियमित रूप से अपनी दुकानों में जाते थे और उन बातों के आधार पर उनका मूल्यांकन करते थे, जो कंपनी को बहुत प्रिय हैं, यानी गुणवत्ता, सेवा, सफाई और उपयोगिता।

आंतरिक रूप से विकास

सफल कंपनियाँ अपने भीतर ही पनपती हैं। पुस्तक के लेखकों का कहना है, 'वस्तुतः अच्छी कंपनियों का सारा विकास आंतरिक रूप से हुआ है और वे अपने भीतर ही पनपी हैं।' साठवें दशक में कंपनियों के समूह बनाने की जो नीति बड़े उत्साह से अपनाई गई थी, उसकी बुद्धिमत्ता में उन्हें संदेह है। जॉनसन एंड जॉनसन के भूतपूर्व अध्यक्ष रॉबर्ट डब्ल्यू जॉनसन ने इसे इन शब्दों में व्यक्त किया है, 'जिसे आप चलाना नहीं जानते, उसे कभी हाथ में न लें।'

कम से कम कर्मचारी

सफल कंपनियाँ कम से कम कर्मचारियों से काम चलाती हैं। पीटर्स और वॉटरमैन का कहना है, 'हमने जिन बड़ी-बड़ी कंपनियों के बारे में अध्ययन किया, उनका ढाँचा बहुत सीधा-सादा है। कर्मचारियों की संख्या बहुत थोड़ी है। अरबों डॉलर के उद्यमों को 500 से भी कम चोटी के व्यक्तियों द्वारा चलाते देखना सामान्य बात है।'

कारखाने का हर स्तर पर छोटा होना बहुत अच्छा रहता है। छोटा कारखाना माल तैयार करने में सबसे अधिक सक्षम होता है। उसका कर्मचारी विश्वसनीय, उत्साही और अत्यधिक उत्पादनशील होता है। संचार के क्षेत्र में वह बड़े कारखानों के कर्मचारियों से अधिक माल तैयार करता है। यही बात कारखानों, परियोजना-टोलियों, डिवीजनों और यहाँ तक कि समूची कंपनी के बारे में भी कही जा सकती है।

अधिकाधिक संपर्क

सफल कंपनियाँ संपर्क करती हैं। पीटर्स और वाटरमैन का कहना है, 'इसमें कोई संदेह नहीं कि बड़ी कंपनियों में संपर्क और संचार-व्यवस्था बनाए रखने को अत्यधिक महत्त्व दिया जाता है। इसकी शुरुआत आम तौर पर अनौपचारिक रूप से होती है। उदाहरण के लिए, वॉल्ट डिजनी प्रोडक्शन में अध्यक्ष से लेकर छोटे-छोटे कर्मचारी भी नाम का बिल्ला लगाए रहते हैं, जिस पर उनका पहला नाम अंकित होता है। ह्यूलेट पैकार्ड भी इसी तरह पहले नाम पर जोर देते हैं।

आईबीएम कंपनी का बहुत-सा समय और शक्ति लोगों की समस्याएँ सुनने में ही लग जाता है, फिर भी इसके अध्यक्ष कंपनी के 3,50,000 कर्मचारियों में से हरेक की शिकायतों का तत्परता से उत्तर देते रहते हैं।

अत्यधिक सफल कंपनियाँ मानव की स्वाभाविक शक्ति का इस ढंग से उपयोग करती हैं कि लोगों का उत्साह बना रहे। लेखकों का कहना है, 'अच्छी कंपनियाँ मानव-प्रकृति की भावुकतापूर्ण और आदिम प्रवृत्तियों को चलने देती हैं और उनसे लाभ उठाती हैं। सर्वोत्तम की व्याख्या इस प्रकार की जा सकती है, 'उत्पादकता का मूल आधार उसमें लगाई जानेवाली पूँजी और उसके लिए अपनाई जानेवाली स्वचालित प्रक्रिया नहीं, बल्कि लोगों के साथ किया जानेवाला व्यवहार है।'

जरूरत प्रेरणा देनेवाले नेता की है, बॉस की नहीं

किसी एग्जीक्यूटिव या प्रबंधक के साथ काम करने के लिए आम तौर पर व्यक्तियों की एक टीम होती है। वह खुद टीम का नेता होता है। इसलिए उसमें इतनी क्षमता होनी जरूरी है कि कंपनी के उद्‌देश्य को पूरा करने के लिए जो काम वह अपने मातहतों से करवाना चाहता है, उसे भली भाँति उनसे करवा सके।

दूसरे शब्दों में, किसी टीम के नेता के रूप में उसमें दूसरों को प्रेरित करने की क्षमता होनी चाहिए। यदि यह क्षमता उसमें है, तो वह कई दूसरी कमजोरियों की भरपाई कर सकता है। लेकिन यदि उसमें यह क्षमता नहीं है, तो उसकी अन्य क्षमताएँ भी निष्प्रभावी साबित हो सकती हैं।

एक अच्छा नेता बिना भय या पक्षपात के मातहतों से प्रभावी ढंग से काम करा लेता है

भय बिनु प्रीति

कुछ ऐसे लोग भी होते हैं, जो दूसरों को डर दिखाकर प्रेरित करने की कोशिश करते हैं। यह तरीका कुछ समय के लिए ही और कुछ लोगों पर ही कारगर साबित हो पाता है। असल में जरूरत उस प्रेरक क्षमता की होती है, जो बिना किसी भय या पक्षपात के प्रभावी हो सके।

प्रेम एक बहुराष्ट्रीय कंपनी में काम करता था, जिसके बारे में चर्चित था कि ज्यादातर लोग वहाँ, खास कर बिक्री-विभाग में, सात साल से ज्यादा नहीं टिक पाते थे। कंपनी शायद यह मानती थी कि सेल्समैनों की कठिन मेहनत करने की क्षमता तीस वर्ष की आयु के बाद नहीं रह जाती। लेकिन 'कठिन मेहनत करो

और उपलब्धि प्राप्त करो, नहीं तो देर-सवेर निकाल दिए जाओगे' का दर्शन एक आतंक की तरह पूरी कंपनी पर छाया रहता था। वहाँ का चीफ एग्जीक्यूटिव भी अपने-आपमें एक आतंक ही था।

कर्मचारी और दूसरे एग्जीक्यूटिव उससे कम से कम मतलब रखने की कोशिश करते थे। उसकी तरफ से मिलने की बुलाहट कर्मचारियों के लिए सबसे बड़ी परेशानीवाली बात होती थी। इसके चलते एग्जीक्यूटिव श्रेणी के कई व्यक्ति तनाव-संबंधी बीमारियों से पीड़ित रहने लगे थे। माहौल में बिजली के करेंट-जैसी चीज हमेशा व्याप्त रहती थी।

पिछली बातें जब प्रेम याद करता है, तो उसे खयाल आता है कि चीफ एग्जीक्यूटिव के सेनानिवृत्त हो जाने पर वे सब कितने खुश हुए थे। और उसे यह भी याद आता है कि उसका पूर्व बॉस कितने अकेलेपन का शिकार रहता था। उसका कोई मित्र नहीं था। उसे किसी भी व्यक्ति का सम्मान प्राप्त नहीं था। उसे 'कोई व्यक्ति' भी केवल इसलिए समझा जाता था, क्योंकि वह किसी पद पर था और इस पद के चलते ही उसे अपनी आलोचना या झूठी प्रशंसा पर कोई कदम उठा सकने, किसी को रखने और निकाल बाहर करने का अधिकार प्राप्त हो गया था।

मित्रवत् समाचरेत

हममें से अधिकतर लोग एक ऐसा नेता चाहते हैं, जो बिना कोई भय दिखाए ही लोगों में काम करने की प्रेरणा जगा सके। एक ऐसा नेता जो हम लोगों-जैसा ही हो और फिर भी हम-लोगों में से नहीं हो। जिसे हम अपने मित्र जैसा ही मानें और जो फिर भी मित्रता और परिचय के बीच एक अंतराल बनाकर रख सके। जो विश्वास तो करता हो पर बहुत भोला भी न हो, जो खुद भी ईमानदार हो और दूसरों से भी ईमानदारी की अपेक्षा रखता हो।

ऐसे व्यक्ति में जो गुण होने चाहिए, उनमें से कुछ निम्नलिखित हैं :

● एक प्रेरक नेता खुद अच्छा उदाहरण पेश करता है। वह सबके लिए एक आदर्श की भाँति होता है। वह हुक्म देने के बजाय अपने आचरण से ही सीख दे देता है। वह ऐसा सेल्स-निदेशक होता है, जो कभी-कभार खुद भी बाजार के दौरे पर चला जाता है, बारिश में भीगता है या धूप में झुलसता है, जो मुश्किल ग्राहकों से खुद ही निबट़ता है और ग्रामीण इलाकों के बाजार में भी खुद जाता है, जहाँ कि कोई ढंग का होटल भी नहीं होता या फिर, वह ऐसा उत्पादन-प्रबंधक होता है, जो अकसर फैक्टरी के बरामदे में चक्कर लगाता मिल जाता है।

● एक अच्छा नेता किसी चीज की तुरंत कदर करनेवाला होता है—चाहे वह कोई नई विकसित की गई वस्तु हो या फिर किसी अपने आदमी की कोई उपलब्धि। और कदर, किसी निजी तौर पर नहीं, बल्कि एक सार्वजनिक स्वीकारोक्ति के रूप में।

● वह अपनी टीम में एक सामूहिक और साँझे लक्ष्य प्राप्त करने के लिए उत्साह पैदा कर उसकी सक्रिय संलग्नता सुनिश्चित करता है। वह हर किसी को काम में साझेदार बनाता है, चाहे वह छोटा हो या बड़ा और इस प्रकार की संलग्नता में प्रेरक नेता सबकी भागीदारी इस प्रकार सुनिश्चित करता है, ताकि हर कोई अपने हिस्से की जिम्मेदारी पूरी कर ले।

● एक अच्छा नेता अपने में बॉसपन की प्रवृत्ति नहीं रहने देता। वह 'मैं' की जगह 'हम' का प्रयोग करता है। वह श्रेय और प्रशंसा अपनी पूरी टीम के साथ बाँटता है। और जब कुछ गलत हो जाता है, तो मुख्य आरोप अपने ऊपर ले लेता है। उसे कभी बॉस नहीं समझा जाता, उसे हमेशा नेता के रूप में सम्मान दिया जाता है।

● एक अच्छा नेता प्रदर्शन के हिसाब से पुरस्कार बाँटता है। उस पर पक्षपात का आरोप नहीं लगाया जा सकता। उसका एकमात्र पैमाना यही होता है कि किसी ने निर्धारित लक्ष्य के मुकाबले किस हद तक काम किया है।

प्रेरक नेता मिलना आसान नहीं

प्रेरणा के बारे में बातें करना और लिखना तो आसान है, लेकिन वास्तविक रूप में ऐसे प्रेरक नेता पा सकना बहुत कठिन है। अकसर ऐसे लोग प्रबंधन-पिरामिड के शीर्ष पर नहीं मिल पाते। वे शायद सेल्स-सुपरवाइजरों और उत्पादन-फोरमैनों की भीड़ में कहीं मिल सकते हैं। उनका सबसे बड़ा पारितोषिक यही होता है कि उनके साथी उनके साथ काम करना हमेशा पसंद करते हैं और उन्हें लंबे समय तक याद रखते हैं। ऐसे ही व्यक्तियों के बारे में कई बार लोग यह कहते सुने जाते हैं कि 'मैं आज जो कुछ हूँ, वह फलाँ व्यक्ति की वजह से हूँ।'

मेरा एक दोस्त यही बात अपनी माँ के बारे में कहता है। वह शुरू-शुरू में हकलाता था और औसत दर्जे का विद्यार्थी भी नहीं था, जबकि उसके पाँचों भाई-बहन काफी प्रतिभाशाली थे। लेकिन माँ सुनील को हमेशा प्रेरणा देती रहती थीं, उसे सार्वजनिक भाषण-प्रतियोगिताओं में भाग लेने को उत्साहित करती थीं और विफल होने पर ढाढ़स बँधाती थीं तथा दोबारा प्रयास करने के लिए प्रोत्साहित करती थीं। उसकी माँ ने यह सिलसिला तब तक जारी रखा, जब तक कि वह एक असाधारण व्यक्ति बन नहीं गया। आज वह अमेरिका में अंतर्राष्ट्रीय मुद्राकोष में वरिष्ठ एग्जीक्यूटिव है।

कौन सोच सकता था कि वह इतनी दूर तक जा सकता है। यहाँ तक कि वह खुद भी नहीं। लेकिन उसकी माँ में इतना साहस, धैर्य और विश्वास था। वह एक सच्ची प्रेरक थीं।

किताबी फार्मूलों से नहीं चल सकता प्रबंधन

पाश्चात्य देशों में हर चीज फार्मूलाबद्ध रहती है। वहाँ आए दिन प्रबंध-व्यवस्था की नवीनतम तकनीकों के विषय में पुस्तकें प्रकाशित होती रहती हैं। उदाहरण के लिए कुछ समय पहले एक पुस्तक 'एक मिनट में कुशल प्रबंधन' बहुत लोकप्रिय हुई। प्रत्येक युवा प्रबंधक अत्यंत एकाग्रता से इस पुस्तक में दिए गए फार्मूले पर आचरण करता नजर आया। यही नहीं, अनुभवी प्रबंधकों से भी कहा जाता कि वे उस पुस्तक को पढ़ें।

ऐसे ही एक युवक प्रबंधक ने एक अनुभवी प्रबंधक से कहा, 'यदि आपने 'एक मिनट में कुशल प्रबंधन' नहीं पढ़ी, तो आपने कुछ नहीं पढ़ा।'

उस अनुभवी प्रबंधक ने युवक प्रबंधक को जवाब दिया, 'मैं पिछले बीस साल से प्रबंधक का कार्य सफलतापूर्वक सँभाल रहा हूँ। इस क्षेत्र में मेरा अनुभव बीस साल का है। आपका किताबी ज्ञान आपको ही मुबारक हो।'

समय और परिस्थितियों के अनुकूल ही फैसले लिए जाने चाहिए

लेकिन वाचाल युवा प्रबंधक अड़ा रहा। बोला, 'आपका ज्ञान तो बीस साल पुराना है, लेकिन आप नवीनतम जानकारी से तो वाकिफ ही नहीं।'

अधीनस्थों की प्रतिक्रिया

प्रबंधन-तकनीक की कोई नई पुस्तक जब लोकप्रिय हो जाती है, तो वह अधीनस्थ कर्मचारियों के हाथ भी लग ही जाती है। ऐसे ही एक कर्मचारी चंद्रमोहन का यह अनुभव जानने

योग्य है, 'मेरी फर्म का प्रबंधक सरीन कुछ देर मुझे कार्य करते हुए देखता रहा। फिर मेरे किसी अच्छे कार्य के लिए उसने मेरी प्रशंसा की और आहिस्ता से मेरे कंधे पर हाथ रख दिया। मैं मन ही मन मुस्करा दिया क्योंकि मैंने भी 'एक मिनट में कुशल प्रबंधन' पुस्तक पढ़ी थी और उसमें पहला फार्मूला यही लिखा था कि कर्मचारी के अच्छे कार्य को खोजकर उसकी प्रशंसा करो और उसके कंधे पर हाथ रखकर यह जाहिर करो कि हम हर स्थिति में तुम्हारे साथ हैं।

'दूसरा फार्मूला यह है,' चंद्रमोहन ने आगे बताया, ' कि इसी के साथ उस कर्मचारी की बुराई खोजकर एक मिनट में उसकी खिंचाई करो। मुझे मालूम था कि मुझसे एक गलती हो गई है। जब फोन पर प्रबंधक की ओर से मेरा बुलावा आया तो मैं समझ गया कि अब मुझ पर दूसरा फार्मूला प्रयुक्त किया जाएगा। हुआ भी यही। सरीन ने अत्यंत नम्रता से मेरी गलती की तरफ मेरा ध्यान खींचा और एक मिनट बाद मुझसे हाथ मिलाकर दूसरे कार्यों में व्यस्त हो गया।

'इसके बाद मेरा तबादला हो गया,' चंद्रमोहन ने कहना जारी रखा, 'अब श्रीमती भगत मेरी प्रबंधक थीं। मैं समझ गया कि वह भी एक दिन मेरे कार्यों को गौर से देखती रहेंगी और कंधे पर हाथ रखेंगी। यही कुछ हुआ। अब तक मुझे एलर्जी-सी हो गई थी इस फार्मूला-प्रबंधन से। मन करता, कंधे पर हाथ रखनेवाले अधिकारी का हाथ झटक दूँ।

'आगे चलकर मुझे एक अन्य फर्म में अच्छे वेतन पर नौकरी मिल गई,' चंद्रमोहन ने अंत में कहा, 'लेकिन यहाँ का प्रबंधक भी वही कंधे पर हाथ रखनेवाला और बाद में खिंचाई करनेवाला फार्मूला प्रयुक्त करता था।'

किताबी फार्मूले का खामियाजा

चंद्रमोहन के अनुभव से स्पष्ट है कि युवा प्रबंधक उतावलेपन में फार्मूलेवाली प्रबंध-तकनीक अपना लेते हैं। इससे लाभ के बजाय हानि ही होती है। शिक्षित कर्मचारियों पर तो फार्मूला-प्रबंधन अपनाना खतरे से खाली नहीं। एक सरकारी संस्थान के एक शिक्षित लिपिक ने जब यह देखा कि युवा प्रबंध-निदेशक उस पर फार्मूलेवाली तकनीक प्रयुक्त कर रहा है, तो वह उत्तेजित होकर बोला, 'मिस्टर सुभाषचंद्र! आपमें और मुझमें सिर्फ इतना ही अंतर है कि आप आईएएस पास करके प्रबंध-निदेशक बन गए और मैं आईएएस में अनुत्तीर्ण होकर क्लर्क ही रह गया हूँ।'

प्रबंधकों के लिए धड़ाधड़ पुस्तकें प्रकाशित होते देख कुछ प्रकाशकों ने कर्मचारियों की तरफ भी ध्यान दिया। 'एक मिनट में कुशल-प्रबंधन' की टक्कर में पुस्तक प्रकाशित की गई, 'उनसठ सेकेंड में कुशल कर्मचारी कैसे बनें?'

लगता है, 'उनसठ सेकंड' वाली पुस्तक का लेखक प्रबंधन पर लिखने की तरह अधिक कुशल नहीं था, वरना इस पुस्तक में भी कुछ न कुछ फार्मूले जरूर होते, मसलन प्रबंधक या अफसर को कैसे नचाया जा सकता है या किन किन विधियों

से काम करने से कन्नी काटी जा सकती है, लेकिन ऐसी किसी विधि का पुस्तक में कहीं जिक्र नहीं था। (कहीं ऐसा तो नहीं कि यह पुस्तक प्रबंधकों ने स्वयं ही प्रकाशित करवाई हो!) फिर भी इस पुस्तक में कुछ बातें बिलकुल सटीक लिखी हैं, जैसे यह कि प्रत्येक कर्मचारी घर से स्वस्थ दिमाग लेकर कार्यालय आता है—हालाँकि कुछ कर्मचारी उलटे कार्यालय से स्वस्थ होकर घर पहुँचते हैं। एक प्रसंग : सुबह-सवेरे एक कर्मचारी को किसी ने कार्यालय पहुँचते ही नमस्ते कर दी। कर्मचारी एकदम बिगड़ खड़ा हुआ, 'सुबह-सबेरे नमस्ते! अरे, जरा यह भी सोचा करो कि घर से आदमी किस मूड में आता है।'

प्रबंधक बनाम कर्मचारी

बहरहाल, स्वस्थ दिमाग लेकर आनेवाले कर्मचारी मन में यह निश्चय किए होते हैं कि हमें कितना दिमाग कार्यालय में खर्च करना है और कितना मानसिक बोझ लेकर घर जाना है। अब यदि प्रबंधक अपने हेकड़ीपूर्ण स्वभाव के चलते छोटी-मोटी गलतियाँ खोज-खोजकर अधीनस्थ कर्मचारी का मस्तिष्क बोझिल कर दे, तो कर्मचारी-वर्ग काम में रुचि नहीं लेता और अपने मस्तिष्क को और अधिक बोझिल नहीं बनने देता। ऐसे अकुशल प्रबंधक के अधीन कार्य करनेवाले कर्मचारी अनमने ढंग से कार्य करते रहेंगे। वे निर्णय लेने की जिम्मेदारी प्रबंधक पर ही छोड़ देंगे। शिक्षित तो क्या, अशिक्षित कर्मचारी भी अपने अफसर या नियोजक को नए-नए ढंग से परेशान कर सकते हैं। जैसे, एक ढाबे में कार्य करनेवाला नौकर मालिक को परेशान करने के लिए केवल उसी व्यक्ति को पानी देता था, जो उससे पानी माँगता था। बगलवाले ग्राहक का खाली गिलास देखकर भी वह उसे पानी नहीं देता था। ढाबे के मालिक को बार बार चिल्लाकर नौकर को बुलाना पड़ता था।

'उनसठ सेकेंड...' वाली पुस्तक दरअसल अच्छे कर्मचारियों के लिए लिखी गई है। इस पुस्तक में यह दर्शाने का प्रयास किया गया है कि कार्यालय में कौन-सी परेशानियाँ हो सकती हैं और उनसे किस प्रकार कुशलतापूर्वक बचा जा सकता है अथवा उनका सामना किस प्रकार किया जा सकता है। कार्यालय में होनेवाली परेशानियों के छः रूप गिनाए गए हैं। आपको प्रबंधक ने कोई कार्य दिया। आपने इस विषय में उससे कुछ निवेदन किया, लेकिन प्रबंधक ने आपके निवेदन को ठुकरा दिया। आपके और आपके प्रबंधक के आदर्श भी अलग-अलग हो सकते हैं। प्रबंधक और आपके जीवन-मूल्यों में भी टकराव हो सकता है। समस्या तब और भी जटिल हो उठती है, जब प्रबंधक मजदूर के नजरिए से देखे और कोई श्रमिक प्रबंधक के नजरिए से सोचे। दोनों व्यक्ति अपने-अपने समुदाय के लोगों से अलग-थलग पड़ जाएँगे।

डमी प्रबंधन

कई बार प्रबंधक से भी ऊपर के अधिकारी से किसी को सीधा संदेश मिलता

है। तब वह समझ नहीं पाता कि ऐसी स्थिति में प्रबंधक और उसके भी अफसर से अपने संबंधों का तालमेल कैसे बिठाए। कई संस्थानों और फर्मों में बिलकुल अराजकता होती है। ओहदा संभाले हुए व्यक्ति की बिलकुल नहीं चल रही होती और हुकूमत दरअसल कोई अन्य व्यक्ति कर रहा होता है। कई बार किसी व्यक्ति को जरूरत से ज्यादा काम दे दिया जाता है और वह समझ नहीं पाता कि ऐसा उसकी अत्यंत कुशलता के कारण किया जा रहा है अथवा उसके सीधेपन का नाजायज फायदा उठाया जा रहा है या फिर उसे सजा के तौर पर ज्यादा बोझ से लादा जा रहा है?

कर्मचारियों के लिए लिखी गई पुस्तकें संयम से भरपूर हैं, जबकि प्रबंधन-विकास क्षेत्र में फार्मूला-तकनीक थोपकर आजकल की 'नवीन प्रबंधन तकनीक' में अराजकता ही फैलाई जा रही है। एक अनुभवी प्रबंधक ने एक युवा प्रबंधक के सामने प्रबंधन-संबंधी अपने अनुभव का जो निचोड़ प्रस्तुत किया, वह उल्लेखनीय है, 'यदि प्रबंधक के सम्मुख आशा के विपरीत कोई घटना घटती है, तो उसे संयम से काम लेना चाहिए। जैसे किसी दिन कोई बहुत ही सीधा कर्मचारी अचानक दुर्व्यवहार कर दे, तो प्रबंधक को उत्तेजित नहीं होना चाहिए। साथ ही, यदि आशा के अनुरूप घटना घट जाए, जैसे कोई बदतमीज किस्म का कर्मचारी दुर्व्यवहार कर दे, तब भी प्रबंधक को उत्तेजित नहीं होना चाहिए।'

नवयुवक प्रबंधक ने आश्चर्य से उस अनुभवी प्रबंधक से पूछा, 'फिर प्रबंधक को किस स्थिति में उत्तेजित होना चाहिए?'

अनुभवी प्रबंधक मुस्करा पड़ा, 'कुशल प्रबंधक किसी भी स्थिति में उत्तेजित नहीं होता।'

आत्मसंतोष भी पदोन्नति से कम मूल्यवान नहीं

धीरेंद्र एक समाचार-पत्र में पिछले बीस वर्षों से सहायक संपादक है। जब वह इस पद पर नियुक्त हुआ था, नौजवान था, जवानी के जोश से भरा था। वह कुछ नया करके प्रगति की सीढ़ियाँ चढ़ते हुए खूब उन्नति करना चाहता था। इसलिए अपने काम में वह अत्यधिक रुचि लेता था। नई-नई खबरें लाना और विचारप्रधान लेख लिखना उसकी आदतों में शुमार था। उसके इन प्रयत्नों से समाचार-पत्र की प्रसार-संख्या खूब बढ़ी, साथ ही उसे प्रबंध-तंत्र से बहुत शाबाशी भी मिली।

पर धीरे-धीरे धीरेंद्र का उत्साह ठंडा पड़ता गया क्योंकि साल-दर-साल बीतते गए पर उसे पदोन्नति न मिली। उसके मन में यह धारणा बैठती चली गई कि वह चाहे जितनी मेहनत और लगन से काम करे, उसे उसका प्रतिफल नहीं मिलेगा। दो-तीन बार उसने प्रबंध-तंत्र से अपनी पदोन्नति के लिए अनुरोध भी किया, प्रबंध-तंत्र ने उसके काम की तारीफ करने के बावजूद पदोन्नति देने में असमर्थता जताई।

पदोन्नति न होने की वजह से अपनी कार्यक्षमता न घटने दें

इसका परिणाम यह हुआ कि धीरेंद्र धीरे-धीरे एक ऐसे कर्मचारी में बदल गया, जो कार्यालय केवल समय बिताने और वेतन लेने के लिए आता है। उसकी प्रतिभा धीरे-धीरे लुप्त होती गई और काम में उसकी विशेष रुचि भी समाप्त हो गई। प्रबंध-तंत्र अब उसके काम की तारीफ करने के बजाय उसे काम से निकालने के बारे में सोचने लगा है।

अपना ही नुकसान

उचित प्रतिफल न मिलने के प्रतिक्रियास्वरूप ही सही, पर काम में रुचि लेना छोड़कर हम कार्यालय का कम, अपना ही नुकसान ज्यादा करते हैं। कार्यालय का काम तो चलता रहता है। हम नहीं थे, तब भी चलता था और हम नहीं रहेंगे, तब भी चलेगा। हम नहीं करेंगे तो कोई और करेगा, दफ्तर का काम कभी ठप्प नहीं होता। लेकिन काम से जी चुराकर धीरे-धीरे हम उसे अपनी आदत और फिर जीवन-शैली ही बना लेते हैं। दफ्तर में ही नहीं, घर-बाहर के निजी कार्यों में भी हमारा वही रवैया झलकने लगता है, जो कदम-कदम पर हमारा नुकसान करवाता है।

जहाँ तक प्रबंध-तंत्रों का संबंध है, पहले उनकी यह धारणा रहती थी कि ऐसा कर्मचारी, जिसकी पदोन्नति नहीं हो पाती या जिसके आगे पदोन्नति का अवसर नहीं होता और इसलिए जो एक ही पद पर वर्षों तक बना रहता है, धीरे-धीरे प्रबंध-तंत्र के लिए एक समस्या बन जाता है। ऐसे कर्मचारी का न केवल खुद का उत्साह खत्म हो जाता है, वरन् अपने नकारात्मक दृष्टिकोण से वह अपने साथी-कर्मचारियों का भी उत्साह भंग करने लगता है। इस प्रकार वह कंपनी की प्रगति के रास्ते में रोड़े अटकाता है। अतः बेहतरी इसी में है कि प्रबंध-तंत्र ऐसे कर्मचारी को कहीं और काम तलाशने के लिए कह दे।

पर अब ये विचार पुराने पड़ गए हैं। अब यह माना जाता है कि ऐसे कर्मचारी को काम छोड़ने के लिए कहना उचित नहीं। नई सोच यह है कि हर कर्मचारी अपने कार्यकाल के किसी न किसी चरण में थोड़े समय के लिए ही सही, ऐसी स्थिति का सामना अवश्य करता है, जब उसे लगता है कि उसकी उन्नति के सफर में ठहराव आ गया है या जो पदोन्नति उसे अब तक मिल जानी चाहिए थी, वह उसे नहीं मिली हैं।

चार तरह के कर्मचारी

पर ऐसे सभी कर्मचारी एक-जैसे नहीं होते और न ही वे प्रबंध-तंत्र के लिए तत्काल कोई समस्या खड़ी करते हैं। ऐसे कर्मचारी चार श्रेणियों में बाँटे जा सकते हैं। यदि ऐसा कर्मचारी अपने को उचित श्रेणी में रखते हुए अपनी समस्या को विश्लेषित कर तदनुरूप आचरण करे, तो पदोन्नति न मिलने के बावजूद वह अपने काम को ठीक से संपन्न करेगा। बदले में मिलेगी उसे आत्म-संतुष्टि, जो किसी भी मायने में पदोन्नति से कम मूल्यवान नहीं। प्रबंध-तंत्र को भी चाहिए कि वह जिस कर्मचारी को पदोन्नत नहीं कर सकता, संतुष्टि पाने के उपाय ढूँढ़ने में उसकी सहायता करे। कर्मचारी और प्रबंध-तंत्र के इस तरह के पारस्परिक सहयोग से कोई भी कर्मचारी समस्या नहीं बनेगा और संस्था का काम भी सुचारु रूप से चलता रहेगा।

काम में रुचि न लेनेवाले

ऐसे कर्मचारियों में पहले प्रकार का कर्मचारी वह होता है, जो अपनी कुल जिम्मेदारियों में से केवल बीस फीसदी का निर्वाह करने में ही अपनी सारी ऊर्जा व्यय कर देता है। नतीजा यह होता है कि वह अपनी शेष अस्सी फीसदी जिम्मेदारियाँ ठीक ढंग से नहीं निभा पाता। ऐसे कर्मचारी के साथ सबसे बड़ी समस्या यह होती है कि कार्य का वह क्षेत्र उसकी रुचि का नहीं होता, जिसके लिए वह रखा गया होता है और जिसके लिए उसे वेतन मिलता है। ऐसा कर्मचारी अपना काम अरुचिपूर्वक करता है, जिसका परिणाम यह होता है कि उसके द्वारा किए गए काम का कंपनी को लाभ के रूप में उचित प्रतिफल नहीं मिल पाता क्योंकि रुचि के अभाव में कोई भी काम ठीक तरह से नहीं हो सकता। इस प्रकार के कर्मचारी को चाहिए कि वह प्रबंध-तंत्र को बता दे कि उसकी किस तरह के कामों में रुचि है या वह ऐसे क्षेत्र में प्रशिक्षित किए जाने का अनुरोध करे, जिसमें उसकी रुचि हो, साथ ही कंपनी के लिए भी वह क्षेत्र महत्त्वपूर्ण हो। प्रबंध-तंत्र को भी कर्मचारी का इस प्रकार का अनुरोध मान लेना चाहिए।

यथास्थितिवादी

दूसरे प्रकार के कर्मचारी वे होते हैं, जो यथास्थिति बने रहना ही ज्यादा पसंद करते हैं। वे सोचते हैं कि जिंदगी एक ढर्रे पर चल रही है, सो चलती रहनी चाहिए। नए अवसरों के प्रस्ताव भी वे इसीलिए स्वीकार नहीं करते क्योंकि उन्हें लगता है कि ऐसा करने पर यथास्थिति नहीं बनी रहेगी और सबकुछ बेतरतीब हो जाएगा। एक प्रकार से वे संतुष्ट जीवन जीते हैं और अपने काम में न तो अधिक रुचि प्रदर्शित करते हैं, न अधिक समय ही लगाते हैं। समस्या तब पैदा होती है, जब प्रबंध-तंत्र ऐसे कर्मचारी से उससे ज्यादा काम की अपेक्षा करता है, जितना कि वह सामान्य तौर पर करना चाहता है या करता है। ऐसे कर्मचारी को चाहिए कि वह अपनी कंपनी में नए सिरे से रुचि लेना प्रारंभ करे, काम करने की अंतःप्रेरणा विकसित करे और एक नए जोश के साथ काम करना शुरू करे। प्रबंध-तंत्र को भी ऐसे कर्मचारी को पदोन्नत न कर सकने के बावजूद नया काम देकर, कुछ अधिक धन देकर या विभिन्न प्रकार के अन्य प्रोत्साहन देकर उसमें नए सिरे से काम करने का उत्साह जगाए रखना चाहिए।

सर्वथा निष्क्रिय

तीसरे प्रकार के कर्मचारी पूर्णतः निष्क्रिय होते हैं। वे कुछ भी करना नहीं चाहते और उन्हें अपनी इस स्थिति का पूरा ज्ञान भी रहता है। वे तरक्की करने के बारे में बिलकुल नहीं सोचते। ऐसे कर्मचारी नीरस होते हैं और अपने सहकर्मियों आदि के साथ उनका व्यवहार भी कटुतापूर्ण होता है। वे प्रबंध-तंत्र के लिए नित्य नई-नई

समस्याएँ खड़ी करते रहते हैं। चूँकि उनसे खुद किसी पहल की अपेक्षा नहीं की जा सकती, अतः प्रबंध-तंत्र को ही आगे आकर उनसे सीधी और सपाट भाषा में बात करनी चाहिए। ऐसे कर्मचारी को उसी के हित में यह बात साफ-साफ बता दी जानी चाहिए कि अपने तौर-तरीकों से वह न केवल अपनी तरक्की के सभी रास्ते बंद किए दे रहा है, बल्कि स्वयं को दंड का भागी भी बना रहा है। प्रबंध-तंत्र की यह चेतावनी कर्मचारी पर जादुई असर डाल सकती है। वह अपने भविष्य के प्रति चिंतित हो सकता है, और उसमें सुधरने और तरक्की करने की इच्छा जाग सकती है। बहुत संभव है कि वह प्रबंध-तंत्र को बताए कि जो काम उसे दिया गया है, वह उसकी रुचि का नहीं है लेकिन उसी से जुड़े अमुक काम में उसकी रुचि है और वह उसे बेहतर ढंग से कर सकता है। इस तरह तीसरे प्रकार का वह कर्मचारी पहले प्रकार के कर्मचारी में तबदील हो सकता है। प्रबंध-तंत्र तब उसे उसकी रुचि के काम में लगाकर वांछित परिणाम प्राप्त कर सकता है।

उत्साही कर्मचारी

चौथे प्रकार के कर्मचारी वे होते हैं, जिन्हें पता होता है कि उनकी पदोन्नति के अवसर नहीं हैं, फिर भी वे उत्साह के साथ काम करते रहते हैं। ऐसे कर्मचारी किसी प्रकार की समस्या खड़ी नहीं करते। लेकिन प्रबंध-तंत्र को चाहिए कि ऐसे कर्मचारी को सदैव यह अहसास कराता रहे कि उसकी सेवाएँ मूल्यवान हैं और कंपनी में उसकी उपस्थिति बहुत महत्त्वपूर्ण है। ऐसे कर्मचारियों का काम के प्रति उत्साह बनाए रखने के लिए प्रबंध-तंत्र उन्हें पदोन्नत भले ही न कर सकता हो, पर उन्हें लगातार नए-नए प्रशिक्षण दिलाता रह सकता है, कार्य की नई-नई तकनीकों से अवगत कराता रह सकता है ताकि उन्हें कंपनी में ही काम करने के नए-नए अवसर मिलते रह सकें।

इसी प्रकार कर्मचारियों को भी चाहिए कि यदि उन्हें पदोन्नति न मिल रही हो और एक ही काम को वर्षों से करते रहने के कारण उनमें उसके प्रति अरुचि पैदा हो रही हो तो वे आत्म-विश्लेषण करें, पता लगाएँ कि वे उपर्युक्त चार श्रेणियों में से किसमें आते हैं और तदनुसार सुधार की कोशिश करें। इससे उन्हें संतोष भी मिलेगा और कार्य के प्रति उनका उत्साह भी बना रहेगा।

तबादलों में रुचि लीजिए

मैंने कुछ ही लोग ऐसे देखे हैं जो तबादला होने पर खुश होते हों। आम तौर से लोग एक ही जगह पर बने रहना पसंद करते हैं, ताकि वे वहाँ जड़ पकड़ सकें और उनका व्यक्तित्व विस्तार पा सके। वे मित्रता करना चाहते हैं, पड़ोसियों के साथ संबंध कायम करना चाहते हैं और समुदाय का हिस्सा बनना चाहते हैं। यह विचार कि कहीं और जाना पड़ेगा, लकड़ी और गत्ते के डिब्बों में सब सामान समेटना पड़ेगा, जो निहायत जरूरी होगा उसे साथ ले चलना होगा, बाकी छोड़ जाना पड़ेगा, बड़ा कष्टदायक है। काम में न आ रही चीजें भी व्यावहारिक दृष्टि से भले ही बेकार हों, पर भावनात्मक दृष्टि से अनमोल हो सकती हैं।

मनोवैज्ञानिक पृष्ठभूमि

यह कष्ट कुछ सीमा तक कम अनुभव होगा अगर आप किसी ऐसे परिवार से हों जो स्थानांतरण का अभ्यस्त हो। अगर किसी के पिता रेलवे में हों और हर तीन साल बाद गोरखपुर से खड़गपुर, अंबाला से झाँसी या सिकंदराबाद से चेन्नई स्थानांतरित होते रहते हों तो उसे इससे क्या परेशानी होगी? या मान लीजिए, वे एयरफोर्स में हों और उनका तबादला जोधपुर से हाकिमपेठ हो जाए या सेना में हों और जालंधर, देहरादून, पुणे और चेन्नई के बीच स्थानांतरित होते रहे हों, तब क्या दिक्कत है? वे केंद्र सरकार की सेवा में हों या आईएएस अधिकारी हों या आईएफएस हों जिन्हें आए दिन इधर से उधर जाना हो, तब क्या परेशानी हो सकती है? कहने का मतलब यह कि इससे

तबादले आपको बेहतर इनसान बनाने में सहायक हैं

आपकी वह मनोवैज्ञानिक पृष्ठभूमि तैयार होती है, जो आपको कुछ ही समय के नोटिस पर यात्रा करने के लिए तैयार कर देती है। बोर्डिंग स्कूलों में रह चुके बच्चे भी छुट्टियों में अलग-अलग जगहों पर घूमने के लिए ले जाए जाते हैं और इसलिए स्थानांतरण के अभ्यस्त हो जाते हैं।

लेकिन ऐसी पृष्ठभूमि के बावजूद आश्वस्ति का अनुभव होना जरूरी नहीं। हो सकता है, आप कई सालों से यात्रा करते आ रहे हों या आपके तबादले होते आ रहे हों, लेकिन अब आप एक जगह पर 'सैटल' हो जाना चाहते हों। आपकी पत्नी स्थान-परिवर्तन से परेशान हो गई हों या किसी कैरियर से जुड़ जाना चाहती हों, या हो सकता है, आप चाहते हों कि एक जगह पर ठिकाना हो जाए ताकि पूरे परिवार के लिए स्थायित्व का कोई आधार तो बने! लेकिन इसके बावजूद हो सकता है जिस प्रणाली में आप हों, तबादला उसका अनिवार्य अंग हो। ऐसी दशा में आपके पास इसके अलावा कोई चारा नहीं कि इनमें रुचि लेना शुरू कर दें।

स्वीकार करें

इसका पहला चरण है तबादलों को स्वीकार करना। आपको यह तथ्य स्वीकारना होगा कि आपके काम में तबादले अवश्यंभावी हैं। अगर आप आईएएस या आईएफएस अधिकारी हैं या राजस्व विभाग, सेना, अखिल भारतीय मार्केटिंग संगठन या अनेक फैक्टरियोंवाले किसी कॉरपोरेशन में कार्यरत हैं तो तबादला तो होगा ही। अन्यथा आपको मुंबई पोर्ट ट्रस्ट में नौकरी करनी चाहिए थी कि बंदरगाह की नौकरी है तो कहीं जाना नहीं पड़ेगा क्योंकि बंदरगाह तो कहीं जाता नहीं।

सकारात्मक नजरिया

दूसरे चरण में आपको एक सकारात्मक दृष्टिकोण विकसित करना होगा। आप यह याद रखें कि तबादलों से आपके दर्जे या वेतन आदि में वृद्धि हो सकती है। वे उस सीढ़ी की तरह हैं जो लक्ष्य तक ले जाती हैं। हर तबादले के साथ आपके अनुभव में इजाफा होगा, अधिक लोगों से जान-पहचान होगी, आपका व्यक्तित्व बहुमुखी बन सकेगा और आप अनेक समस्याओं से निबटने के योग्य बन जाएँगे।

यथार्थवादी बनें

तीसरा चरण आपको यथार्थवादी बनने को कहता है। बच्चों की शिक्षा के संबंध में व्यवस्था करें, जैसेकि बोर्डिंग स्कूल की। पत्नी के कैरियर के विकल्प तय करें जैसेकि किसी स्कूल में पढ़ाना या कोई छोटा-मोटा व्यवसाय। मित्रों और संबंधियों के साथ औपचारिक और अनौपचारिक संबंध बनाए रखें और ऐसे शौक तथा रुचियाँ विकसित करें जिनके लिए किसी जगह पर टिकने की जरूरत न पड़े।

अपनापन जगाएँ

चौथे चरण में आपको आत्मीयता विकसित करनी है। कई लोग तीस साल से भी अधिक समय से एक जगह पर रहते आने के बावजूद एक-दूसरे को नहीं जानते। कुछ अन्य हैं जो एक ही बिल्डिंग की एक ही मंजिल के दो हिस्सों में रहते हुए भी एक-दूसरे से अनजान रहते हैं। यह कोई अच्छी बात नहीं है। लेकिन ये लोग यह उदासीनता इसलिए बर्दाश्त कर सकते हैं क्योंकि उस कस्बे में बरसों से रहते आने के कारण उनके और भी अनेक मित्र होते हैं। लेकिन जिस व्यक्ति का तबादला अकसर होता रहता है, उसके लिए नई जगह पर मित्र बनाना जरूरी है। उसके पास ज्यादा समय नहीं है। तीन साल बीतते न बीतते उसका तबादला हो जाएगा। कम से कम कुछ मित्र तो यहाँ बनें, जिनसे किसी दूसरी जगह जाने के बाद वह पत्र-व्यवहार कर सके। इससे सामाजिक रूप से सक्रिय बने रहने और खाली समय को आनंदपूर्वक गुजारने के लिए एक अच्छा जरिया मिल जाता है।

सहयोग बढ़ाएँ

पाँचवें चरण में आप सहभागिता की भावना विकसित करने की कोशिश करें। कई बार तो यह असंभव ही हो जाता है। बहरहाल, अगर आप सेना में हैं या रेलवे में या प्रशासनिक सेवा में, तो आपको नई जगह पर अपनी-जैसी ही परिस्थितियों में अपने ही व्यवसाय के लोग मिल जाएँगे। इससे बड़ी सहायता मिलेगी और राहत भी। आप तुरंत ही मुख्यधारा में जा मिलेंगे और इसके लिए विशेष प्रयास भी न करना होगा। अलबत्ता कुछ ऐसे लोग भी होते हैं जो अपनी कंपनी से जुड़े लोगों के साथ एक ही बिल्डिंग या मुहल्लें में रहना पसंद नहीं करते। व्यावसायिक या सामाजिक रूप से वे 'उसी समूह' से जुड़े रहने का प्रतिबंध पसंद नहीं करते। इससे जुड़े लाभ और नुकसान दोनों ही हैं। अगर लंबे समय के लिए रहना हो, जैसेकि मान लीजिए चालीस साल के लिए, तो यह निकटता कष्टदायक लग सकती है, लेकिन अगर दो-चार साल साथ रहना हो तो आत्मीयता के द्वेष में बदलने या ताक-झाँक के दखलंदाजी और अप्रसन्नता में बदलने के अवसर कम होते हैं।

लोगों में दिलचस्पी लें

छठे चरण में लोगों के रीति-रिवाजों व अपने आसपास के दायरे में दिलचस्पी लेना शामिल है। यह दिलचस्पी आपके संपूर्ण व्यक्तित्व को ही बदल डालेगी। इससे आप नई जगह, नए पड़ोस या नए क्लब के लिए राय कायम करने में उदारता बरत सकेंगे। दूसरों में आप जितनी दिलचस्पी लेंगे, उतनी ही वे भी आपमें लेंगे। पसंद किया जाना दोतरफा होता है—आप जितना दे पाएँगे, उतना ही आपको मिलेगा।

आप यह न समझें कि इन चरणों को एक के बाद एक व्यवहार में लाना है। इन सबको एकसाथ व्यवहार में लाकर अपने दृष्टिकोण को व्यापक बनाया जा

सकता है। लेकिन यह भी संभव है कि ऐसे व्यापक दृष्टिकोण के बावजूद आपको तबादला अप्रिय लगे। हो सकता है, आपका बच्चा अपने स्कूल-जीवन के निर्णायक दौर में से गुजर रहा हो या आपका या आपकी पत्नी का इलाज चल रहा हो जो मुंबई में हो सकता हो, शोलापुर में नहीं या दिल्ली में हो सकता है, कानपुर में नहीं। हो सकता है, आपके वृद्ध माता या पिता ऐसी स्थिति में न हों कि उन्हें नई जगह ले जाया जा सके, आपको अपनी बहन या बेटी की शादी तय करनी हो या आप तीन साल के किसी पार्ट-टाइम कोर्स को छोड़ने के लिए बाध्य हो रहे हों। ऐसे कितने ही कारण हो सकते हैं।

संभव हो तो जरूर जाइए

लेकिन इतना याद रखिए—अगर संभव हो तो तबादले पर जरूर जाइए। यात्रा ही शिक्षा है। विभिन्न आदतों, तौर-तरीकोंवाले और अपने से भिन्न संस्कृति से जुड़े लोगों के साथ रहना आपके नजरिए को विस्तृत करता है, आपको व्यापक और विराट बनाता है। इससे आपसी दूरियाँ कम होती हैं और आप व आपके बच्चे बेहतर व्यक्ति बन सकते हैं। जहाँ तक आपके कैरियर की बात है, तबादले आपको एक बेहतर मँजा हुआ अधिकारी बनाने में सहायक होते हैं।

जिन लोगों का तबादला नहीं होता या जो येन-केन-प्रकारेण उससे बचे रहते हैं, वे कितने ही 'सैटल' और 'सेफ' क्यों न हों, उस तालाब की तरह होते हैं जिसका पानी ठहरा होने के कारण सड़ जाता है और जिसमें काई तथा गंदगी जमती रहती है। जबकि इच्छा से हो या अनिच्छा से, तबादलों पर जाते रहनेवाले लोग आम तौर पर बरसाती नदी का स्वरूप ग्रहण करते जाते हैं, जिसका पानी ताजा, साफ और निर्मल होता है। अपनी जमीन से उखड़ने और नई, अनजानी जगह जाकर बसने का भय उन्हें माँजता रहता है। बाध्यकारी ही सही, इससे देश और दुनिया की सैर भी होती रहती है, जो जानकारी तो बढ़ाती ही है, भाईचारा भी विकसित करती है। इसलिए तात्कालिक रूप से तबादले भले ही कष्टप्रद लगें, अंततः वे लाभदायक ही साबित होते हैं। हाँ, यह जरूर है कि यह बात बाद में ही पता चलती है।

सलाहकार व कार्यपालक के बीच समन्वय जरूरी

पश्चिम में मैनेजमेंट-कंसल्टेंसी एक बड़ा व्यवसाय है—इसलिए नहीं कि यह फैशनेबल प्रचलन है, बल्कि इसलिए कि यह एक आवश्यकता है। विविध इकाइयों, विभिन्न शाखाओं की सुविधाओं से संपन्न व बहुराष्ट्रीय देशों में कार्य करनेवाले विशालकाय कॉरपोरेशन के उदय ने 'एक कॉरपोरेशन के प्रबंधन के काम' को एक जटिल काम में तबदील कर दिया है। अब कोई भी अँगूठाटेक-सिद्धांत पर नहीं चल सकता। एग्जीक्यूटिव को मदद की जरूरत है और वह भी विशेषज्ञ मदद की। उसे इस तरह की मदद अल्प अवधियों के लिए नियमित अंतराल पर चाहिए। इन तमाम बातों को विकसित देशों में अनिवार्य मानकर स्वीकार कर लिया गया है। लेकिन विकासशील देशों में स्थितियाँ काफी अलग हैं।

केस बिगड़ने पर ही

सलाहकार की सेवाओं के प्रति पेशेवर नजरिया अपनाया जाना चाहिए

विकासशील देशों में बीमार होने पर चिकित्सक को तब बुलाया जाता है जब खुद की चिकित्सा विफल हो जाती है। उसी तरह से एक कंपनी के बीमार होने व संभवतः उसके ढहने के कगार पर पहुँच जाने के बाद ही बिजनेस-कंसल्टेंट को बुलाया जाता है। कोई यदा-कदा ही उस समय शरीर के पूरे चेकअप के लिए डॉक्टर के पास जाता है, जब प्रत्यक्ष तौर पर उसे कोई परेशानी या कष्ट न हो। इसी तरह से, यहाँ कंपनी की स्थिति को और अधिक मजबूत करने की मंशा से बिजनेस-कंसल्टेंट की सलाह नहीं ली जाती।

लेकिन कई वजहों से कंपनी की स्थिति ठीक होने के बावजूद बिजनेस-कंसल्टेंट की सलाह लेना जरूरी होता है। वे ऐसी विशेषज्ञ सलाह मुहैया करा सकते हैं, जो कंपनी के भीतर उपलब्ध नहीं हो सकता। वे एक अतिरिक्त सलाह भी मुहैया करा सकते हैं, जिसकी आवश्यकता केवल एक अल्प अवधि के लिए हो और इसलिए इसी सलाह के लिए कंपनी को कर्मचारियों की नियुक्ति पर स्थायी या अर्धस्थायी निवेश करने की जरूरत नहीं रहेगी। वे 'बाहर ही से' वस्तुपरक विचार प्रदान करनेवाले 'निदेशक' हैं। उनका इस्तेमाल एक बाहरी उत्प्रेरक के रूप में भी किया जा सकता है, जिनका विशेष योगदान संगठनात्मक ढाँचे-संस्कृति में परिवर्तन करने में हो सकता है।

गलत वजहों से बुलावा

हालाँकि, कंपनी-एग्जीक्यूटिव अकसर गलत वजहों के लिए किसी कंसल्टेंट को बुलाते हैं। वे चाहते हैं कि कंसल्टेंट 'कसाई' की भूमिका निभाए, ताकि कंपनी में मासूम लोगों का खून 'अंदरूनी' लोगों के मत्थे न मढ़ा जाए। वे चाहते हैं कि वह पहले ही लिए जा चुके फैसले के प्रति हामी भर दे, ताकि अगर बाद में इस बावत कोई बवाल खड़ा हो तो इस फैसले की जिम्मेदारी को साझा कंधों पर डाला जा सके। जब एग्जीक्यूटिवों के दो धड़ों के बीच किसी मसले पर रस्साकशी चल रही हो तो उनका एक धड़ा अपनी तरफ पलड़ा झुकाने के लिए कंसल्टेंट का इस्तेमाल कर सकता है। या अगर प्रबंधन किसी सेवानिवृत अधिकारी को कुछ साल और कार्यालय में कार्यरत रखना चाहता है, तो ऐसा वह केवल एक ही तरह से कर सकता है कि उसे 'कंसल्टेंट के रूप में नियुक्त कर दे।

अहं का टकराव

लेकिन यह मान लेने के बावजूद कि कंसल्टेंट को सही कारणों के लिए नियुक्त किया गया है, एग्जीक्यूटिव-कंसल्टेंट के बीच मतभेद के कई क्षेत्र हैं। इसमें से एक हैं—अहं का टकराव। एग्जीक्यूटिव सामान्य तौर पर ऐसा सोचते हैं कि एक कंसल्टेंट को बुलाया जाना उनके खुद के ज्ञान, कुशलता व क्षमताओं पर एक प्रतिकूल टिप्पणी के समान है। अगर एग्जीक्यूटिव व कंसल्टेंट हमेशा सीखने के लिए तैयार हों व उनमें बौद्धिक विनम्रता हो और वे दोनों अंतिम लक्ष्य को ध्यान में रखें तभी इन बाधाओं को दूर किया जा सकता है और ऐसा तभी ही सभव है, जब दोनों का अहं 'नियंत्रण के भीतर' हो।

मतभेद की एक और वजह है—भुगतान। एक एग्जीक्यूटिव जब मैनेजमेंट-कंसल्टेंट से मिलता है, तो जानते हैं, क्या कहता है? रात्रिभोज पर यह वार्तालाप कुछ इस तरह से होता है, 'क्या आप हमारे लिए एक प्रभावशाली मार्केटिंग-निदेशक ढूँढ़ सकते हैं? मुझे कल उसकी जरूरत थी।' ये अनौपचारिक किस्म के आग्रह हैं, जिन्हें

अनौपचारिक रूप से ही स्वीकार किया जाता है और स्वाभाविक तौर पर यह माना जाता है कि ग्राहक इन सेवाओं के लिए कोई भुगतान नहीं करेगा। वह इन सेवाओं को मुफ्त मानकर चलता है।

एक एग्जीक्यूटिव को इस बात से बड़ी चोट पहुँचती है कि वह एक कंसल्टेंट को अपनी रोजाना की आय के मुकाबले पाँच से दस गुना अधिक की राशि का भुगतान करे। लेकिन उस समय वह यह बात भूल जाता है कि एक कंसल्टेंट को अपने कार्यालय, परिवहन, फोन, सेक्रेटरी, छुट्टी व भविष्यनिधि का खर्च उठाना पड़ता है और उसके पास एक कंपनी द्वारा प्रदान की जानेवाली सुरक्षा का कवच भी नहीं होता। कई बार ग्राहक कंसल्टेंट को केवल तभी भुगतान करना पसंद करते हैं, जब पेश किया गया उत्पाद सफल रहे या फिर केवल तब, जब विविधीकरण-प्रक्रिया सफलतापूर्वक संपन्न हो जाए या तब, जब उम्मीदवार के चुनाव के बाद उसकी नियुक्ति हो जाए। ये ही ग्राहक इस बात की कल्पना नहीं कर सकते कि वे किसी मुकदमे के लिए वकील को नियुक्त करें और केवल तब भुगतान करें जब वह मुकदमा जीत जाए या किसी चिकित्सक की सेवाओं के लिए तभी भुगतान करें जब बीमारी दूर हो जाए।

चयन पर मतभेद

चयन के क्षेत्र में भी मतभेद उत्पन्न होता है। कैसे एक ऐसे कंसल्टेंट का चुनाव किया जाए, जो उस काम के लिए सर्वाधिक उपयुक्त हो? उसकी शैक्षणिक पृष्ठभूमि और काम-काज का लेखा-जोखा व पेशे में उसकी कैसी साख है? एक ऐसे माहौल में, जहाँ ट्रैवल-एजेंट, कनिष्ठ अधिकारी, जिला सेल्स-मैनेजर व इसी श्रेणी के दूसरे ढेरों लोग जिन्हें नौकरी नहीं मिली है या नौकरी का इंतजार कर रहे हैं या सेवानिवृत्त हो चुके हैं, अपने-आपको कंसल्टेंट कहते हैं, वहाँ ग्राहक को धान में से चावल को तो अलग करना ही होगा।

इस बाबत ग्राहक के लिए सबसे आसान तरीका यह है कि वह एक सीएमसी यानी प्रमाणित प्रबंधक सलाहकार का चयन करे, जिसने देश के इंस्टीट्यूट ऑफ मैनेजमेंट कंसल्टेंट्स से प्रमाणन-परीक्षा उत्तीर्ण की हो और इस तरह उसे विश्व की शीर्ष संस्था 'दि इंटरनेशनल काउंसिल ऑफ मैनेजमेंट कंसल्टिंग इंस्टीट्यूट्स' की स्वीकृति की मुहर हासिल हो। सीएमसी मानक इस बात की गारंटी है कि कंसल्टेंट मूलभूत कुशलता का स्वामी है। परियोजना अंतिम रूप से सफल होगी या नहीं, यह बिलकुल अलग विषय है। लेकिन इस तरह से कम से कम परियोजना का कार्यभार एक 'योग्यता प्राप्त प्रोफेशनल' द्वारा संभाला जाता है, जिसकी 'दक्षता' प्रमाणित है। सीएमसी की उपाधि को विश्व में 27 देशों द्वारा मान्यता मिली हुई है और कुछ देशों ने तो दूसरे देशों में काम करने के लिए आपस में सीएमसी-कंसल्टेंटों की अदला-बदली की भी व्यवस्था कर रखी है।

मिलकर काम करें

विवाद इस बात पर पैदा होता है कि कंसल्टेंट उन सुझावों के कार्यान्वयन के लिए उपलब्ध नहीं होता, जो उसने दिए होते हैं। कंसल्टेंट अपनी रिपोर्ट देता है और गायब हो जाता है। या ऐसा भी होता है कि ग्राहक उसे कार्यान्वयन की प्रक्रिया में शामिल नहीं करना चाहता, क्योंकि इसके लिए कंसल्टेंट को अतिरिक्त भुगतान करना पड़ेगा, जिससे वह बचना चाहता है। अगर ग्राहक और सलाहकार के समक्ष उनके लक्ष्य स्पष्ट हों और उनके बीच अच्छी समझदारी हो तो कार्यान्वयन को लेकर कोई मतभेद नहीं होगा। इस तरह से दोनों ही इस बात को सुनिश्चित कर पाएँगे कि अंतिम लक्ष्य हासिल किया जा सके।

इसलिए विकासशील देशों में इस बात को समझा जाना अभी बाकी है कि एग्जीक्यूटिव (जिसे यह पता हो कि कैसे सही किस्म के सलाहकार का चयन किया जाता है) और कंसल्टेंट (जो सही किस्म की सलाह दे सकता हो)—दोनों मिलकर ग्राहक को फायदा पहुँचाने के लिए काम कर सकते हैं।

बदलाव बेहतरी के लिए होना चाहिए

आज विश्व-बाजार में जापान की बनी चीजों ने अपनी गुणवत्ता और विश्वसनीयता के लिए बहुत ऊँचा स्थान प्राप्त कर लिया है और सबसे ज्यादा नाम कमाया है। जापानी उपकरणों ने अंतर्राष्ट्रीय ख्याति और प्रतिष्ठा अर्जित की है। जीवन के हर क्षेत्र में जापानी समाज सफलता से जगमगा रहा है।

ऐसे में यह अत्यंत आवश्यक है कि जापानी सफलता के इस रहस्य को समझा जाए। वह रहस्य है काइजान यानी सुधार, निरंतर सुधार। काइजान एक प्रबंधकीय अवधारणा है जो लगातार बेहतरी पर बल देती है। मुक्तिबोध के शब्दों में कहें तो उसका निचोड़ यह कि—जो कुछ है, उससे बेहतर चाहिए।

सफलता की कुंजी

काइजान दो शब्दों से मिलकर बना है। पहला शब्द है काई, जिसका अर्थ है परिवर्तन या बदलाव और दूसरा शब्द है जान, जिसका अर्थ है बेहतरी के लिए। इस प्रकार, काइजान का अर्थ हुआ—बेहतरी के लिए बदलाव।

तरक्की का असली मंत्र है निरंतर सुधार

यह काइजान ही जापान की सफलता की कुंजी रही है। आगे चलकर पश्चिमी जगत में भी काइजान को स्वीकृति और मान्यता मिली और हाल ही में भारत में भी इसे स्वीकार किया गया है। उत्पादकता में वृद्धि के क्षेत्र में काइजान लगातार प्रयास के साथ तर्क का समावेश करती है अर्थात् उत्पादकता में वृद्धि कैसे की जाए, इसके लिए हमारी मूल दृष्टि और प्रयास

व्यक्ति अपने कार्य में सुधार लाने का निरंतर प्रयास करता रहेगा, तभी सच्ची सफलता मिल सकेगी।

सुधार की लगातार कोशिश ही तरक्की का असली राज है, यह काइजान का मूल सिद्धांत है। हममें से हर एक को इसके लिए स्वयं पहल करनी होगी। हमारा उद्‌देश्य होना चाहिए—लगातार छोटे-छोटे सुधार करते रहना। अपने कार्यक्षेत्र में कामगारों द्वारा जो छोटे-छोटे परिवर्तन सुझाए और लागू किए जाते हैं, उनका संस्थान की उत्पादकता पर सीधा प्रभाव पड़ता है। यही काइजान की सफलता का रहस्य है। ताइची ओहना नामक एक जापानी विशेषज्ञ के अनुसार, हमें सबसे अधिक संतोष और प्रेरणा इस बात से मिलती है कि हमारे विचार और सुझाव स्वीकार किए जाएँ, अमल में लाए जाएँ। सही अर्थों में केवल पैसा किसी आदमी को प्रेरित नहीं रख सकता।

आराम के साथ काम

काइजान का उद्‌देश्य है—काम को आसान बनाया जाए, सुरक्षित बनाया जाए, अधिक कौशलपूर्ण बनाया जाए, लागत कम की जाए और इन सबके परिणामस्वरूप ग्राहक को अधिक प्रसन्न और संतुष्ट किया जाए। एक कार्यकुशल कारखाने में हर कामगार तीव्र गति से कार्य करता है, पर हड़बड़ाहट का कोई चिह्न या लक्षण उसमें दिखाई नहीं देता। काइजान के अंतर्गत काम आराम के साथ सही कार्यप्रणाली से किया जाता है, जिससे अच्छी उत्पादकता हासिल होती है। काइजान की विधि यह अपेक्षा करती है कि कर्मचारी सर्वोत्कृष्ट कार्यनिष्पादन करें, लेकिन वह यह भी सुनिश्चित करती है कि उन पर जरूरत से ज्यादा काम का बोझ न पड़े।

इस लक्ष्य को बनाने के लिए काइजान-पद्धति में पहला कदम यह है कि निर्माण या उत्पादन-संबंधी तीन विनाशकारी पापों से बचा जाए। जापान में इन्हें म्यूओज के नाम से जाना जाता है। ये म्यूओज हैं—म्यूरी, म्यूरा और म्यूदा। क्रमशः इनका अर्थ है—जोर-जबरदस्ती, अस्थिरता और असंगति। स्वस्थ कार्य-वातावरण में इन तीनों के लिए कोई स्थान नहीं है। इन्हें थोड़ा विस्तार से समझना जरूरी है।

म्यूरी

किसी काम को करने में अत्यधिक प्रयत्न करने से थकान पैदा होती है और इसका नतीजा होता है उत्पादकता की क्षति। इस तरह असावधानी पैदा होती है और फिर गलतियाँ भी होती हैं। काइजान-पद्धति में काम में अधिक श्रम और तनाव की प्रकृति को कम किया जाता है। काम ऐसे किया जाए कि उसमें अधिक तनाव, अधिक श्रम न लगे, अन्यथा उत्पादकता पर बुरा असर पड़ेगा।

म्यूरा

जब कोई काम बार-बार निरंतर किया जाए लेकिन उसके लिए हर बार भिन्न-भिन्न तरीके अपनाएँ जाएँ, तो उसमें धीरे-धीरे अस्थिरता, असंगति और विरोध उत्पन्न हो जाते हैं। काइजान-पद्धति में किसी काम को करने के लिए मानक कार्यविधि अपनाई जाती है।

म्यूदा

जो कार्य या प्रयास काम के गुण में वृद्धि न करे, बेकार हैं। काइजान-वातावरण में कामगार प्रयत्न करता है कि वह अपना कार्य करने में सारे अनावश्यक प्रयासों से बचे। उपर्युक्त तीनों म्यूओज से बचने के लिए आवश्यक है कि कामगारों को काइजान के कार्यान्वयन में उनकी भूमिका का महत्त्व समझाया जाए। उन्हें अपेक्षित परिवर्तनों के लिए उत्साहित किया जाना चाहिए। इसे प्रभावोत्पादक ढंग से करने के लिए निम्नलिखित दिशा-निर्देश दिए जाने चाहिए :

● छोटे-छोटे सुधारों से शुरुआत करें। इनसे उत्पादकता में महत्त्वपूर्ण वृद्धि का प्रवाह होता है।

● पहले अपनी समस्याओं पर गौर करें, उन्हें दूर करें, फिर दूसरों की समस्याओं पर ध्यान दें। सुधार एक ऐसी प्रक्रिया है, जिसमें आप अपनी समस्याओं को पहचानते हैं और उनके लिए स्वयं अपने निदान या हल खोज निकालते हैं, और इसके लिए अपनी सृजनात्मकता का उपयोग करते हैं या दूसरों के सुझाव लेकर उन पर अमल करते हैं।

● जो काम आसान हों, जो क्षेत्र सरल हों, उनसे प्रारंभ करें। छोटी और सरल समस्याएँ पहले हल करने से आपमें जो आत्मविश्वास पैदा होता है, उससे आप बड़ी समस्याओं से निपटने में सफल होते हैं।

● सुधारवादी प्रकृति एक आदत के रूप में विकसित होनी चाहिए। निरंतर संलग्नता और निरंतर सचेत प्रयत्नों के फलस्वरूप ही निरंतर सुधार प्राप्त हो सकता है।

● सामूहिक विवेक और चातुर्य भी महत्त्वपूर्ण है। काइजान का कार्यान्वयन तभी संभव है, जब सभी की सक्रिय भागीदारी हो।

● किसी विचार या सुझाव को परीक्षण से पूर्व ही अस्वीकार न कर दें। नए विचारों की परीक्षा करने के लिए खुले मस्तिष्क का होना सबसे महत्त्वपूर्ण है।

● समस्याएँ खुलकर सामने लाएँ। तभी उन पर चर्चा हो सकेगी और हल ढूँढ़े जा सकेंगे।

● ऐसे स्थानों को अपना लक्ष्य बनाएँ, जहाँ बहुत से लोग एक ही प्रकार का काम करते हों। इस प्रकार से, अगर एक छोटा-सा सुधार भी किसी व्यक्ति द्वारा

लागू किया जाता है और दूसरों के द्वारा उसका अनुसरण किया जाता है तो इसके बड़े परिणाम सामने आते हैं।

पारदर्शी वातावरण

काइजान-प्रणाली में सबकी सक्रिय भागीदारी सुनिश्चित करने के लिए कार्य का एक पारदर्शी वातावरण आवश्यक है। लोग गलतियाँ कर सकते हैं, लेकिन उनसे यह अपेक्षित है कि वे उन्हें स्वीकार भी करें। जोर इस बात पर दिया जाना चाहिए कि क्या गलत है और क्यों, न कि इस पर कि कौन गलत है। यह भी महत्त्वपूर्ण है कि सारे सुधारों का मानकीकरण कर लिया जाए। सुधार जो भी हों, मानक हों।

काइजान एक प्रवृत्ति, सोच के नजरिए का नाम है। इसे रोजमर्रा की आदत के रूप में अपनाना चाहिए। जब यह प्रणाली हमारे जीवन में एक संस्कार के रूप में विकसित होगी, तभी हम उसका पूरा लाभ उठा सकेंगे।

समय-प्रबंधन

समय का सदुपयोग करें

जीवन का महल समय के घंटे और मिनटों की ईंटों से चिना गया है। खोई दौलत फिर से कमाई जा सकती है, भूली हुई विद्या फिर याद की जा सकती है और खोया हुआ स्वास्थ्य चिकित्सा द्वारा पुनः प्राप्त किया जा सकता है, पर खोया हुआ समय किसी भी प्रकार नहीं लौट सकता। उसके लिए केवल पश्चात्ताप ही शेष रह जाता है।

जिस प्रकार धन के बदले में इच्छित वस्तुएँ खरीदी जा सकती हैं, उसी प्रकार मनुष्य समय के बदले में संसार की जिस भी चीज की आकांक्षा करे, प्राप्त कर सकता है।

जीवन के सभी पक्षों के निर्माण में समय एक महत्त्वपूर्ण भूमिका निभाता है

किंतु कितने व्यक्ति हैं, जो समय का मूल्य समझते हैं और उसका सदुपयोग करते हैं? अधिकांश लोग आलस्य और प्रमाद में पड़े हुए जीवन के बहुमूल्य क्षण यों ही बरबाद कर देते हैं। अधिकांश विद्यार्थी परीक्षा के दिनों में यह पश्चात्ताप करते हैं कि पूरे वर्ष समान रूप से नियमित अध्ययन करते तो वे परीक्षा में अच्छे अंक प्राप्त कर सकते थे।

बुद्धिमत्ता का प्रमाण

हर बुद्धिमान व्यक्ति ने बुद्धिमत्ता का सबसे बड़ा परिचय यही दिया कि उसने अपनी व्यवस्थित दिनचर्या रखी व अपनी समझ के साथ समय का अच्छे से अच्छा उपयोग किया। प्रतिदिन एक घंटा समय और लगन के साथ यदि मनुष्य नित्य कार्य करे तो उतने कम समय से भी वह कुछ ही दिनों में बड़े महत्त्वपूर्ण कार्य पूरे कर सकता है।

एक विद्यार्थी यदि प्रतिदिन एक घंटा एकाग्रता के साथ 20 पृष्ठ पढ़े तो वह महीने में 600 और साल में 7,200 पृष्ठों का अध्ययन कर सकता है। इस प्रकार वह स्नाकोत्तर स्तर के पाठ्यक्रम का अध्ययन वर्ष में तीन बार पूर्ण कर सकता है। यदि यह क्रम दस साल तक जारी रखे, तो 72,000 पृष्ठों का अध्ययन प्रतिदिन मात्र एक घंटा खर्च करने से हो जाता है। इतने पृष्ठों में कितनी ही पुस्तकों का अध्ययन किया जा सकता है। यदि वे एक विषय की हों, तो वह व्यक्ति उस विषय का विशेषज्ञ बन सकता है। यदि कोई व्यक्ति 15 मिनट प्रतिदिन व्यायाम करे, तो वह अपनी आयु को 15 वर्ष बढ़ा सकता है और अपने शरीर को नीरोग रख तंदुरुस्त रह सकता है।

ईश्वरचंद्र विद्यासागर जब कॉलेज जाते थे, तो रास्ते के दुकानदार अपनी घड़ियाँ उन्हें देखकर ठीक करते थे। वे जानते थे कि विद्यासागर कभी एक मिनट भी आगे-पीछे नहीं चलते। गैलीलियो दवा-दारू बेचने का धंधा करता था, तो भी उसने थोड़ा-थोड़ा समय बचाकर विज्ञान के महत्त्वपूर्ण आविष्कार कर डाले।

नियमित लेखन

एडवर्ड बटलर लिटन ने अपने एक मित्र से कहा था कि लोग आश्चर्य करते हैं कि मैं राजनीति तथा संसद के कार्यक्रमों में व्यस्त रहते हुए भी इतना साहित्यिक कार्य कैसे कर लेता हूँ ? 60 ग्रंथों की रचना मैंने कैसे कर ली? पर इसमें आश्चर्य की कोई बात नहीं। यह नियमित दिनचर्या का चमत्कार है। मैंने प्रतिदिन 3 घंटे का समय पढ़ने और लिखने के लिए नियत कर लिया था। इतना समय मैं नित्य ही किसी न किसी प्रकार अपने साहित्यिक कार्यों के लिए निकाल लेता हूँ। बस, इस थोड़े से नियमित समय ने ही मुझे हजारों पुस्तकें पढ़ डालने और 60 ग्रंथों की रचना करने का अवसर दे दिया।

चाय बनाने के लिए पानी उबलने में जितना समय लगता है, उसमें व्यर्थ बैठे रहने के बजाय लांगफैलो ने 'इनफरल' नामक ग्रंथ का अनुवाद करना शुरू कर दिया और नित्य इतने कम समय का उपयोग इस कार्य के लिए करते रहने से उसने कुछ ही दिनों में वह अनुवाद पूरा कर लिया।

सफलता व्यक्ति की मुख्य विशेषता

इस प्रकार के अनेक उदाहरण हमें अपने चारों ओर बिखरे हुए मिल सकते हैं। हर उन्नति करनेवाले और बुद्धिमान मनुष्य की मूलभूत विशेषताओं में एक विशेषता अवश्य मिलेगी और वह है—समय का सदुपयोग। जिसने इस तथ्य को समझा और क्रियान्वित किया, उसने ही दुनिया में कुछ प्राप्त किया है। अन्यथा तुच्छ कार्यों में आलस्य और उपेक्षा के साथ दिन काटनेवाले लोग किसी प्रकार अपनी साँसें तो पूरी कर लेते हैं, पर उस लाभ से वंचित ही रह जाते हैं जो मानव-जीवन जैसी बहुमूल्य वस्तु प्राप्त होने पर उपलब्ध होना चाहिए या हो सकता था।

जिस व्यक्ति में समय को अच्छे ढंग से खर्च करने की, उसका सदुपयोग करने की समझ और सामर्थ्य नहीं होता, वह उसे व्यर्थ में खर्च कर देता है। दिन और रात के 24 घंटे कम नहीं होते। इस समय को हम किस प्रकार व्यतीत करते हैं, इसका लेखा-जोखा करते चलें तो हमें ज्ञात होगा कि हम जी रहे हैं या समय को व्यर्थ गँवाकर एक प्रकार की आत्महत्या कर रहे हैं।

अधिकांश मनुष्य अपनी इस प्राकृतिक धरोहर का समुचित सदुपयोग नहीं करते। बचपन में इतना ज्ञान नहीं होता कि इसका मूल्य समझें। खेल-कूद तथा मित्रों व भाई-बहनों के झुंड के साथ यों ही इस संपदा को लुटा देते हैं। एक दिन यौवन आ खड़ा होता है। वह यौवन समय के बहुमूल्य वरदान के रूप में मिलता है। इसे निर्दयता से खर्च कर देने पर बुढ़ापा अपनी कमजोर टाँगों व धुँधली आँखों से हमारा स्वागत करता है। तब हम चौंक पड़ते हैं और निराश हो जाते हैं। सिर पर हाथ रख चिंताओं के सागर में डूब जाते हैं। भला जब यौवनकाल में कुछ न कर पाए, तो अब क्या कर सकेंगे ? यह निराशा ही ले डूबती है। सच्चा व्यापारी तो वह है, जो घाटा होने पर भी व्यापार बंद नहीं करता, धैर्य तथा बुद्धिमत्ता से पुनः अपने उखड़े पाँव जमा लेता है। दो-तिहाई जीवन बीत गया तो क्या हुआ, एक-तिहाई तो बचा हुआ है, उसमें भी बहुत कुछ काम किया जा सकता है।

धन से भी ज्यादा महत्त्वपूर्ण

धन से भी महत्त्वपूर्ण है यह समय की संपदा। नौकरी करनेवालों को महीने-भर में वेतन मिलता है। यह वेतन धन के रूप में मिलता है। इस धन का पूरा-पूरा उपयोग हो, इस उद्देश्य से समझदार व्यक्ति बजट बनाते हैं। महीने-भर में प्रत्येक वस्तु पर कितना खर्च होगा, इसका निश्चय किया जाता है। समय उससे भी मूल्यवान है। इसलिए विवेकीजन उसका भी उसी प्रकार बजट अर्थात् समय-सारणी बनाते हैं, जिससे इसका अपव्यय न हो।

इसलिए दिन-भर में जो कार्य करने होते हैं, प्राथमिकता के अनुसार उनकी सूची बना ली जाती है। फिर किस कार्य में कितना समय लगाना है, यह निर्धारित किया जाता है। इस प्रकार की सारणी बनाकर काम करने से समय का सदुपयोग होता है और काम भी अधिक होता है तथा जीवन में सरसता बनी रहती है। जो व्यक्ति समय का विभाजन नहीं करते, वे दिन-भर कोल्हू के बैल की तरह लगे भले ही रहें, काम कम ही कर पाते हैं। फिर अधिक समय तक एक ही काम करने से थकान तथा मानसिक अरुचि उत्पन्न हो जाती है। जीवन के इस ढर्रे से व्यक्ति थोड़े ही दिनों में निराश हो जाता है।

समय का सदुपयोग ही धन की प्राप्ति का साधन है। उसी पर मनुष्य की सुख-सुविधाओं के सभी पहलू निर्भर करते हैं। इसलिए हमें अर्थ-अनुशासन के साथ-साथ नियमित जीवन जीने का प्रशिक्षण भी प्राप्त करना चाहिए।

समय का अनुशासन न रखा जाए तो रेल, डाक, कल-कारखाने, कृषि आदि सभी ठप्प पड़ जाएँगे। उत्पादन-व्यवस्था में बाधा आने के साथ सामान्य जीवन पर भी उसका कुप्रभाव पड़ेगा।

तरक्की का कारण

जापान की तरक्की का एक बड़ा कारण यह है कि वहाँ के सभी नागरिक ईमानदारी से कार्य करते हैं। वे कार्य के समय को बिलकुल व्यर्थ नहीं गँवाते। मनोरंजन व विश्राम के समय में कार्य नहीं करते। इस कारण वहाँ की उत्पादकता में निरंतर वृद्धि तथा नई-नई तकनीक का विकास होता रहता है। लोगों का स्वास्थ्य भी अच्छा रहता है।

इसलिए हमें भी अपनी दिनचर्या को अपने जीवन के कार्यों की आवश्यकता के अनुसार विभक्त करके उसी के अनुसार कार्य करना चाहिए। अपने कार्यों का वर्गीकरण स्वास्थ्य, शिक्षा व प्रशिक्षण, अर्थोपार्जन और सामाजिक सदाचार की दृष्टि से कीजिए। एक दिन के कुल समय को इसी क्रम से बाँटकर अपने लिए एक व्यवस्थित दिनचर्या निर्धारित कर लीजिए। फिर उसी के अनुसार चलते रहिए। इसी में आपकी सारी बातों का समावेश हो जाना चाहिए। उसी के अनुरूप जीवन-क्रम चलता रहना चाहिए। इससे आप अधिक सुखमय जीवन जी सकेंगे।

सांसारिक कार्यों में क्षमतावान होने के लिए आपका स्वस्थ रहना बहुत जरूरी है। स्वास्थ्य अच्छा होना अच्छे जीवन की प्रमुख शर्त है, अतः उन सभी नियमों को प्राथमिकता दीजिए, जिनसे आपका शरीर और मन स्वस्थ व प्रसन्न रहे।

हमेशा सूर्योदय से कम से कम आधा घंटा पहले उठिए। नित्यकर्म से निवृत्त होकर टहलने या व्यायाम आदि करने की व्यवस्था बना लीजिए।

दिनभर के कामों का अनुमान

दिनभर के कार्यों का अनुमान भी आप बिस्तर से उठते ही लगा लीजिए। फिर उसमें परिश्रम से लग जाइए। सफलता के लिए खीज या परेशानी मन में न आने दें। मस्ती से सुबह से शाम तक काम में जुटे रहिए। यह क्रियाशीलता आपको रोगों और दुश्चिंताओं से दूर रखेगी।

यह याद रखिए कि नियमित समय पर किया हुआ काम पूर्ण रूप से भली भाँति संपन्न होता हे। उसके पूरा हो जाने से आंतरिक खुशी होती है। इससे शारीरिक स्वास्थ्य के साथ-साथ मनोबल तथा आत्मबल भी बढ़ता है।

इसी तरह सायंकाल को भी अपने उन सभी कार्यों की समीक्षा करनी चाहिए, जो दिनभर आपने किए हैं। उनमें से यदि कोई कार्य ऐसा लगे, जिससे आपके शरीर अथवा मानसिक स्वास्थ्य पर बुरा असर पड़ता हो, तो उसे आगे के लिए रोकने या कम करने का प्रयत्न कीजिए। जहाँ पर समय का अपव्यय हुआ हो, उसे दूर करने का प्रयत्न कीजिए।

धनोपार्जन के लिए भी निश्चित समय का उपयोग कीजिए। सुखी जीवन के लिए धन बहुत आवश्यक है, आर्थिक विषमता होने से दूसरे दैनिक कार्य भी कठिनाई से चल पाते हैं, इसलिए कभी खाली मत बैठे रहिए। हमें किसी भी प्रकार की मेहनत, मजदूरी या नौकरी करने में शर्म महसूस नहीं करनी चाहिए। आज कुछ पढ़े-लिखे नवयुवक अपने-आपको बेरोज़गार बताते हैं। उनकी यह गलत धारणा है कि वे पढ़ाई-लिखाई पूरी कर और उपाधि प्राप्त कर केवल सरकारी कार्य ही करेंगे। वे रचनात्मक कार्य करने में शर्म महसूस करते हैं। उन्हें इस शर्म को छोड़कर, जो भी कार्य मिले, उसमें लग जाना चाहिए। समय के गर्भ में लक्ष्मी का विशाल भंडार भरा पड़ा है, पर उसे पाते वही हैं जो उसका सदुपयोग करते हैं।

कोई अंशकालिक कार्य भी कीजिए

आपको जितना समय कार्यालय में काम करना पड़ता है, उतने से ही आपको संतुष्ट नहीं हो जाना चाहिए। अपने लिए कोई अन्य रुचिकर घरेलू उद्योग चुनकर अपनी आय बढ़ाने का प्रयत्न करना चाहिए। जापान के नागरिक ऐसा ही करते हैं। वे छोटी मशीनों या खिलौनों के पुरजे आदि लाकर रख लेते हैं और व्यावसायिक कार्य से फुरसत मिलने पर नियमित रूप से कुछ वक्त उसमें भी लगाते हैं। इन कार्यों में वे अपने परिवारवालों का भी सहयोग लेते हैं। इस तरह वे अपनी बँधी आय के लगभग बराबर आय अंशकालिक काम से कमा लेते हैं।

स्वास्थ्य और धनोपार्जन के साथ-साथ शिक्षा व नई-नई उन्नत किस्म की तकनीकों का ज्ञान प्राप्त करने में भी नियमित रूप से समय देना चाहिए। इससे व्यक्ति की प्रभावशीलता बढ़ती है। यह धनोपार्जन की वृद्धि में सहायक होती है।

इसके अतिरिक्त जो वक्त शेष रहता है, उसका सदुपयोग समाज-कल्याण व मेल-जोल बढ़ाने के लिए करना चाहिए। यह व्यक्ति को लोकप्रियता प्रदान करता है। वक्त का अभाव किसी के पास नहीं है, पर अधिकांश व्यक्ति उसे बेकार के कार्यों में व्यतीत करते हैं। ताश, चौपड़, शतरंज, मटरगश्ती आदि में वक्त बरबाद करने से शरीर और मन की शक्ति का ह्रास होता है।

गपबाजी और चायखोरी

अधिकांश सरकारी कार्यालयों व सार्वजनिक सेवाओं में कार्य करनेवाले बहुत-से बाबू और कर्मचारी कार्य के समय में अपने साथी कर्मचारियों से वार्त्तालाप करने, चाय पीने अथवा रिश्वतखोरी या भ्रष्टाचार के उद्देश्य से अपना व औरों का समय नष्ट करते हैं। इससे वे अपने कार्य का बोझ तो बढ़ाते ही हैं, साथ में कार्य के लिए आए लोगों का कीमती वक्त भी बरबाद करते हैं। इस कारण दूसरे व्यक्ति की नियमित दिनचर्या व समय-सारणी के पालन में रुकावट पैदा होती है। इस दौरान उनके कई जरूरी कार्य भी रुक जाते हैं।

ऐसे उदाहरण बिजली और पानी के बिलों को जमा कराने के स्थान पर, बैंकों में चैक भुनाते समय, सरकारी दफ्तरों से बिल पास कराकर भुगतान प्राप्त करने में, न्यायालयों में तथा सरकारी कर-विभागों आदि अनेक जगहों पर देखने को मिलते हैं। उन कर्मचारियों द्वारा ऐसा करना कोई शोभनीय बात नहीं है। कई कर्मचारी लोगों के कार्य में देरी इसलिए करते हैं कि रिश्वत मिल जाए। उन्हें इसकी अपेक्षा कोई उचित अंशकालिक कार्य करके अर्थोपार्जन में वृद्धि करनी चाहिए। भ्रष्टाचार त्यागने से मानसिक तनाव व चिंताओं से मुक्ति मिलती है और मन प्रसन्न व निश्चिंत रहता है। समाज में सम्मान मिलता है।

यदि कार्य की अधिकता या अव्यवस्था के कारण विभाग के कार्य में देरी होती है, तो उसे कर्मचारियों में वृद्धि या विभाग में व्यवस्था कायम करके दूर किया जाना चाहिए।

आलस्य की बीमारी

हम अपना वक्त आलस्य और निरर्थक कार्यों में खर्च न करें। आलस्य दुनिया की सबसे भयंकर बीमारी है। आलस्य समस्त रोगों की जड़ है। उसे साक्षात् मृत्यु कहें, तो भी कोई अतिशयोक्ति नहीं होगी। समय का मूल्यांकन केवल पैसों से नहीं होता। जब यह दिखाई दे कि अब अपने पास कोई कार्य शेष नहीं रहा, तो मनुष्य अपने निवास के आसपास की सफाई, वस्त्रों की हिफाजत, घर की मरम्मत, खेतों की देखभाल, नई विद्या, लेखन-कार्य, कला-विषयक चर्चा या किसी जीवनोपयोगी साहित्य का अध्ययन ही करने लग जाए। इससे टूटी-फूटी वस्तुओं की सँभाल, स्वास्थ्य-रक्षा और ज्ञान-वृद्धि के रूप में समय का महत्त्वपूर्ण उपयोग होगा।

हमें इस बात पर विचार करना चाहिए कि हममें से कितने लोग ऐसा सोचते हैं कि हमारा कितना समय आवश्यक और उपयोगी कार्यों में लगता है और कितना समय व्यर्थ के कामों, सैर-सपाटे, मित्रों में गपशप, खेल-तमाशे, मनोरंजन आदि में। हम व्यर्थ की बकवास और अनावश्यक कार्यों में कितना समय नष्ट करते हैं। यदि इसका लेखा-जोखा हो तो पता चलेगा कि हम अपने जीवन-धन का एक बहुत बड़ा भाग समय के रूप में अपने-आप ही व्यर्थ नष्ट कर डालते हैं। हम एक-एक मिनट, एक-एक घंटे, एक-एक दिन का उपयोग करें, तो कोई कारण नहीं कि हम जीवन में बड़ी सफलताएँ प्राप्त न कर सकें।

अपना हाथ जगन्नाथ

किसी काम को आगे के लिए टाल देना आम प्रवृत्ति है। 'आज नहीं, कल करेंगे' की इस प्रवृत्ति से, इस कल के बहाने से हमारा बहुत समय नष्ट हो जाता है। कल असमर्थता और आलस्य का द्योतक है। समय का ठीक-ठीक लाभ उठाने के लिए आवश्यक है कि एक समय में एक ही काम किया जाए। जो काम स्वयं करना

है, उसे स्वयं ही पूरा करें। और हाँ, अपना कार्य दूसरों पर छोड़ना भी एक तरह से दूसरे दिन पर काम टालने के समान ही है। चिड़िया और उसके नवजात बच्चों की उस कहानी से सबक लें, जिन्होंने एक खेत में लगे पेड़ पर अपना डेरा जमाया हुआ था। खेत का मालिक जब तक खेत की जुताई का काम दूसरों पर—रिश्तेदारों, मित्रों और पड़ोसियों पर—छोड़े रहता है, तब तक चिड़िया अपने बच्चों को निश्चिंत रहने के लिए कहती है, क्योंकि वह जानती है कि दूसरों पर छोड़ा हुआ काम कभी नहीं होगा और होगा भी तो समय पर और सही ढंग से नहीं होगा। आखिरकार जब मालिक अगले दिन खुद खेत जोतने का निश्चय करता है, तब चिड़िया अपने बच्चों समेत अविलंब वहाँ से फुर्र हो जाती है, क्योंकि वह जान जाती है कि अब खेत जरूर जुत जाएगा और इस प्रक्रिया में उसका घोंसला उजाड़ दिया जाएगा। तभी तो कहा गया है—अपना हाथ, जगन्नाथ।

समय बरबाद न होने दें

अनिल ने एक कारखाने में कार्यभार संभाला। मालिक ने उसका योग्यता के आधार पर देखकर चयन किया था। उसे कार्य समझाकर अपनी अपेक्षाओं की जानकारी दे दी थी। कुछ सलाह भी दी थी, पर अनिल को मालिक की सलाह अच्छी नहीं लगी। उसने एमबीए की उपाधि ली हुई थी। वह इंजीनियर भी था। इसलिए प्रबंधन के मामले में अपने को निष्णात समझता था।

पर उसे व्यावसायिक अनुभव कम था। व्यवहारकुशल मालिक को पता चल गया कि उसे उसकी सलाह पसंद नहीं आई। उन्होंने कहा, 'आपको मैंने प्रबंधक नियुक्त कर दिया है। आप मुझे इतना उत्पादन दें, मैं आपके काम में दखल नहीं दूँगा,' यह कहकर वह चले गए।

प्रबंधक का सारा समय दूसरों का होगा तो उसे सोच-विचारकर निर्णय लेने और योजना बनाने का समय ही नहीं मिलेगा

अनिल ने अपना कार्य आरंभ किया। कुछ ही दिनों में उसने देखा कि वह सुबह से शाम तक व्यस्त रहता है, रात को भी समस्याएँ घेरे रहती हैं। पर इतना करने पर भी उत्पादन गिर रहा था। वह मालिक से आँखें नहीं मिला पाता था। मानसिक तनाव बढ़ रहा था। मालिक ने अप्रत्यक्ष रूप से चेतावनी भी दे दी थी।

कुशल प्रबंधक की सलाह

इस परेशानी में अनिल को अपने एक मित्र प्रताप की याद आई। प्रताप एक बड़े कारखाने का प्रबंधक था और बहुत कुशल व योग्य समझा जाता था। प्रताप के कार्यकाल में उत्पादन बढ़ा था। अनिल उससे मिलने गया। बातों ही बातों में उसने

प्रताप से अपनी समस्या का जिक्र किया। प्रताप ने ध्यान से सुना। फिर कहा, 'मैं दो-तीन दिन तुम्हारे कारखाने में आकर समस्या का वहीं अध्ययन करूँगा। उसके बाद तुम हमारे कारखाने में तीन-चार दिन यहाँ की कार्यप्रणाली का अध्ययन करना और अपने कारखाने की व्यवस्था से यहाँ की तुलना करना। फिर हम दोनों बैठकर बात करेंगे और तुम्हारी समस्या का हल निकालेंगे।'

निश्चित कार्यक्रम के अनुसार दोनों ने तीन-तीन दिन एक-दूसरे के कारखाने में बिताए। सातवें दिन दोनों बात करने बैठे। प्रताप ने बात चलाई, 'अनिल, तुमने मेरे कारखाने में काम होते देखा है। तुमने मेरा काम करने का तरीका भी देखा है। उसे ध्यान में रखते हुए मैं जो कहता हूँ, उसे गौर से सुनो, और फिर स्वयं निर्णय लेकर अपने कारखाने में लागू करना।

'मैंने तुम्हारे कारखाने में पाया कि ऊपर से नीचे तक सब अपना समय बरबाद करते हैं। जिस समय का उचित उपयोग कर उत्पादन बढ़ाने में मदद मिल सकती है, उसको बचाने की ओर किसी का ध्यान नहीं, तुम्हारा भी नहीं। परिणामस्वरूप हर कोई व्यस्त जरूर नज़र आता है, पर उस ऊपरी व्यस्तता का उत्पादन पर विपरीत प्रभाव पड़ रहा है।

गलत कार्यपद्धति

'जिस पहले दिन मैं तुम्हारे कारखाने में गया था, उस दिन मैंने तुम्हारी ही कार्यपद्धति देखने की कोशिश की थी। उस दिन तुमने कुछ निर्णय लेने के लिए अपने मातहत अधिकारियों की एक बैठक बुलाई थी। समय 11 बजे का था, पर सब लोग 11.30 तक ही इकट्ठे हो पाए थे। वे आपस में पूछ रहे थे कि बैठक क़िसलिए बुलाई गई है। किसी को भी बैठक की सूचना के साथ कार्यसूची नहीं दी गई थी। और तो और, स्वयं तुम्हारे पास भी विस्तृत रूपरेखा नहीं थी। बस, कुछ बातें एक कागज पर लिखी हुई थीं। बैठक आरंभ हुई, पर क्योंकि कोई तैयार न था, एक घंटा यहाँ-वहाँ की बातें कर बैठक दूसरे दिन के लिए टाल दी गई थी। तुम्हारा व अधिकारियों का डेढ़ घंटा बरबाद हुआ था।

'इस बीच मैंने देखा कि तुम्हारे फोन की घंटी बराबर बज रही थी। तुम फोन पर बात कर आदेश आदि भी दे रहे थे। बातचीत से मुझे लगा था कि सभी फोन सामान्य किस्म के थे। कोई खास बात न थी। इन फोनों को तुम्हारा निजी सहायक भी सुन सकता था और बाद में तुम्हें इनके बारे में बता सकता था। तुम्हारे लगातार बात करने से बैठक में आए सदस्यों का मूड बिगड़ गया था। एक-दो को आपस में यह कहते सुना गया कि जब स्वयं तैयार नहीं हैं, तो हमारा समय बरबाद करने को क्यों बुलाया। जब काम नहीं होगा तो डाँटेंगे। इस समय नहीं सूझता, क्या कर रहे हैं।

'उसके बाद तुमने अपनी सहायक को डिक्टेशन देने के लिए बुलाया था। वह

आकर बैठ गई थी, पर तुम्हारा फोन ही चल रहा था। पंद्रह मिनट बाद तुम्हें होश आया था और वह फाइल उठाई थी, जिसके संबंध में तुम्हें पत्र लिखवाना था। जिस तरह से तुमने पत्र लिखवाया, उससे स्पष्ट था कि तुमने फाइल पहले नहीं पढ़ी थी। उसी समय पढ़कर लिखवाने से आधा घंटा लग गया था। दूसरी फाइल भी इसी तरह निपटाई थी। तुम्हारी सहायक के चेहरे पर आए भावों से स्पष्ट था कि उसे बेचैनी हो रही थी। तुम्हारे द्वारा इस तरह वक्त बरबाद करना उसे उचित नहीं लग रहा था। अपनी सीट पर वापस आ उसने अपने साथियों से जो बातें की होंगी, उनमें निश्चय ही तुम्हारे लिए किसी सम्मानजनक शब्द का प्रयोग नहीं किया गया होगा।

मेरा दर खुला है, खुला ही रहेगा

'मैंने यह भी देखा कि तुम्हारे दरवाजे हमेशा खुले रहते हैं। जब देखो, कोई न कोई आता ही रहता है। परिणामस्वरूप तुम्हारे पास समय ही नहीं रहता कि किसी समस्या पर गहराई से विचार कर सको।

'मैंने तुम्हें अपने कारखाने के दफ्तर का दौरा करते भी नहीं देखा। इस कारण कई कर्मचारी समस्या-समाधान के लिए तुम्हें घेरे रहते हैं।

'तुमने मेरे दफ्तर में ध्यान दिया होगा कि मेरे कार्य करने का ढंग अलग था। बिना पूर्व कार्य-सूची दिए मैं कभी बैठक बुलाता ही नहीं। बैठक समय पर आरंभ करता हूँ। उस बीच अत्यावश्यक छोड़कर दूसरे फोन निजी सहायक स्वयं सुनता है और निपटाता है। पत्र आदि लिखवाने के लिए सहायक को बुलाने से पहले फाइल पढ़ लेता हूँ। उस पर अपनी संक्षिप्त टिप्पणी लिख लेता हूँ। प्रतिदिन सवेरे दफ्तर का और कारखाने का दौरा कर अधिकांश समस्याएँ तत्काल हल कर देता हूँ, इससे कोई मुझे मेरे कमरे में आकर परेशान नहीं करता। परिणामस्वरूप मेरे पास पर्याप्त समय रहता है, जिससे मैं कोई रचनात्मक कार्य कर सकता हूँ।

प्रशासन में समय का महत्त्व

'अब मैं तुम्हें विस्तार से बतलाता हूँ कि प्रशासन में समय का कितना अधिक महत्त्व है। समय का उचित उपयोग करके ही प्रशासक प्रभावी हो सकता है और जब तक प्रशासक प्रभावी नहीं होता, उत्पादन बढ़ ही नहीं सकता।

'किसी भी कार्य को प्रभावशाली ढंग से संपन्न करने में समय का अपना महत्त्व है। समय पर किया गया काम व समय पर लिया गया निर्णय ही अधिकारी की सफलता का कारण बनता है। यदि अधिकारी अपने समय का पूरा उपयोग करता है, तो वह निश्चित रूप से सफल व प्रभावी अधिकारी सिद्ध होता है। यदि वह समय के वश में हो जाता है, तो परिणाम अच्छा नहीं होता।

'समय के सही उपयोग में अनेक शक्तियाँ निहित हैं। समय की उपलब्धि निश्चित है। जो क्षण बरबाद हो गया, वह कभी वापस नहीं आता। समय न खरीदा

जा सकता है और न किराए पर लिया जा सकता है। उसकी कोई कीमत नहीं है। इस बात को ध्यान में रखकर प्रभावी अधिकारी अपने समय के उपयोग के बारे में सावधान रहता है—ऐसी व्यवस्था करके, जिससे समय बरबाद न हो, और योजनाबद्ध ढंग से कार्य करके तथा समय को अनावश्यक कामों में नष्ट न कर वह अपने सीमित समय का अधिक से अधिक उपयोग कर लेना चाहता है।

समय की कीमत

'अधिकारी का समय बहुत कीमती होता है। उसके समय की माँग हर किसी को होती है। समय का उचित उपयोग किया जाता है या समय व्यर्थ में नष्ट होता है, इसी से पता चलता है कि अधिकारी प्रभावी है या नहीं। शारीरिक कार्य करने-वाला एक कर्मचारी आठ घंटे काम कर आराम कर सकता है, पर अनिल, तुम्हारे लिए या किसी प्रशासक अथवा प्रबंधक के लिए यह संभव नहीं। उसे नीति एवं स्टाफ-संबंधी निर्णय हमेशा ही लेते रहने पड़ते हैं। कभी-कभी ये निर्णय तत्काल भी लेने पड़ते हैं। निर्णय सही हो, इसके लिए आवश्यक है कि समस्या पर ध्यान से विचार किया गया हो। संस्थान में जितने अधिक व्यक्ति होते हैं, उतने ही अधिक व्यक्तियों से संबंधित निर्णय करने पड़ते हैं। कोई भी निर्णय करने से पहले तथ्यों का विश्लेषण व तर्कसंगत चिंतन-प्रक्रिया की आवश्यकता होती है। परिणामस्वरूप दफ्तर के बाद भी प्रबंधक का मस्तिष्क दफ्तर की समस्याओं में उलझा रहता है।

'प्रशासनिक अधिकारी को सीमित समय में असीमित माँगों पर चिंतन करना पड़ता है। चूँकि समय की अवधि बढ़ नहीं सकती, अतः यह देखना चाहिए कि समय कहाँ और क्यों बरबाद होता है। फिर उन कारणों को दूर करके समय बचाया जा सकता है। इस प्रकार कहा जा सकता है कि समय की अवधि बढ़ गई।

समय-सारणी की उपयोगिता

'इसलिए अनिल, हमें पता होना चाहिए कि समय का उपयोग कहाँ और कैसे हो रहा है। हर कार्य पर लगाए समय का एक सप्ताह तक विवरण रखने से हमें यह पता चल सकता है। एक सारणी बनाकर उसका अध्ययन करने से स्पष्ट हो जाएगा कि समय का किस प्रकार उपयोग किया जा रहा है। दैनिक कार्यकलापों को मोटे तौर से इस प्रकार बाँटा जा सकता है : मुलाकातें, बाहर से आनेवाले टेलीफोन, अप्रत्याशित घटनाएँ, बहस, बातचीत, बैठक, पत्र-लेखन, डिक्टेशन, निर्णय लेना, देख-रेख, निरीक्षण-कार्यक्षेत्र का दौरा, आदि।

'इनमें से भेंट करने के लिए अचानक आनेवाले व्यक्तियों और अप्रत्याशित घटनाओं पर किसी का जोर नहीं होता। बहस, बातचीत, बैठक आदि पर थोड़ा-बहुत नियंत्रण किया जा सकता है। और बाकी के सभी कामों पर हम पूर्ण रूप से नियंत्रण कर सकते हैं। निर्णय लेने के लिए जो समय निकालना होता है, वह इसी क्षेत्र में

से निकाला जा सकता है। हाँ, थोड़े प्रयत्न से अधिकारी कुछ समय उन क्षेत्रों में से भी निकाल सकता है, जहाँ पूरा नियंत्रण नहीं होता। व्यर्थ नष्ट होते समय को बचाकर उपलब्ध समय की मात्रा बढ़ाई जा सकती है।

'अनिल, तुम जरा गौर से देखो तो मालूम होगा कि तुम्हारे कुछ अधिकारी कम काम करके भी व्यस्त-से रहते हैं और समय की कमी की शिकायत करते रहते हैं। दूसरे अधिकारी अधिक काम निकालकर भी समय के लिए नहीं रोते। सच तो यह है कि किसी भी सफल और प्रभावी व्यक्ति ने आज तक कभी समय की कमी का रोना नहीं रोया।

'ऐसा लगता है कि मुलाकातियों और बाहर से आनेवालों पर हमारा कोई जोर नहीं, पर यह बात सच नहीं है। हमें मुलाकातियों को समय देना पड़ता है व टेलीफोन भी उठाना पड़ता है, पर अधिक मुलाकातियों का आना व लगातार टेलीफोन की घंटी बजना एक बीमार संस्थान की निशानी है।

अधिक मुलाकाती बीमार संस्थान की निशानी

'असंतोषजनक सेवी, लालफीताशाही व प्रशासन में मानवीय दृष्टिकोण की कमी ही अधिक मुलाकातियों और अधिक टेलीफोन के लिए जिम्मेदार हैं। संस्थान की कार्यकुशलता बढ़ाकर, लालफीताशाही कम करके और मानवीय दृष्टिकोण अपनाकर इस क्षेत्र में समय की बरबादी बचाई जा सकती है। हम मुलाकातियों का समय निश्चित कर सकते हैं। निजी सहायक बाहर से आनेवाले टेलीफोन सुनकर उनके नंबर लिख सकता है। फुरसत के समय वे नंबर मिलाए जा सकते हैं। अपने मातहतों के प्रति मानवीय दृष्टिकोण अपनाकर कर्मचारियों में यदि असंतोष की भावना न फैलने दें तो वे निष्ठा से काम करेंगे। इस प्रकार समय की भी बचत होती है।

'अप्रत्याशित घटनाओं पर तो किसी का बस नहीं हो सकता, इनको निपटाने से जितना समय लगेगा, वह तो लगेगा ही, पर यदि कार्य योजनाबद्ध हो तो इनकी संख्या में कमी अवश्य की जा सकती है।

'आपसी बातचीत या बहस उपयोगी हो सकती है, बशर्ते समस्या अच्छी तरह समझ ली गई हो। यह बहस या बातचीत अपने अफसर से हो या मातहत से, समय तभी बचता है जब पहले से तैयारी की गई हो। उपयोगी बातचीत से सही व सामयिक निर्णय लिए जा सकते हैं। इससे सभी का समय बचता है। यह याद रखो कि कारखाने या दफ्तर में सबके समय की कीमत होती है—चाहे वह तुम्हारा हो, तुम्हारे मातहत अधिकारियों का या अन्य कर्मचारियों का। पर यदि समय की बरबादी तुम्हारे स्तर पर होगी, जैसाकि तुम बिना तैयारी के बैठक बुलाकर करते हो या बिना फाइल पढ़े सहायक को बुला लेते हो, तो दूसरे कई स्तरवालों का समय भी नष्ट होता है।

बैठकें भी जिम्मेदार हैं समय की बरबादी के लिए

'आजकल बैठकों पर बहुत समय खर्च होता है। बैठक होने का अर्थ ही यह है कि संस्थान में कोई कमजोरी है, जिसका आपसी बातचीत से हल निकालना आवश्यक हो गया है। जब किसी विषय पर पूरे तथ्य उपलब्ध न हों अथवा जानकारी अधूरी हो, तभी सामूहिक बातचीत (बैठक) की आवश्यकता होती है। पर यदि इनमें अपेक्षाकृत अधिक समय खर्च हो, तो यह भी संस्थान की एक बीमारी का लक्षण है।

'बैठक में अधिक व्यक्ति नहीं बुलाए जाने चाहिए। अकसर पाँच के बदले दस बुला लिए जाते हैं। यह सिर्फ इसलिए किया जाता है कि हो सकता है, उनकी आवश्यकता पड़ जाए। इस सुरक्षा-तंत्र (सेफ्टी वॉल्व) के कारण वे पाँच भी पूरी तैयारी करके नहीं आते। इस तरह की बैठक में कोई संतोषजनक परिणाम नहीं निकलता। लंबी, अनावश्यक व आधारहीन बातचीत होती है और समय बरबाद हो जाता है।

'कभी-कभी बैठक बिना कार्यसूची (एजेंडा) या पूर्व सूचना के बुला ली जाती है। आमंत्रित व्यक्ति केवल बातचीत ही करते रहते हैं। एक प्रभावी अधिकारी जब बैठक बुलाता है, तो पूर्वनिश्चित व ठीक कार्यसूची बनाकर उसे समय से सबके पास भेज देता है, ताकि वे उसे पढ़ व समझकर आएँ। वह स्वयं भी अच्छी तरह उसका अध्ययन कर बैठक का संचालन करता है। यह भी देखता है कि बहस गलत राह पर न जाए। साथ ही उन सदस्यों को बाद में चेतावनी भी देता है, जो बिना तैयारी के आए थे। इससे निर्णय जल्दी और ठीक होते हैं। परिणामस्वरूप सबका समय बचता है।

प्रबंधक को परिणाम से मतलब

'अनिल भाई, अब आता है वह क्षेत्र जहाँ तुम्हारा अपना पूरा जोर है। कथन है : किसी प्रशासक या प्रबंधक को तो परिणाम से मतलब रहता है। अतः जो काम जरा भी लक्ष्य की ओर ले जाए, वह तो उसका, बाकी दूसरे काम मातहत के होने चाहिए। अनिल, तुम इस तरह के अनेक काम करते हो, जो आसानी से मातहतों से करवाए जा सकते हैं। इस बारे में सतर्क रहना चाहिए। लगातार इस पर नजर रखनी चाहिए कि कौन-सा काम दूसरों से करवाया जा सकता है। यह कोशिश होनी चाहिए कि जो काम आज तुम स्वयं कर रहे हो, वह थोड़ा प्रशिक्षण देकर अपने मातहत अधिकारी से करवा सकते हो। अपने काम के लिए लगातार दूसरों को तैयार करते रहना प्रभावी प्रशासन की निशानी है।

'संस्थान में हर किसी को अपना काम करना चाहिए। जहाँ समय की कीमत है, वहाँ दो कर्मचारी एक ही काम पर समय दें, यह काम करने का गलत ढंग है। विस्तृत जाँच से पता चला है कि जो काम अधिकारी स्वयं करते हैं या करना चाहते

हैं, उनमें से अनेक काम उनके मातहत उसी कुशलता से कर सकते हैं, बशर्ते अधिकारी के पास उनसे काम करवाने की क्षमता हो। इस तरह के कामों के लिए कर्मचारी तो होते हैं, पर अविश्वास के कारण या प्रशासनिक अक्षमता के कारण अधिकारी काम स्वयं करना अधिक पसंद करते हैं।

भयानक परिणाम

'इस दुष्प्रवृत्ति के भयानक परिणाम होते हैं। एक तरफ तो प्रशासक का समय, जो दूसरे उपयोगी कार्यों में लगकर लक्ष्य-प्राप्ति में सहायक होता, इन बेकार के कार्यों में खर्च हो जाता है। दूसरी तरफ मातहतों में गैरजिम्मेदारी की भावना बढ़ती है। इससे बड़ी दुर्घटना किसी संस्थान में हो ही नहीं सकती। संस्थान में यदि हर कोई अपना काम जिम्मेदारी से करता है, तो संस्थान का काम स्वतः ही प्रभावशाली ढंग से व कुशलता से होने लगता है।

'समय बरबाद करने व करानेवालों की कमी नहीं। उनकी पहचान कर उन्हें उनकी गतिविधियों से रोककर सही दिशा देना आवश्यक है। एक कार्यकुशल अधिकारी हर क्षेत्र में, हर जगह समय बचाता है।

'यदि विस्तार से योजना बनाकर उस पर ईमानदारी से अमल किया जाए, तो बहुत समय बचता है। योजना बनाकर उस पर अमल करना एक अच्छी आदत है। इस कला में जो प्रवीण होता है, उसे समय की कमी नहीं रहती।

'यदि सूचनाएँ पहले बने फार्म पर एकत्र की जाएँ, तो बहुत समय बचता है। अतः यह अपेक्षित है कि यदि सूचनाएँ बाहर से एकत्र करनी हों, तो साथ ही फार्म का प्रारूप भेज देना चाहिए ताकि सूचनाएँ प्राप्त होने पर शीघ्र ही परिचालित की जा सके।

'एक समय में एक ही काम करने से समय बचता है। ध्यान केंद्रित रहने से वह काम जल्दी होता है। अनेक काम एकसाथ हाथ में लेने से, जैसीकि तुम्हारी आदत है, किसी भी काम पर पूरा ध्यान नहीं दिया जा सकता। इससे अनेक काम अधूरे रह जाते हैं। काम तो बिगड़ता ही है, समय भी बरबाद होता है।

तुरंत निर्णय

'प्रभावी प्रशासन के लिए तुरंत निर्णय लेने की आदत डालना आवश्यक है। अनिर्णय की अवस्था और टालने की प्रवृत्ति समय के सबसे बड़े शत्रु हैं। इस प्रवृत्ति से संबंधित व्यक्तियों में असंतोष फैलता है। मेज फाइलों से भर जाती है और फिर काम ही नहीं निकलता। अतः हाथ में वही काम लेने चाहिए, जिन पर उसी समय निर्णय लेना हो। कोई भी संस्थान किसी काम को पूरा करने के लिए बार-बार समय नहीं दे सकता।

'दफ्तर आते ही यदि कारखाने का दौरा कर लिया जाए, तो बहुत समय बचता

है। तुम कारखाने का दौरा करके समस्या का निदान उसी जगह तत्काल कर सकते हो। इससे तुम्हारे कर्मचारियों को तुम्हारे कमरे की ओर भागने की आवश्यकता नहीं होगी या होगी भी तो बहुत कम होगी। इस प्रकार तुम्हारा समय बचेगा। जब अधिकांश समस्याएँ सवेरे के दौरे पर निपट जाती हैं, तो फिर लोग मन लगाकर काम करते हैं। कोई भी कार्यकुशल प्रबंधक दोपहर तक अपने कमरे में जाता ही नहीं। सारा समय अपने श्रमिकों व कर्मचारियों के साथ बिताता है।

'इसलिए अनिल, अपने समय पर नियंत्रण रख प्रभावी प्रबंधक बनो। यदि तुम्हारा सारा समय दूसरों का होगा, तो तुम्हें विचार करने और योजना बनाने का समय ही नहीं मिलेगा। इसलिए समय की बरबादी के प्रति सजग रहो।

'ऐसा करने से जल्दी ही तुम्हारा कारखाना मालिक की अपेक्षा के अनुसार उत्पादन करने लगेगा। तुम्हारे पास जो किताबी ज्ञान है, उस पर इस व्यावहारिक ज्ञान का मुलम्मा चढ़ाकर काम करो, सफलता तुम्हारे चरण चूमेगी।'

काम कल पर न टालें

अगर आप किसी काम को कभी न करना चाहें और उसके बोझ से हमेशा दबे रहना चाहें तथा काम न हो पाने के कारण आत्मग्लानिवश खुद को धिक्कारते रहना चाहें, तो उसे कल के लिए टाल दें। असंख्य लोग, जिनमें योग्यता थी और शिखर पर चढ़ जाने की क्षमता भी थी, जिंदगी-भर नीचे पड़े रहे, क्योंकि उनमें ठीक काम को ठीक समय पर करने की तत्परता नहीं थी। आपने किसी काम को करने की योग्यता वर्षों तक परिश्रम करके अर्जित कर ली, महीनों तक योजना बनाते रहे, कई लोगों के अनुभव सुने और उनसे सलाह-मशविरा करते रहे, परिस्थितियाँ भी अनुकूल हो गईं, मगर काम आपने शुरू ही नहीं किया तो वह पूरा कैसे होगा? व्यक्तिगत रूप से आदमी की उन्नति और सफलता के मार्ग में सबसे बड़ी बाधा है—काम को कल पर टालते जाना। काम को टालने या स्थगित करने की आदत ने जितनी जिंदगियाँ बरबाद की हैं, उतनी युद्धों, बीमारियों या प्राकृतिक प्रकोपों ने मिलकर भी नहीं की होंगी।

काम टालने की आदत ने जितनी जिंदगियाँ बरबाद की हैं, उतनी युद्धों, बीमारियों और प्राकृतिक प्रकोपों ने भी न की होंगी

हजार बहाने

काम टालने के हजारों कारण आपकी सेवा में हाजिर रहते हैं। आप व्यापार इसलिए नहीं कर पाते, क्योंकि आपके पिता कवि थे और आपको व्यापार के संस्कार नहीं मिल पाए। काव्य-रचना इसलिए नहीं कर पाते, क्योंकि पिता व्यापारी थे और व्यापार के ही गुण आपमें भी हैं। नेतृत्व इसलिए नहीं कर पाते, क्योंकि आप ठिंगने हैं। साक्षात्कार में इसलिए सफल नहीं

हो पाते, क्योंकि आपकी भाषा कठिन है। शर्मीले इसलिए हैं, क्योंकि बात करते समय आपके दाँत बाहर निकलते हैं। पढ़ाई इसलिए नहीं कर पाते, क्योंकि खेल ज्यादा प्रिय है। खेल इसलिए नहीं खेल पाते क्योंकि स्वास्थ्य ठीक नहीं। और स्वास्थ्य इसलिए ठीक नहीं, क्योंकि खेलते नहीं। इन बहानों का कभी अंत नहीं आता।

आत्मविश्वास की कमी से ही असफलता का भय पैदा होता है। अगर आप यह मानकर चलते हैं कि आपमें किसी कार्य को सफलतापूर्वक संपन्न करने की क्षमता नहीं है, तो आपकी कल्पना में असफलता और उपहास के चित्र अवश्य बनेंगे। मार्ग में आनेवाली बाधाओं के भयंकर दृश्य आपके दिमाग में छाए रहेंगे। ऐसी-ऐसी डरावनी मुसीबतों और परेशानियों का पूर्वाभास आपको होने लगेगा कि हिम्मत पस्त हो जाएगी और आप उस काम को हाथ में लेने का विचार ही छोड़ देंगे। घबराकर आप दस जगह सलाह माँगने पहुँच जाएँगे। मार्गदर्शन माँगने पर तो निहायत निकम्मा और नाकाबिल आदमी भी ज्ञानी-अनुभवी की मुद्रा धारण कर लेता है और अपनी निरर्थक बात भी इस प्रकार से कहता है, जैसे संपूर्ण मानवीय ज्ञान और अनुभव के समुद्र में से मोती निकालकर दूसरे को सौंप रहा हो!

न करेंगे काम, न होंगे नाकाम

बहुतों की अलग-अलग राय से आप दुविधा और अनिश्चय में फँस जाएँगे। भयभीत और शंकित आदमी ही शगुन-अपशगुन देखता है। ज्योतिषियों से शुभ मुहूर्त पूछता है। ग्रह-शांति कराता है। निकम्मा आदमी भविष्य को हजार संकटों से घिरा हुआ देखता है। मेहनती आदमी का दिमाग इतना खाली नहीं होता कि अनिष्ट की कल्पना करता रहे। भयभीत व्यक्ति 'अगर, किंतु, परंतु' की भूलभुलैया में फँस जाता है। अंत में एक ही उपाय उसे नजर आता है—काम को कल पर टाल दो। यही निर्णय सुविधाजनक मालूम पड़ता है, क्योंकि इससे उसको काम करने के झंझट से ही मुक्ति मिल जाती है। न करेंगे काम, न होंगे नाकामयाब।

पर समझ लीजिए, अब वह कार्य कभी न हो पाएगा। समय गुजरने के बाद न तो उस काम को पूरा करने की वैसी तत्परता रहती है, न ही आवश्यकता। किसी भी काम को हाथ में लेने का समय तभी है, जब उसकी जरूरत महसूस होती हो। अगर उसे तभी पूरा नहीं किया गया, तो क्या वह तब पूरा हो जाएगा जब उसकी जरूरत नहीं रहेगी?

रमानाथ हर बार बारिश के मौसम में अपने मकान की छत की मरम्मत कराने का इरादा करता है, क्योंकि छत टपकने लगती है। वह सोचता है—जरा वर्षा रुक जाए तो काम शुरू कराए। मगर तब तक टपकना बंद हो जाता है और सर्दी आ जाती है। अब उसका विचार धूप आने के लिए खिड़कियाँ निकलवाने का होता है। मगर विचार करते-करते गरमियाँ आ जाती हैं। आज तक न तो छत की मरम्मत हो पाई है, न खिड़कियाँ निकल सकी हैं।

कोई फैसला परिपूर्ण नहीं होता

याद रखिए, कोई भी फैसला शत-प्रतिशत पूर्ण नहीं होता। किसी निर्णय में सात फायदे हैं और तीन नुकसान, तो किसी में चार फायदे हैं और छः नुकसान। लेकिन कुछ भी न करने में पूरे दस नुकसान हैं और फायदा एक भी नहीं। इसलिए बहानेबाजी करके काम को आगे टालते जाने की आदत छोड़ दीजिए। अगर आप सफलता का ही चिंतन करते हुए काम शुरू करेंगे, तो दस जगह सलाह लेते फिरना, शुभ मुहूर्त निकलवाना और ग्रहदशा का विचार करना आदि भयजनित कमजोरियाँ अपने-आप ही दूर हो जाएँगी।

आप उसी काम को शुरू करने में टाल-मटोल करते हैं, जिसमें आपको असफल होने का डर हो या जो कार्य आपको अपनी क्षमता से भारी जान पड़े। इसलिए यह बहुत आवश्यक है कि सबसे पहले आप भय दूर करके अपनी क्षमताओं का पुनर्मूल्यांकन करें। भय काल्पनिक होता है और कल्पना में ही यह हजारों गुना ताकतवर हो जाता है। आपको भ्रम हो जाता है कि आप अक्षम हैं और सफल नहीं होंगे और यही भ्रम आपके तन-मन को इस कदर जकड़ लेता है कि आप सचमुच अक्षम हो जाते हैं और विफल रहते हैं।

मुश्किल काम बार-बार करें

इस भ्रम-जाल से निकलने का सबसे प्रभावशाली तरीका है—वही काम बार-बार करना, जिससे आपको डर लगता है। हर बार आपका भय और हिचकिचाहट कम होती चली जाएगी। मसलन, आपको सार्वजनिक रूप से विचार प्रकट करने में डर लगता है और आप चुप रहते हैं। आपसे बहुत कम योग्यता रखनेवाले लोग अपनी भाषण-कला के बल पर महत्त्वपूर्ण और लोकप्रिय बन चुके हैं। संभवतः आप चुपचाप अपने-आपको इस कमजोरी पर फटकारते रहते हों। इससे आपका आत्मसम्मान और भी घटता जा रहा है। इस स्थिति से कैसे उबरें ? एक ही उपाय है—छोटे-छोटे समूहों में बोलना शुरू करें। आपकी आवाज आपके सोए हुए आत्मविश्वास को जगा देगी। मंच का भय एक दुःस्वप्न की तरह खत्म हो जाएगा। आपको यह सोचकर हँसी आएगी कि इससे पहले जब भी बोलने का अवसर आपके सामने आया करता था, तो आप भयभीत होकर उस मौके को क्यों टाल जाया करते थे।

शंकाओं और दुविधाओं में पड़े व्यक्ति किसी भी कार्य को हाथ में लेने से पहले खूब सोचते हैं। इतना सोचते हैं कि वह छोटा-सा काम उन्हें पहाड़-जैसा लगने लगता है और वे घबरा उठते हैं। अत्यधिक सोच-विचार में ही उनकी सारी शक्ति खर्च हो चुकी होती है और वे थक जाते हैं। अब न तो उनमें इतनी शक्ति बची रहती है कि वे काम को हाथ में ले लें और न ही उनका निश्चय उतना मजबूत रहता है, जितना शुरू में था। ऐसे लोग कभी निर्णय नहीं ले पाते और काम को टालते रहते हैं।

इसलिए किसी वस्तु या योजना पर उतना ही विचार कीजिए, जितना उसे समझने के लिए आवश्यक हो, ज्यादा नहीं।

अपने उद्‌देश्य की साफ तसवीर मन में रखिए और योजनाबद्ध तरीके से लक्ष्य-प्राप्ति की ओर बढ़ते रहिए। मानकर चलिए कि बीच में रुकावटें आएँगी। कई बार असफलताएँ भी मिलेंगी। बार-बार पीछे भी लौटना पड़ सकता है। लोग विरोध भी करेंगे। आलोचनाएँ भी होंगी। इन सबको तो आप किसी भी लक्ष्य तक पहुँचने के मार्ग में मील के पत्थर समझिए। मील के पत्थर रास्ता ही बताते हैं, उनके डर से रास्ता छोड़कर भाग जाना तो मूर्खता ही होगी।

हर असफलता का एक ही कारण

अगर आपको लगता है कि आपकी योग्यताओं की उचित कद्र नहीं की जाती; आप सोचते हों कि जीवन बीता जा रहा है और आप कुछ भी नहीं कर पाए हैं; अगर जीवन से आपको असंतोष हो; आप अपराध भाव और आत्मग्लानि से घुटते रहते हों; आपको लगता हो कि आपके अलावा सभी ज्यादा बड़ी उपलब्धियाँ पा रहे हैं; आपको हमेशा अपने सिर पर अधूरे पड़े कामों का पहाड़ दिखाई देता हो, तो अपने भीतर झाँककर आत्मविश्लेषण कीजिए। एक ही कारण पता चलेगा—असफलता का भय अथवा आत्मविश्वास की कमी। और आत्मविश्वास अर्जित करने का एक ही तरीका है—जिस काम को करने से भय लगता हो, उसे छोटे पैमाने पर शुरू करते हुए बार-बार करें, भय समाप्त हो जाएगा।

इसलिए अगर आपको निराशा और विफलता का जीवन नहीं जीना है, सफल लोगों को देख-देखकर ईर्ष्या की अग्नि में नहीं झुलसना है, हर कार्य में पीछे रह जाने और नाचीज बने रहने का अपमानजनक तिरस्कार नहीं सहना है, कुछ न कर पाने का पश्चात्ताप नहीं भुगतना है, तो बस एक ही उपाय है—जो काम करना हो, उसे आज ही, अभी शुरू कर दें, कल पर कभी न टालें, क्योंकि कल कभी नहीं आता।

समय के फंदे से बचें

समय के बारे में बात करते समय लगता है कि इसके इस्तेमाल के बारे में दो ही तरह की धारणाएँ हैं : कुछ लोग निरंतर समय के अभाव की शिकायत करते रहते हैं, तो कुछ किसी तरह समय काटने के तरीके खोजते रहते हैं। लेकिन समय का विभाजन बड़े ही सही तरीके से किया गया है। हर आदमी को घंटे में कुल साठ मिनट और एक दिन में पूरे चौबीस घंटे मिलते हैं। असंतुलित विभाजन तो वस्तुतः दैनिक कार्यकलाप का किया जाता है। इसी असंतुलित विभाजन की वजह से किसी के लिए दिन काटना पहाड़ हो जाता है तो किसी के लिए राई।

कार्य का सही विभाजन

समय के संकट की जड़ में हमारे अपने भय व आशंकाएँ होती हैं

उस विद्यार्थी की कल्पना कीजिए, जिस पर पूरे सप्ताह का काम एकसाथ लाद दिया जाता हो, 'शनिवार तक तुम्हें गणित के सौ सवाल हल करने हैं, पाठ्यपुस्तकों के बीस पाठ पढ़ने हैं, उत्तर सागर के भूगोल और उस प्राचीन बाढ़ के बारे में वह सब याद करना है, जिसका उल्लेख पुराणों में है। तुम्हें दो कविताएँ भी जरूर याद होनी चाहिए, साथ ही खेलों में भी भाग लेना है। इसके अलावा, समय निकालकर कंप्यूटर पर प्रोजेक्ट भी बनाना है और ड्राइंग का काम भी पूरा करना है।' काम का इतना भारी बोझ शायद ही कोई विद्यार्थी झेल सके और पूरी संभावना है कि यह सब सुनकर वह फ्लू के बहाने बिस्तर पर ही पड़ जाए। लेकिन काम के इसी बोझ को यदि विभिन्न विषयों और पाठों के हिसाब से सप्ताह के पूरे दिनों में बाँट दिया जाए, तो

विद्यार्थी इससे भयभीत नहीं होगा। बच्चे को लगेगा कि वह ये सारे काम पूरे कर लेगा और फिर भी उसके पास समय बचा रहेगा।

समय-सारणी

बड़ों की अत्यधिक व्यस्तता और वचनबद्धता को देखते हुए समय-सारणी बनाना उपयोगी हो सकता है। इस सारणी से पता चलता है कि हफ्ते-भर के हमारे 168 घंटे किस तरह बीतते हैं। इसे एक उदाहरण से समझें। मान लो, हमने कुल 3020 मिनट सोकर बिताए, 2875 मिनट अपनी नौकरी अथवा व्यवसाय के हवाले किए, 1885 मिनट और तरह के काम निपटाने पर खर्च किए, जैसे बाजार से सौदा-सुलफ लाना, डॉक्टर के पास जाकर दवा लाना आदि, और यह सब करने के बाद भी अवकाश के कुल 2300 मिनट बचे रहे। इस प्रकार का विश्लेषण करके हम देख सकते हैं कि कौन-सा काम हमें करना चाहिए और कौन-सा काम छोड़ा जा सकता है। इस विश्लेषण के कुछ परिणाम तो चौंकानेवाले भी हो सकते हैं, जैसे यह पता चलना कि हम टीवी देखने में कितना अधिक समय गँवा देते हैं और अपने सगे-संबंधियों को कितना समय देते हैं।

समय की समस्या हमारे सामने ज्यादातर बाहरी परिस्थितियों के कारण पैदा होती है। अपने कामों में बहुधा हमारे सामने कोई विकल्प नहीं होता—हमें समय निश्चित करना पड़ता है और तय किए समय की समस्या की जड़ में हमारा भय व आशंकाएँ भी हैं। ये भाग्य के खेल नहीं होते। कम से कम इसके कुछ अंश के लिए तो हम खुद जिम्मेदार हैं। दिन-रात हम अपने ऊपर आवश्यकता से अधिक काम का बोझ लादकर अपने ही जाल में फँसते चले जाते हैं। फिर हम गुस्से से भर उठते हैं क्योंकि हर अप्रत्याशित घटना हमें स्थिति से उखाड़कर दूर पटक देती है। भविष्य में समय के जाल से बचने के लिए हमें जरा गहराई से इसे परख लेना चाहिए।

नीचे प्रस्तुत हैं समय के वे फंदे, जिनमें फंसकर अकसर हम अपना समय-प्रबंधन बिगाड़ बैठते हैं।

समय का पहला फंदा—बाध्यकारी गतिविधियाँ

शुद्धिवादी लोग समय नष्ट करने को सबसे बड़े पापों में से एक मानते हैं। इस दृष्टिकोण में आधुनिक औद्योगिक समाज के जीवन-दर्शन की झलक मिलती है। हम जितना अधिक काम करते हैं, समाज के उतने ही अधिक उपयोगी सदस्य समझे जाते हैं। सबसे अधिक सम्मान पाते हैं ऐसे व्यस्त लोग, जिनके पास एक क्षण भी फालतू नहीं होता।

चलिए, मान लेते हैं कि आपके पास अब भी काम करने के लिए छः घंटे हैं। आपको जो काम करना है, वह चार घंटे में ही पूरा हो जाएगा। क्या आप इसे जल्दी पूरा करके बचे हुए समय का उपयोग अपने आनंद के लिए करेंगे? शायद नहीं,

क्योंकि आपके ऊपर का अधिकारी या आपकी अंतरात्मा इसे काहिली समझेगी। लेकिन अगर आप इसी काम को किसी तरह छः घंटे लगाकर पूरा करते हैं, तो आप अपने को परिश्रमी और सफल अनुभव करते हैं।

पार्किसन का पहला नियम कहता है, 'किसी काम को पूरा करने के लिए जो समय निर्धारित किया जाता है, वह काम उतने ही समय में फैल जाता है।' यह नियम ब्रिटिश सार्वजनिक कार्यकर्ता सी. नॉर्थकार्ट पार्किसन द्वारा सूत्रबद्ध किया गया है। इसमें कोई शक नहीं कि हम काम में बहुधा आकंठ निमग्न होते हैं, लेकिन अधिकतर लोग इतना भारी दायित्व स्वयं को उपयोगी अनुभव करने के लिए अपने ऊपर लाद लेते हैं।

समय का दूसरा फंदा—खालीपन का भय

डॉक्टर के पास या नाई की दुकान पर जाते ही लोग क्यों अखबार या पत्रिका हाथ में ले लेते हैं? लोगों के पास समय हो, तब भी वे इंतजार की नौबत आने पर गुस्सा क्यों करने लगते हैं? निष्क्रिय रहना कुछ लोगों को क्यों खराब लगता है? आराम के लिए भी लोगों को टेलीविजन चाहिए या कोई पुस्तक अथवा सिलाई-कढ़ाई का काम? गृहिणियाँ तो बसंत ऋतु के किसी सुहाने दिन भी बालटी-भर पानी और स्पंज लिए बिना घर से निकलने का साहस नहीं जुटा पातीं। वे धूप का आनंद लेने की अपनी इच्छा का औचित्य कार की धुलाई करके सिद्ध करती हैं, या फिर स्वेटर बुनकर। टहलने जाने के लिए कुत्ते को दौड़ाने का बहाना क्यों जरूरी लगता है? इस तरह के व्यवहार से तो ऐसा लगता है कि हममें से अधिकतर अपने खाली समय को अभिशाप मानते हैं।

हम खालीपन से भयभीत रहते हैं, शायद इसलिए कि वह हमें अपने बारे में सोचने को विवश कर देगा। इसलिए खाली समय में किसी भी प्रकार का क्रियाकलाप पकड़कर बैठ जाना वस्तुतः हमारे लिए इस बात का बहाना-भर होता है कि हम इतने व्यस्त हैं कि सामने खड़ी समस्या से निपट नहीं सकते या अपनी आकांक्षाओं के विषय में बात नहीं कर सकते, या जीवनसाथी के साथ अपने वैचारिक मतभेदों के बारे में बातचीत करने का समय भी नहीं निकाल सकते। इस असफलता के कारण होनेवाली बेचैनी को ढकने के लिए हम अपने को और अधिक व्यस्त बनाते चलते हैं।

समय का तीसरा फंदा—'नहीं' न कह पाना

बहुत-से लोग ढेरों जिम्मेदारियाँ ओढ़ लेते हैं, इसलिए नहीं कि उनमें किसी की मदद करने की स्वाभाविक इच्छा है, बल्कि इस भय के कारण कि दूसरे लोग उन्हें शक की निगाह से न देखने लगें और इसलिए भी कि वे असुरक्षित महसूस करते हैं और दूसरों की स्वीकृति के बिना कुछ नहीं कर सकते। इस प्रकार किसी भी आग्रह को वे अस्वीकार नहीं करते, चाहे वह कितना भी अप्रिय क्यों न हो। ऐसे

लोगों में अपनी प्रशंसा कराने की इच्छा इतनी बलवती होती है कि वे इतना भी नहीं बोल पाते कि इस काम को पूरा करना उनके लिए कितना कठिन और समय-साध्य रहा है। इसका यह अर्थ कदापि नहीं कि हम पड़ोस की आपसदारी और लोगों की मदद के ही खिलाफ हो जाएँ। लेकिन दूसरों की ऐसी मदद किस काम की, जो अपने भीतर कुढ़न पैदा कर दे!

'नहीं' न कह पानेवालों की समस्या यह होती है कि वे हमेशा अपने ऊपर इतना अधिक काम लाद लेते हैं कि उसे पूरा ही नहीं कर पाते। फिर उनको यह अनुभव होने लगता है कि उन पर काम का बोझ अधिक है और उनका शोषण किया जा रहा है। तब उन्हें अपने ऊपर भी गुस्सा आता है और दूसरों पर भी।

समय का चौथा फंदा—बीच का समय गँवाना

अकसर हम एक काम से भागकर दूसरे को पकड़ लेते हैं, लेकिन उन दो कामों के बीच का समय प्रायः यूँ ही नष्ट हो जाता है। हम अपने-आपको समझाते हैं, 'इन दोनों के बीच कोई काम शुरू करने की कोशिश का कोई मतलब नहीं है।' एक उदाहरण लें, यदि हमें एक रिपोर्ट लिखनी है और इस काम को पूरा करने के लिए चार घंटे निर्धारित कर रखे हैं, तो इसे आधे-आधे घंटे की आठ इकाइयों में बाँटकर पूरा करने के बारे में हम सोचते भी नहीं।

इसका सबसे आम बहाना यह होता है कि विषय में तल्लीन होकर लिखने के लिए हमें लंबी अवधि की बैठक चाहिए। लेकिन आगे का कार्यक्रम तो पहले से ही बन चुका होता है, भले ही वह टेलीविजन पर समाचार सुनने या कोई रहस्य-रोमांच की फिल्म देखने का ही कार्यक्रम क्यों न हो। हमारे अवकाश का समय कदापि काफी आगे बढ़ गया है, फिर भी लोग समय की कमी का रोना रोते ही रहते हैं। इसका एक कारण यह है कि एक काम की समाप्ति और दूसरे के प्रारंभ के बीच जो समय मिलता है, हम उसका उपयोग नहीं करते।

जीवन-शैली बदल देता है समय का सदुपयोग

एक समय था, जब हम समय के बारे में गहराई से सोचते थे। समय के उपयोग और उसकी गति के बारे में सोचने का आदमी के पास बहुत समय था। परंतु आज स्थिति इससे भिन्न है। मानव-इतिहास में एक ऐसा समय आ गया है, जबकि उसका जीवन दिन-प्रतिदिन गति पकड़ रहा है। सभ्यता के नए मापदंडों और नई-नई मान्यताओं के साथ बढ़ते हुए नगरीय या महानगरीय जीवन में आदमी के पास समय के बारे में सोचने तक का समय नहीं है।

जीवन के हर क्षेत्र में सफलता या विफलता के पीछे समय के उपयोग का ही हाथ है

सचाई यह है कि समय के धागों से ही जीवन का ताना-बाना बुना गया है और व्यक्ति समय की धारा के साथ जन्म से मृत्यु तक की यात्रा तय करता है। इस यात्रा-अवधि में वह जो समय ठहराव, आलस्य, व्यर्थ की गप-शप, नैराश्य या हाथ पर हाथ धरे रहने की स्थिति में खोता है, वह समय जीवन-यात्रा के पूरे जोड़ में से बाकी हो जाता है और शेष बच जाता है पछतावा, जो उपयोगी क्षणों को और घटाकर खिसक जाता है। जीवन के हर क्षेत्र में सफलता, असफलता, सुख और दुख, इच्छाओं की पूर्ति या अ-पूर्ति, शारीरिक, मानसिक व कलात्मक विकास, संपन्नता या विपन्नता आदि सबके पीछे एक बात स्पष्ट उभरकर आती है—समय का उपयोग। समय का जितना सदुपयोग, उतनी ही सफलता। जितनी समय के प्रति उदासीनता, उतनी ही विफलता।

समय जीवन से बँधा रहे, इसके लिए आवश्यक है कि जीवन

में यह दृढ़ निश्चय व धारणा हो कि जो क्षण हमारें लिए उपयोगी नहीं बन सके, वे सब जीवन से टूटकर हमारे विरुद्ध काम करेंगे।

बाधक तत्त्वों की पहचान

समय का ठीक उपयोग तभी संभव है, जब व्यक्ति यह सोचे कि वे कौन-से कारण हैं, जो समय के ठीक उपयोग में बाधक बन रहे हैं? जब यह ज्ञात हो जाए तो दैनिक जीवन में समय की व्यर्थ नष्ट करनेवाली बातों का विश्लेषण किया जा सकता है। समय नष्ट करनेवाली स्थिति वैसी ही है, जैसा किसी घड़े में छिद्र हो जाने की स्थिति होती है। घड़े में भरा पानी जैसे छिद्र होने पर उसमें से धीरे-धीरे रिसता रहता है और शीघ्र ही घड़ा खाली हो जाता है, उसी तरह जीवन में से समय रिसता जाता है। यदि समय का सोच-समझकर उपयोग न किया जाए, तो एक दिन आदमी के सामने केवल 'खालीपन' रह जाता है।

इस खालीपन की स्थिति से बचने और जीवन के क्षणों पर नियंत्रण रखने का सर्वोत्तम उपाय यह है कि उन कारणों या बाधाओं की सूची बनाई जाए, जो समय के व्यर्थ ही खोए जाने के लिए उत्तरदायी हैं। ऐसा करने पर कई बाधाएँ तो तुरंत ही दूर की जा सकेंगी। बाकी जो रहें, उन पर धीरे-धीरे अनवरत प्रयास करके विजय पाई जा सकती है।

ऐसे चार 'समय के फंदे' तो पीछे वर्णित किए ही गए हैं। अब प्रस्तुत हैं समय के तीन और फंदे।

समय का पाँचवाँ फंदा—योजना न बनाने की जिद

जिन छात्रों को परीक्षा के लिए अध्ययन करना होता है या कोई लंबा निबंध लिखना होता है, वे अकसर दावा करते हैं कि काम वे तभी कर पाते हैं, जब मूड अच्छा हो। मनःस्थिति यानी मूड के इस चकल्लस का नतीजा अकसर यह होता है कि काम स्थगित हो जाता है और लंबे समय तक घिसटता रहता है। ऐसे समय में खाली समय का आनंद भी नहीं लिया जा सकता, क्योंकि अधूरे काम को पूरा करने की चिंता सताती रहती है। फिर आगे चलकर होता यह है कि छात्र पर समय की कमी का दबाव बेहद बढ़ जाता है। यद्यपि इन सबको वह झेलता रहता है लेकिन इससे वह यह सीख कभी नहीं लेता कि सावधानी से योजनाबद्ध तरीके से काम करना अधिक तर्कसंगत होगा। इसके विपरीत, वह इस नतीजे पर पहुँचता है कि दबाव में ही वह अच्छी तरह काम कर सकता है।

समय का योजनाबद्ध ढंग से उपयोग करने के प्रति हमारी उदासीनता का एक कारण यह भी है कि हमारे मानस-पटल पर दो भिन्न प्रकार के चित्र बने होते हैं—एक तो ऐसे कट्टर सिद्धांतनिष्ठ योजनाकार का, जो सबकुछ झेलकर हमेशा बस काम होने की आखिरी तारीख पर आँखें गड़ाए रहता है, और दूसरा वह, जो हमेशा

मौज-मस्ती से काम करता है और कभी समय के बारे में योजना नहीं बनाता। दबाव महसूस होने पर तो वह पूरी रात जागकर काम करता है, किंतु मौसम सुंदर हुआ तो क्षण-भर में ही निर्णय बदल डालता है, सैर-सपाटे पर निकल पड़ता है।

वास्तव में ये दोनों ही चित्र सही नहीं हैं। योजनाबद्ध रूप से काम करनेवाला व्यक्ति अपने समय को अपनी जरूरत के हिसाब से संयोजित करता है। इसीलिए वह काम, अवकाश व आराम के बीच सही संतुलन स्थापित कर लेता है। दूसरी तरफ, जो बिना योजना बनाए काम करता है, वह लापरवाही वाली इसी वजह से काम खत्म करने की आखिरी तारीख आते-आते अपनी सारी आजादी खो देता है।

समय का छठा फंदा—कठिन शुरुआत

इस स्थिति से हम सब परिचित हैं। हमने अपना अधूरा पत्र-व्यवहार शनिवार को सवेरे पूरा करने का निश्चय कर रखा है। स्वाभाविक है कि सुबह हम नाश्ता बड़े आराम से करते हैं और समाचार-पत्र शुरू से अंत तक पढ़ जाते हैं। उसके बाद हम एक-एक करके सारे पत्र पढ़ते हैं और सोचते हैं कि इनमें से किसका उत्तर सबसे पहले दिया जाए। तभी याद आता है कि किसी को फोन करना है और अंततः हम इस निर्णय पर पहुँच जाते हैं कि चिट्ठियाँ वास्तव में इतनी जरूरी तो नहीं हैं। इन्हें अगले शनिवार को भी निपटाया जा सकता है। हालाँकि एक बार जब हम काम पर डट जाते हैं तो उसे पूरा करने में प्रायः अधिक समय नहीं लगता; लेकिन देर करने के बाद हमें अफसोस होता है कि हमने पहले ही इसे शुरू नहीं किया।

इसी तरह की समस्या तब भी पैदा होती है, जब हम अपने को मुख्य काम पर केंद्रित करने के बजाय छोटे-छोटे कामों में फँसा लेते हैं। अंततः जब हम एकाग्रचित्त होकर मुख्य काम पर लगते हैं, तो पाते हैं कि बहुत सारा समय यों ही गँवाया जा चुका है।

समय का सातवाँ फंदा—धोखा देनेवाला समयबोध

कुछ लोगों का समयबोध इतना अधिक विश्वसनीय होता है कि अलार्म घड़ी की मदद के बिना ही ठीक समय पर उनकी आँख खुल जाती है। लेकिन समय के अंतराल का अनुमान लगाने की बात जब आती है, तो हम विफल हो जाते हैं। यदि हम ऊब रहे हैं या किसी घटना का बेसब्री से इंतजार कर रहे हैं तो एक मिनट भी हमें एक घंटे-जैसा लगता है, लेकिन यदि हम कहीं दोस्तों के बीच हैं और समय मौज-मस्ती में कट रहा है, तो अकसर यह देखकर आश्चर्य होता है कि समय पंख लगाकर उड़ता-सा जा रहा है।

लेकिन अतीत के बारे में हमारा दृष्टिकोण इससे ठीक उलटा हो जाता है। हंगामेवाली शाम या कोई यात्रा हमारी स्मृतियों में ज्यादा जगह छेकती है, इतनी ज्यादा कि उतनी जगह एक हफ्ते की दिनचर्या को भी नहीं मिलती, भले ही यथार्थ

में वही घटना एक क्षण-जैसी लगती हो। मनुष्य की स्मरणशक्ति समय की आलोचनात्मक परीक्षा नहीं कर पाती। महत्त्वपूर्ण और दिलचस्प काम करने में जो समय हम खर्च करते हैं, उसके बारे में हम अकसर बढ़ा-चढ़ाकर सोचते हैं और इस बात को कम करके आँकते हैं कि छोटे-छोटे काम करने में हमने कितना समय नष्ट कर दिया है।

जिन लोगों के पास पर्याप्त अवकाश होता है, जरूरी नहीं कि ऐसे व्यक्ति उन लोगों से कम काम करते हों जो हमेशा भाग-दौड़ में रहते हैं; बल्कि उन्हें इस बात का पता होता है कि प्राथमिकताएँ कैसे निर्धारित की जाती हैं। एक बार प्राथमिकताएँ निर्धारित करने के बाद वे कठोरता से उसका पालन करते हैं। समय का सदुपयोग करना यदि आप सीख लेते हैं, तो आपकी पूरी जीवन-शैली ही बदल सकती है। इससे आपको अपना काम समय पर पूरा करने में मदद मिल सकती है।

माइकल एंडे की एक पुस्तक है—'मोमो'। उसमें एक ऐसी लड़की की कहानी दी गई है, जिसके पास समय के अतिरिक्त और कुछ भी नहीं है। वह अपने मित्रों की सहायता से 'समय-चोरों' के खिलाफ लड़ती है। पुस्तक में लिखा है, 'हम सब मानते हैं कि जीवन का सबसे महान लेकिन सुपरिचित और सामान्य रहस्य एक ही है और वह है समय। पंचांग और घड़ियों का काम समय को मापना है तो, लेकिन इनका कोई विशेष महत्त्व नहीं है क्योंकि समय ही अपने-आपमें जिंदगी है।'

कौशल-विकास

बहुत महत्त्व रखता है संपर्कों का दायरा

जेम्स एमशॉफ व टीई देनलिंगा ने डब्ल्यूईडी में कहा है कि नेटवर्किंग अपने पक्ष में समर्थन जुटाने, जीवंत संपर्क बनाने, विचारों का आदान-प्रदान करने व गोपनीय सूचनाओं की साझेदारी करने का नाम है। आप चाहे इसे जो भी कहें और साझेदारी की इस पुरानी कला के बारे में आपका चाहे जो भी मत हो, कैरियर के लिए यह फिर भी महत्त्वपूर्ण है। विशेष कर आपके संगठन में सहयोगियों के साथ। कई लोग मैनेजमेंट-नेटवर्क को कॉरपोरेट-राजनीति के बराबर मानते हैं। हो सकता है कि वे आंशिक तौर पर सही हों, लेकिन नेटवर्किंग का मतलब सिर्फ अपनी कंपनी में अफवाहों को जन्म देनेवाली प्रणाली में फँसना नहीं है। वह तो समय और शक्ति की बरबादी है। नेटवर्किंग एक प्रबंधकीय नेटवर्क सृजित करने का नाम है, जिसे आप अपने कैरियर-विकल्पों को समृद्ध करने के लिए इस्तेमाल कर सकें।

समान स्तर पर अच्छी नेटवर्किंग प्रबंधकों के लिए सफलता का मंत्र हो सकती है

अधिकतर एग्जीक्यूटिवों को यह नहीं पता होता कि वे कैसे नेटवर्क विकसित करें, या कैसे उसका अक्लमंदी से इस्तेमाल करें। ऐसे एग्जीक्यूटिव अंतर्मुखी सोचवाले अधिकारियों की श्रेणी में आते हैं। मेयर्स-ब्रिग्स संकेतकों में इस तरह के एग्जीक्यूटिवों की संख्या बहुत कम है, जिन्हें नेटवर्क विकसित करने और उसका इस्तेमाल करने का तरीका आता है और वे नेटवर्क का इस्तेमाल कॉरपोरेट-जगत में तरक्की के सफर को तय करने में करते हैं।

सामान्य नेटवर्क

सबसे सामान्य किस्म का नेटवर्क पुराने स्कूली संपर्कों से संबंधित है। बहुत-सी कंपनियों में दून स्कूल से निकले हुए (यह हमें राजीव गांधी के शासनकाल में उनकी 'किचन कैबिनेट' में देखने को मिला था) या सेंट स्टीफन से या सेंट जैवियर्स या मेयो स्कूल से पढ़े हुए एग्जीक्यूटिवों के बीच जुड़ाव देखने को मिलता है। एक स्कूल में पढ़े होने के आधार पर वे एक-दूसरे से परिचित हो जाते हैं, इसी आधार पर उन्हें एक-दूसरे से सलाह मिलती है, हालाँकि इस आधार पर कंपनी में उनकी तरक्की नहीं होती।

व्यावसायिक नेटवर्क

प्रबंधक प्रोफेशनल संगठनों में काम करके नेटवर्क विकसित करते हैं। ये संगठन इंस्टीट्यूट ऑफ इंजीनियर्स या इंस्टीट्यूट ऑफ इंडस्ट्रियल इंजीनियर्स या इंस्टीट्यूट ऑफ चार्टर्ड एकाउंटेंट्स या स्थानीय मैनेजमेंट एसोसिएशन हो सकते हैं। वस्तुतः कई प्रबंध-सलाहकार स्थानीय मैनेजमेंट एसोसिएशन में सक्रिय भूमिका के जरिये नेटवर्क विकसित करने की संभावनाएँ तलाश करते हैं। यहाँ काम करके उन्हें अपनी धाक जमाने और कॉरपोरेट क्षेत्र के मैनेजरों के साथ काम करने का अवसर मिल सकता है, जो उनके संभावित ग्राहक हो सकते हैं। अन्य प्रबंधक सेवानिवृत्ति से थोड़ा पहले ही प्रोफेशनल संगठनों के प्रति रुचि प्रदर्शित करते हैं, क्योंकि उनकी मंशा इसके बाद सलाहकार के रूप में स्थापित होने की होती है और इसलिए पहले ही वे काम कर रहे प्रबंधकों के साथ एक बड़ा नेटवर्क विकसित करने की कोशिश करते हैं। इनके अलावा, अन्य प्रबंधक इस तरह का नेटवर्क विकसित करते हैं, जो उनकी व्यक्तिगत छवि को सुदृढ़ करने में मदद करे ताकि जब भी कहीं बेहतर कैरियर-अवसर सामने आए तो उनकी दावेदारी मजबूत रहे।

ये नेटवर्क समान व्यवसाय में विकसित किए जाते हैं, चाहे व्यवसाय को संकीर्ण अर्थों में (चार्टर्ड एकाउंटेंट) समझा जाए या विस्तृत संदर्भों में (मैनेजमेंट एसोसिएशन)।

सामाजिक नेटवर्क

इनके अलावा जो अन्य नेटवर्क स्थापित किए जाते हैं, वे समान हितों को लेकर, लेकिन सामाजिक रूप से संगत स्तर पर, निर्मित किए जाते हैं। समान सेवा एक समान हित है, जैसा रोटरी एंड लायंस क्लब के साथ है, लेकिन इसमें प्रवेश के लिए एक विशेष सामाजिक हैसियत व मान्यता की आवश्यकता होती है। यह नेटवर्क आपको अन्य व्यवसायों के साथ संपर्क बनाने का मौका देता है और आपका दायरा बढ़ा देता है।

हमेशा अपने कोट पर रोटरी का लेबल-पिन लगाए रखनेवाले रॉय ने एक दिन अचानक लंदन के भूमिगत मार्ग पर खुद को एक अजनबी से मुखातिब पाया। यह

अजनबी आस्ट्रेलियावासी भी रोटरी क्लब का सदस्य था और लंदन कारोबार के सिलसिले में आया था। वे दोनों एक-दूसरे से परिचित हो गए। वे एक समान हित के साझीदार थे। आज वे एक-दूसरे के साथ कारोबार कर रहे हैं। रोटरी-नेटवर्क के अंतर्राष्ट्रीय विस्तार ने रॉय की मदद की।

औद्योगिक नेटवर्क

इसी तरह इंडस्ट्री-नेटवर्क भी हैं, जैसे ऑर्गनाइजेशन ऑफ फार्मास्यूटिकल प्रोड्यूसर्स ऑफ इंडिया, जहाँ एक विशेष उद्योग के प्रतिनिधि मिलते हैं और एक-दूसरे से परिचित होते हैं तथा समान रणनीति व प्रतिनिधित्व तैयार करते हैं।

शीर्ष पदों पर आसीन अधिकारियों के छोटे-से दायरे का नेटवर्क भी होता है, जैसे मुंबई के माध्यम से बड़ी कंपनियों के मुख्य एग्जीक्यूटिवों का अनौपचारिक समूह। यह समूह महीने में एक बार समान समस्याओं पर चर्चा करने व विचारों का आदान-प्रदान करने के लिए बैठता है। ये साल में दो बार अपने परिवारों के साथ पिकनिक पर भी जाते हैं, ताकि आपस में गहरे संबंध स्थापित किए जा सकें। इससे उन्हें एक-दूसरे को सलाह देने, सहयोग व मदद करने का मौका मिलता है।

इसके अलावा अधिक औपचारिक नौजवान अध्यक्षों की एक अंतर्राष्ट्रीय एसोसिएशन भी है, जिसमें (एक निश्चित न्यूनतम टर्न ओवरवाली) कंपनियों के ऐसे अध्यक्ष शामिल हैं, जो इस पद पर 40 साल की उम्र से पहले ही पहुँच गए हैं। इस एसोसिएशन के जरिये इन नौजवान व बेहद सफल सदस्यों को एक-दूसरे से नेटवर्क स्थापित करने और एक-दूसरे की मदद करने का अवसर मिलता है।

सामुदायिक नेटवर्क

समुदाय भी नेटवर्क विकसित कर सकते हैं, विशेष कर मुंबई जैसे महानगर में। माथुर-समुदाय मुंबई में हर साल एक पिकनिक आयोजित करता है, जिसमें बड़ी संख्या में परिवार शामिल होते हैं। इससे माथुर-समुदाय के नौजवान लड़कों को इसी समुदाय की जवान लड़कियों से और उनके माता-पिता को एक-दूसरे से परिचित होने का मौका मिलता है। नेटवर्क विकसित होते हैं और शादियाँ स्वर्ग के बजाय इसी धरती पर तय होने लगती हैं।

सफलता में सहायक

मोटरोला के दक्षिण-पूर्व एशिया के सीडी टैम, जो कंपनी में शीर्ष क्षेत्रीय प्रबंधकीय पद पानेवाले पहले एशियाई हैं, का कहना है कि वे अपने अंतर्राष्ट्रीय परिदृश्य को लगातार विस्तृत करने के लिए विश्वभर में फैले कंपनी के अन्य अधिकारियों से नियमित रूप से इलेक्ट्रॉनिक मेल द्वारा बात करते रहते हैं। टैम कंपनी के भीतर नेटवर्किंग में विश्वास रखते हैं और इस बात को स्वीकार करते हैं कि यही उनकी सफलता की वजह है।

ली टॉम पेरे ने 'ऑफेंसिव स्ट्रेटिजी—कंपीटिंग हेड टु हेड' में लिखा है कि 'अवसरवादी नए अवसरों को चिन्हित करने और उनका मूल्यांकन करने से लिए पहले संबंधों का नेटवर्क बनाते हैं और फिर उसका इस्तेमाल करते हैं।' ट्रैमल क्रो एक विशाल रीयल एस्टेट कारोबार केवल इस दर्शन पर खड़ा करने में सफल हो गया कि 'मैं अकेला मजबूत आदमी बनने के बजाय, अन्य मजबूत आदमियों के बीच मजबूत आदमी बनूँगा।' क्रो का नेटवर्क उनके व उनकी कंपनी के लिए सफलता की कुंजी साबित हुआ।

समानता जरूरी है

हालाँकि, नेटवर्किंग के प्रभावी रूप से कारगर होने के लिए यह जरूरी है कि व्यापक दायरे में हैसियत को लेकर एक निश्चित साम्य हो। सामान्य तौर पर आप अपने से पद में बहुत ऊपर या बहुत नीचे के लोगों के साथ नेटवर्किंग नहीं कर सकते, क्योंकि तब यह परामर्श की एक प्रणाली में तबदील हो जाएगा। नेटवर्किंग के लिए आदर्श रूप में एक निश्चित पारस्परिकता की भी जरूरत होती है। किसी और से कोई काम कहने के लिए यह आवश्यक है कि आप भी उस व्यक्ति के लिए कुछ करने की स्थिति में हों।

नरेश ने एक छोटी मैनेजमेंट सलाहकार कंपनी में शीर्ष सलाहकार का पद इस आधार पर स्वीकार किया कि वह कंपनी में ग्राहकों को लाएगा और उसे शुल्क-राजस्व में से एक हिस्सा मिलेगा। यह एक लाभ की हिस्सेदारी वाली व्यवस्था थी, जो नरेश को इसलिए आकर्षक लगी क्योंकि वह अभी तक उत्कृष्ट शैक्षणिक योग्यता के बावजूद अपने कैरियर को चमका नहीं सका था। चूँकि नरेश प्रायः रोज सुबह एक औद्योगिक समूह के चेयरमैन के साथ टेनिस खेलता था और हर सप्ताहांत में कुछ शक्तिशाली उद्योगपतियों के साथ ब्रिज खेलता था, इसलिए उसने सोचा कि कंपनी के लिए ग्राहक लाना उसके लिए मुश्किल न होगा। साल के अंत में नरेश ने सलाहकार-कंपनी छोड़ दी। वह ग्राहकों को आकर्षित करने में बिलकुल भी सफल नहीं हुआ। उसके परिचित उसके साथ टेनिस या ब्रिज तो प्रसन्नतापूर्वक खेलते थे क्योंकि वह एक अच्छा खिलाड़ी था, लेकिन वे उसे व्यापार में अपने बराबर या एक सहयोगी के रूप में नहीं देखते थे। जिस नेटवर्क पर उसने विश्वास किया था, वह असलियत में मौजूद ही नहीं था।

इसलिए प्रबंधक के रूप में सफलता के लिए नेटवर्किंग हालाँकि बेहद जरूरी है, लेकिन विशेष कर अपनी कंपनी से बाहर, नेटवर्किंग के लिए यह जरूरी है कि पद में कुछ हद तक समानता हो, आदान-प्रदान कर सकने की क्षमता हो और पारस्परिक सम्मान तथा विश्वास हो।

कई गुर हैं पेशा बदलकर सफलता पाने के

क्या कभी आपमें नौकरी को छोड़कर अपने सपनों में बसे पेशे को अपनाने का जुनून आया है? क्या आप अपने पेशे में ऐसे कामों पर बहुत ज्यादा समय बरबाद करते हैं, जिनसे आपको नफरत है ? नीरस कैरियर के इन सात लक्षणों पर नजर डालें और फिर जवाब दें :

1. **ऊब :** आप इतने चैन से हैं कि अपना अधिकतर काम यंत्रवत करते चले जाते हैं।

2. **इतवारी बुखार :** रविवार के दिन आप यह सोचकर थका हुआ और दुखी महसूस करते हैं कि सोमवार को काम पर जाना है।

3. **थमा हुआ वेतन :** और अधिक पैसे कमा सकने का कोई और साधन नहीं।

4. **30/70 नियम :** आपके काम का 30 फीसदी अथवा इससे अधिक ऐसा है, जिससे आपको घृणा है।

5. **कुछ बनना चाहते हैं :** भले ही यह कितना ही अव्यावहारिक लगे, किंतु भीतर ही भीतर आप...बनना चाहते हैं।

6. **मैं यह होता :** हर कोई कहता है कि तुम्हें...होना चाहिए था, और आप उन लोगों से सहमत होने लगे हैं।

7. **अंतहीन गिरावट :** आपकी निपुणता खत्म हो रही है, आप पहले का-सा स्तर बनाए नहीं रख पा रहे हैं, आप और फुर्ती नहीं ला सकते। लोगों ने भी इसे गौर किया है।

जवाब यदि 'हाँ' में है, तो शायद परिवर्तन का यही मौका है।

अपनी रुचि व पेशे को एक-दूसरे के अनुकूल बनाएँ

हममें से अधिकतर लोग सदा एक ही पेशे से जुड़े नहीं रहते। विशेषज्ञ अब मानते हैं कि औसत आदमी को अपने जीवनकाल में कम से कम तीन बार अपना पेशा बदलना चाहिए। अपनी सफलता की अधिकतम संभावना आप किस प्रकार बढ़ा सकते हैं? प्रस्तुत हैं उन लोगों के परामर्श जिन्होंने ऐसा किया है या जिन्होंने इस क्षेत्र में लोगों की सहायता की है।

चयन करें

'कुछ लोगों में जोश होता है और वे ठीक-ठाक जानते हैं कि उन्हें क्या चाहिए,' यह कहना है रोजगार-विशेषज्ञ कैरल हायट का, 'पर हममें से अधिकतर लोगों का कोई अनुमान नहीं होता कि हमारी अगली नौकरी क्या होगी।'

अपने क्षेत्र का दायरा इन रणनीतियों से घटाएँ :

- पक्के तौर पर विचार कर लें कि आपको अपना वर्तमान पेशा ही नापसंद है—केवल नौकरी नहीं। 'कई बार लोग काम तो सही कर रहे होते हैं, मगर गलत जगह पर,' हायट का कहना है। यदि आप अपने बॉस या सहकर्मी से नफरत करते हैं, तो आपको उसी पेशे में रहकर किसी और जगह नौकरी करने की जरूरत है।
- यह न सोचें कि आप 'फँस' गए हैं।
- अपने शौक के बारे में सोचें।
- पेशेवर परामर्श लें। अनेक विश्वविद्यालयों व नियोजन-कार्यालयों में निःशुल्क अथवा बहुत कम शुल्क पर नियोजन-परामर्श अथवा स्वाभाविक रुझान जाँच की सेवाएँ उपलब्ध हैं। या फिर आप प्रौढ़ शिक्षा नियोजन पाठ्यक्रम कर सकते हैं।
- पुस्तकें पढ़ें। एक बढ़िया स्रोत है प्रतिवर्ष परिवर्धित की जानेवाली पुस्तक 'ह्वाट कलर इज योर पैराशूट?' इसके लेखक हैं नेलसन बोल्ज। इसमें तालिकाएँ, कार्यविधिपत्र और सारणियाँ दी गई हैं, जिनके आधार पर आप अपनी कुशलता व स्वाभाविक रुझान के बारे में पक्के तौर पर जान सकते हैं।
- विकास की संभावना वाला क्षेत्र चुनें। 'ऐसा पेशा तलाश करें, जिसमें आगामी दशक में प्रशिक्षित लोग कम मिलें और उनकी माँग कहीं अधिक हो,' व्यवसाय-परामर्शदाता क्रिस्टिन पेन का यह सुझाव है।

पानी की गहराई का जायजा लें

'प्रशिक्षण प्राप्त करने और नौकरी तलाश करने में समय और धन खर्च करने से पहले थोड़ा अनुभव प्राप्त कर लें,' यह सुझाव है व्यवसाय-परामर्शदाता बारबरा शेर का। देखें, कैसे :

- स्वैच्छिक सेवा करें। आप नर्स बनना चाह रहे हैं तो अपनी मुफ्त सेवाएँ अस्पताल को पेश करें। रेडियो-प्रसारण करना है? नेत्रहीनों के लिए पढ़ें। लीजा गुडमैन, जो एक परिचारिका और अभिनेत्री है, की रुचि जानवरों में है। उसने

गोरिल्ला फाउंडेशन के लिए धन इकट्ठा करने के वास्ते अपनी सेवाएँ दीं। वहाँ उसने संपर्क बनाए और चिड़ियाघर में नौकरी पा ली। अब 41 वर्ष की उम्र में गुडमैन चिड़ियाघर के शिक्षा विभाग में पूर्णकालिक रूप से कार्यरत है और चिड़ियाघर ही उसकी प्राणी-विज्ञान में स्नातक की पढ़ाई का खर्च दे रहा है।

● नेटवर्क का इस्तेमाल करें। 'अपने तमाम जाननेवालों से मालूम करें कि क्या वे ऐसे किसी व्यक्ति को जानते हैं, जो आपकी पसंद का काम करता है?' यह सुझाव है कार्यस्थल-स्तंभकार जॉन लॉयड का, 'एक बार आपको ऐसे लोगों का पता चल जाए, तो उनसे सवाल पूछने के लिए 20 मिनट का समय माँग लें।' अथवा सार्वजनिक पुस्तकालय जाकर विभिन्न उद्योग.एवं व्यापार-मंडलों की निदेशिकाएँ ही देखें।

● कौशल का स्थानांतरण करें। 'यदि आप ऐसे लेखाकार हैं जिसकी रुचि खेलकूद में है, तो आपको खेल-औषधि समूह या हेल्थ-कलब में लेखाकार का काम तलाश करना चाहिए,' लायड का सुझाव है। एक बार वहाँ पहुँच जाने के बाद आप अपनी जिम्मेदारी का दायरा बढ़ा सकते हैं और अतिरिक्त प्रशिक्षण प्राप्त कर सकते हैं।

● व्यवसाय का नमूना लें। अपनी नौकरी छोड़ने से पहले अंशकालिक रूप से नए पेशे को आजमाएँ। जेनट टकर विज्ञापन और बिक्री के क्षेत्र में था। बच्चों के स्कूल के लिए कठपुतली का नाच करवाते समय उसकी मसखरों में रुचि हो गई। 'मैंने एक सामुदायिक कॉलेज में मसखरी के पाठ्यक्रम का पता लगाया, उसमें दाखिला लिया और तब मुझे एहसास हुआ कि वह मुझे प्रिय है,' टेकर याद करके बताता है। नौकरी के साथ-साथ खाली समय में वह मसखरे का भी काम करता रहा, जब तक कि वह पूर्णतया व्यस्त नहीं हो गया।

स्कूल जाएँ

विश्वविद्यालय आजकल बड़ी उम्र के विद्यार्थियों को प्रोत्साहन दे रहे हैं। पढ़ाई पर पैसा खर्च होता है, किंतु आप इन परामर्शों पर चलकर सहायता पा सकते हैं।

● आर्थिक सहायता के लिए आवेदन करें। अनुदान, ऋण अथवा छात्रवृत्ति प्राप्त करने के लिए आपका निर्धन होना आवश्यक नहीं। आप मदद के पात्र हो सकते हैं, बशर्ते आप अपनी जरूरत साबित कर सकें।

● अपने धन को सुव्यवस्थित करें। सोनी दंपती ने कम दरों पर ब्याज का लाभ उठाने के लिए अपने मकान के ऋण की व्यवस्था की, 'हमें इतना ऋण मिल गया कि हमने कार का ऋण चुका दिया।'

● सामान्य डिगरियों से परहेज करें। स्कूल से कुछ बनकर निकलने की कोशिश करें, जैसीकि कंप्यूटर-प्रोग्रामर पेन की सलाह है।

आपकी नई नौकरी

अपनी तैयारी के बावजूद नौकरी बदलना आपके विश्वास की छलाँग है।

झटके को सहने के लिए तैयार रहें

हार मानने के लिए नहीं, आमदनी में कमी के लिए झटके को सहने के लिए तैयार रहें। स्वेच्छा से अपना पेशा बदलनेवाले दस में से सात लोग अपनी आमदनी बढ़ाते हैं। किंतु जब तक नए क्षेत्र में महारत हासिल नहीं हो जाती, आमदनी कम भी हो सकती है। 'मगर उसकी भरपाई आप बहुत जल्दी कर सकते हैं,' हायर का कहना है।

● प्रतिस्पर्धा की उम्मीद करें। आपका वास्ता ऐसे लोगों से पड़ सकता है, जो आप-जैसा प्रशिक्षण पा चुके हों पर जिनका अनुभव आपसे ज्यादा हो। किंतु दूसरी बातें, जैसेकि उम्र, शिक्षा अथवा विशेष प्रशिक्षण के मामले में, संभव है, आप ही इक्कीस हों। कार्यक्षेत्र की पूरी गवेषणा कर देखें।

यदि आप अपने नए रोजगार में सफल नहीं हो पाते, तब भी यह न समझ लें कि सब समाप्त हो गया है। हर नई कोशिश से आप हर बार कुछ सीखते हैं, चाहे आप उसे पूर्णकालिक व्यवसाय के रूप में अपनाएँ या नहीं। और जब आप सफल हो जाते हैं तो उसके परिणाम की मिठास लाजवाब होती है।

हेड-हंटर के साथ समझदारी से पेश आएँ

जब कोई एग्जीक्यूटिव अपने कैरियर की सीढ़ी के मध्य सोपान पर पहुँच जाता है, तो उसके ऐसे विभिन्न हेड-हंटरों की सूची में शामिल हो जाने की प्रबल संभावना बन जाती है जो अपनी ग्राहक-कंपनियों के लिए सतत प्रतिभा-खोज में लगे रहते हैं।

एग्जीक्यूटिव जितना ही सफल होता है, हेड-हंटरों में उसके प्रति उतनी ही अधिक रुचि होती है, और जितना ही वह अपने काम में खुश होगा, हेड-हंटर उसे लुभाने के उतने ही उपाय करेंगे।

जब हेड-हंटर आपसे संपर्क करें, तो आप क्या करेंगे? क्या आप तुरंत प्रस्ताव को अस्वीकार कर देंगे? कह देंगे कि आपको उसमें कोई रुचि नहीं है, कि आप उससे पहले कभी नहीं मिले हैं, कि उसका ऑफिस में संपर्क करना धृष्टता है और वह फिर आगे कोई फोन न करे? या फिर आप पूरी रुचि दिखाएँगे और दूसरे ही दिन अपना अद्यतन बायोडाटा भेजने का वादा कर देंगे?

ढेर सारे हेड-हंटरों से मिलकर खुद को बिकाऊ साबित करना ठीक नहीं

पता लगाएँ

दोनों ही प्रतिक्रियाएँ उचित नहीं हैं। इनमें से कुछ भी करने की जरूरत नहीं। समझदारी इसी में है कि हेड-हंटर को धैर्यपूर्वक सुना जाए, फिर पहले उसके बारे में कुछ पता लगाया जाए--वह किस प्रकार का हेड-हंटर है? वह इस व्यवसाय में कब से है? उसके पास किस तरह के ग्राहक हैं? आदि-आदि।

हेड-हंटर कई प्रकार के होते हैं, क्योंकि इसके लिए किसी प्रकार की औपचारिक योग्यता की आवश्यकता नहीं होती। बस, एक

लकड़ी का टुकड़ा, पेंट का एक डिब्बा और एक पेंट-ब्रश होना चाहिए और आप इस व्यवसाय में शामिल हो सकते हैं। कुछ ऐसे लोग हैं जो ट्रैवल-एजेंट हैं और हेड-हंटिंग का धंधा भी चला रहे हैं, कुछ हैं जो कनिष्ठ एग्जीक्यूटिव श्रेणी में शिखर पर पहुँचकर नौकरी छोड़ चुके हैं और अब शीर्ष प्रबंधन स्तर तक के लिए साक्षात्कार करने का साहस कर रहे हैं।

तथापि, छानबीन के रूप में थोड़े-बहुत सवालों से आप एक अच्छे हेड-हंटर की पहचान कर सकते हैं। उसके बाद उसके बारे में दोस्तों और सहयोगियों से और जानकारी लेकर इसकी पुष्टि की जा सकती है। अगले कदम के तहत यह पता लगाना चाहिए कि वह किस तरह का प्रस्ताव रख रहा है। किस प्रकार का कार्य है और उसकी प्रकृति क्या है। आप किसके प्रति जवाबदेह होंगे और आपके प्रति कौन जवाबदेह रहेंगे? आगे बढ़ने की क्या संभावनाएँ हैं? कार्य-स्थल कहाँ है? कंपनी का पदानुक्रम और उसकी स्फूर्ति क्या है, और परिलब्धियाँ क्या हैं? आपको अपनी वर्तमान नौकरी छोड़कर उसके द्वारा प्रस्तावित नौकरी क्यों करनी चाहिए?

मना करने का पहला विकल्प आपका

हो सकता है, हेड-हंटर आपको अपनी ग्राहक-कंपनी का नाम न बताए। लेकिन इससे कोई फर्क नहीं पड़ता। ऐसा प्रायः होता है। कंपनी का बिना नाम बताए वे आपको उसकी एक रूपरेखा बता देंगे, और आपके बारे में बिना आपका नाम बताए कंपनी को बता देंगे। जब दोनों की पसंद मेल खाती हो, तभी हेड-हंटर आपका नाम अपनी ग्राहक-कंपनी को बताए बिना पहले आपको उस कंपनी का नाम बताएगा। कारण चाहे जो भी हो, ना कहने का पहला विकल्प आपको ही मिलता है।

तब क्या आपको हेड-हंटर से मिलना चाहिए? और अगर हाँ, तो कहाँ? अगर इस सुरक्षित प्रस्ताव के संदर्भ में आपकी प्रारंभिक प्रतिक्रिया अच्छी या बस उत्साह-वर्धक भी हो, तो आप अपना बायो-डाटा भेज सकते हैं।

बायो-डाटा प्रस्तावित कार्य के लिए विशेष रूप से तैयार किया गया होना चाहिए। बायो-डाटा में प्रस्तावित नौकरी से सीधे जुड़े पहलुओं पर जोर दिया जाना चाहिए। इसके बाद हेड-हंटर मिलने की सलाह दे सकता है, जिसे आपको अवश्य मान लेना चाहिए। कुछ हेड-हंटर आपसे भीड़भाड़ वाले रेस्तराओं में मिले हैं, जो कि उचित नहीं है।

आप कभी नहीं जान पाते कि आपको किसने और कितने लोगों ने देखा, और वे आप दोनों को साथ देखकर दो की चार बना दें। कुछ हेड-हंटर आपको अपने ऑफिस में बुला लेते हैं, जहाँ आप अपने को एक छोटे-से स्वागत कक्ष में अन्य बुलाए गए लोगों के बीच पाते हैं, और वहाँ क्लर्क से लेकर वित्त-प्रबंधक तक—सभी तरह के लोग बैठे मिल सकते हैं। यह भी कुछ हद तक बेढंगा लग सकता है हालाँकि इसके लिए कोई सुरक्षित सुझाव नहीं दिए जा सकते, फिर भी यह जरूर ध्यान रखना

चाहिए कि मिलने की जगह शांत और असार्वजनिक हो, जहाँ लोगों की आवाजाही न हो और आपसी बातचीत बिना जोर से बोले की जा सके।

ऐसी बैठक के आधार पर हेड-हंटर अपनी ग्राहक-कंपनी का नाम आपको बताने का निर्णय कर सकता है। अगर वह कंपनी आपकी अभिरुचियों के अनुकूल हो तो आप भी कंपनी को नौकरी के लिए अपनी उम्मीदवारी बताने की अनुमति दे सकते हैं। या फिर आप यह निर्णय कर सकते हैं कि ऐसे संगठन में आपकी कोई रुचि नहीं है। इस परिस्थिति में मामला यहीं खत्म हो जाता है।

मना भी करें तो शिष्टतापूर्वक

फिर भी हेड-हंटर के लिए दरवाजा बंद करते समय दृढ़ लेकिन शिष्ट व्यवहार करना ही विवेकपूर्ण है। कंपनी या उसके कर्मचारियों के प्रति अनादरपूर्ण वक्तव्यों की कोई जरूरत नहीं। प्रस्ताव के प्रति रूखापन या अपनी श्रेष्ठता दिखाने की भी कोई आवश्यकता नहीं। ऐसी स्थिति में भी नहीं, जब हेड-हंटर की कोई बात आपको उत्तेजित करे। आप नहीं जानते कि आप दोनों के रास्ते कब आपस में फिर टकरा जाएँ।

व्यापार-जगत का एक पुराना नियम है—किसी ग्राहक को कभी नाराज न करें। यही बात यहाँ भी लागू होती है—किसी हेड-हंटर को कभी नाराज न करें। वह अपने ग्राहक के लिए अपना कार्य कर रहा है। यह आप पर है कि आप उसके प्रस्ताव पर हाँ या ना करें। और जब एक बार आप अपने रास्ते हो लेते हैं तो कोशिश यही करें कि मैत्रीपूर्ण संबंधों पर आधारित एक दूरी बनी रहे ताकि भविष्य में अगर ज्यादा अनुकूल प्रस्ताव हो तो आप उसके दिमाग में सबसे पहले उभरें।

बिकाऊ न दिखें

लेकिन इस बारे में एक चेतावनी भी है। अगर आप एकसाथ कई हेड-हंटरों के दिमाग में बैठे हैं, और आपका बायो-डाटा किसी एक ही कंपनी में कई हेड-हंटरों के मार्फत पहुँचता है, तो एक चालाक कंपनी यह समझ लेती है कि अभ्यर्थी स्पष्टतः 'बिकाऊ' है।

कंपनी यह महसूस करना चाहती है कि उन्होंने एक ऐसे व्यक्ति की खोज की है जो असरदार है और अपनी वर्तमान नौकरी में खुश है तथा लगातार परिवर्तन की खोज में नहीं लगा है। वे ऐसा उत्पाद नहीं खरीदना चाहते, जो हर दुकान पर सजा हुआ हो। और अगर कंपनी ऐसा करती भी है, तो वे अभ्यर्थी को उस हेड-हंटर द्वारा अपने यहाँ बुलाएँगे जो सबसे कम शुल्क वसूल करे और फिर उस अभ्यर्थी से कम से कम पारिश्रमिक पर काम करने के लिए सौदेबाजी भी कर सकते हैं।

अभ्यर्थी और हेड-हंटर के बीच आपसी विश्वास का होना बहुत जरूरी है और उधर हेड-हंटर और कंपनी में भी ऐसा ही होना चाहिए। अगर यह आपसी विश्वास और विवेक गायब हो जाए तो बहुत-सी समस्याएँ उठ खड़ी होंगी।

क्या आपकी साख अच्छी है?

विनोद के कारखाने में बिनौले की खली बना करती थी। एक रात उसके गोदाम में आग लग गई और लगभग पाँच लाख रुपए मूल्य का बिनौला जलकर राख हो गया। इतना घाटा सहकर कारखाना चला सकना उसके लिए संभव नहीं था। अतः कारखाना बंद कर दिया गया।

उसने एक लाख रुपए का बिनौला उधार ले रखा था। उसे समझ नहीं आ रहा था कि इस रकम का इंतजाम कैसे होगा। उसने उन मित्रों से आर्थिक मदद माँगी, जिनकी वह आड़े समय पर कुछ सहायता कर दिया करता था। उन्होंने उसे समझाया कि जब उसे इतना बड़ा घाटा पड़ गया है कि कारखाना भी बंद कर देना पड़ा है, तो उस रकम को लौटाने की आवश्यकता ही क्या है? इस बात से विनोद समझ गया कि कोई भी उसकी मदद करने को तैयार नहीं है।

तब उसने अपनी पत्नी से सलाह की और उसके गहने बेचकर लेनदार व्यापारी को पूरी रकम वापस कर दी। कुछ दिनों बाद जब उस व्यापारी को सारी बात पता चली, तो वह स्वयं विनोद के घर आया और उसके सामने अपना ब्रीफकेस खोलकर बोला, 'लाभ-हानि तो चलती ही रहती है, लेकिन जो आपने किया है, वह बहुत कम लोग करते हैं।' विनोद के लाख मना करने पर भी वह व्यापारी उसे दो लाख रुपए जबरदस्ती बगैर ब्याज के दे गया और अपने शहर जाकर तुरंत बिनौले के तीन ट्रक उसके पास भिजवा दिए।

हर छोटा-बड़ा व्यापारी साख पर निर्भर करता है

साख की खुशबू

अच्छी साख फूलों की सुगंध की तरह होती है, जो वातावरण में दूर-दूर तक अपने-आप फैल जाती है और अपने संपर्क में आनेवाले प्रत्येक व्यक्ति को अपनी ओर आकर्षित करती रहती है। विनोद के साथ भी यही हुआ। जब उसकी अच्छी साख के बारे में बिनौले के दूसरे व्यापारियों को पता चला, तो उसके पास एक के बाद एक टेलीफोन आने लगे कि वह बिनौला उनसे बाजार-भाव से सस्ता ले ले और पैसों की बिलकुल चिंता न करे।

अब वही बंद कारखाना जब रात-दिन चलने लगा तो विनोद के वही मित्र, जिन्होंने उसे रकम न लौटाने की सलाह दी थी, आश्चर्यचकित से एक-दूसरे का चेहरा देख रहे थे।

जिस प्रकार मनुष्य के शरीर का पूरा ढाँचा उसकी सुदृढ़ रीढ़ की हड्डी पर निर्भर करता है, ठीक उसी प्रकार कोई भी व्यापार, चाहे वह छोटा हो या बड़ा, उसे चलानेवाले की साख पर निर्भर करता है। जिस व्यक्ति की साख अच्छी होती है, उसका व्यापार बिना पैसों के भी चल निकलता है और जिस व्यक्ति की साख खत्म हो जाती है, उसका अच्छा-खासा चलता हुआ व्यवसाय भी चौपट हो जाता है।

साख चौपट तो व्यापार चौपट

गोपाल का व्यापार इसलिए चौपट हो गया क्योंकि उसने अपनी साख खराब कर ली थी। उसका व्यापार उधार के सहारे ही चलता था। उसने किसी व्यापारी के साथ पाँच ट्रक सरसों का सौदा इस उम्मीद पर किया था कि जब माल उसके पास पहुँचेगा तो उसके दाम बहुत बढ़ जाएँगे और वह काफी मुनाफा कमा लेगा। लेकिन हुआ इसका उलटा। जब सरसों से भरे ट्रक उसके पास पहुँचे, तो दाम एकाएक गिर गए। इससे गोपाल को हजारों रुपए का घाटा होना तय था। अतः उसने माल लेने से इनकार कर दिया और ट्रक-ड्राइवरों को किराया तक देने से मुकर गया।

परिणाम यह हुआ कि अब कोई व्यापारी उस पर यकीन नहीं करता। सभी कहते हैं कि पहले पूरी रकम नगद जमा कराओ, तभी कोई सौदा तय होगा। फलतः जहाँ उसे तीन-चार लाख रुपए तक का सामान उधार मिल जाता था, अब एक लाख रुपए तक का भी नहीं मिलता। जब उसे उधार मिलना बंद हो गया, तो उसके लिए भी ग्राहकों को उधार देना संभव न रहा। इस प्रकार ग्राहक टूट गए और जिन ग्राहकों से उधार वसूल करना था, वह सब बीच में ही लटक गया। जब चलती गाड़ी बीच में अचानक रुक गई तो गोपाल का व्यापार एकदम ठप हो गया। कई दिन तक वह घर में बेकार बैठा रहा। अब हालत यह है कि जहाँ पहले उसके पास कई मुनीम काम करते थे, वहाँ अब वह स्वयं एक दुकान पर मुनीमी कर रहा है।

विज्ञापन की भी जरूरत नहीं

जिस व्यक्ति की साख अच्छी हो जाए, उसे अपना सामान बेचने के लिए फालतू विज्ञापनबाजी करने की भी जरूरत नहीं पड़ती। रामलाल के साथ ऐसा ही हुआ। जब उसने साबुन बनाने का काम शुरू किया, तो कई लोगों ने उसे बहुत डराया कि जो व्यक्ति इस धंधे में पहले से जमे हुए हैं, वह उनका मुकाबला नहीं कर सकेगा, और उसकी नाकामी निश्चित है। लेकिन वह घबराया नहीं और वह जब साबुन बनाने का नमूना लेकर बाजार में पहुँचा तो दुकानदारों ने ऑर्डर नहीं दिया क्योंकि उनके हिसाब से साबुन महँगा था।

तब रामलाल ने अपनी सूझबूझ से एक नया तरीका खोज निकाला। उसने साबुन को अपने नौकर से रेहड़ी पर लदवाकर गली-मोहल्ले में बेचने के लिए भेज दिया। एक महीने के भीतर ही उसकी साबुनवाली रेहड़ी महिलाओं में इतनी लोकप्रिय हो गई कि जब वह प्रातः उनकी गली का चक्कर लगाता, तो देखते ही देखते पूरी रेहड़ी खाली हो जाती।

रामलाल का साबुन बढ़िया था और उसके दाम भी वाजिब थे। यह उसकी साख ही थी, जो बाजार तक फैल गई। जिन दुकानदारों ने पहले साबुन लेने से इनकार कर दिया था, अब वे ही रोज उसके घर के चक्कर लगाने लगे। पर रामलाल अब उनको साबुन बेचता ही नहीं। पूछने पर उसने बताया कि जब परचून में ही सारा साबुन नकद पैसों पर बिक जाता है, तो मैं क्यों दाम घटाकर उधार में बेचूँ?

बिन साख सब सूना

उधर जब ध्यानचंद ने देखा कि रामलाल साबुन के काम से अच्छी कमाई कर रहा है, तो उसने अपना पहलेवाला काम बंद कर दिया और साबुन का काम शुरू कर दिया। उसका नौकर गली-मोहल्ले में जाकर कहता, 'अगर हमारा साबुन खराब निकला तो इस्तेमाल किया हुआ भी वापस कर देना और उसके पैसे नकद ले लेना।'

उसकी यह तरकीब काम कर गई और छः महीने तक काम ठीक-ठाक चलता रहा। लेकिन उसके बाद ध्यानचंद ने लालच में पड़कर घटिया साबुन बनाना शुरू कर दिया और साबुन के दाम भी रोज-रोज सब्जियों की तरह बदलने लगा। फिर तो कुछ ही दिनों में हालत यह हो गई कि सुबह नए साबुनों से भरी हुई रेहड़ी जाती और शाम को घिसी हुई बट्टियों से भरी लौटती। महिलाएँ रोज-रोज नकद पैसे वसूलने लगीं तो ध्यानचंद के हाथ-पाँव फूलने लगे। वह कहता, 'मैं घटिया माल नहीं बनाता,' पर उसकी बात पर कोई विश्वास ही नहीं करता था। आखिर तंग आकर उसे साबुन का काम बंद कर देना पड़ा। पहला काम उसने स्वयं बंद किया था, दूसरा काम उसकी खराब साख से चौपट हो गया। अब वह न तीन में है, न तेरह में।

हर जगह चाहिए साख

अच्छी साख की आवश्यकता केवल व्यापार तक ही सीमित नहीं, बल्कि जीवन के हर क्षेत्र में उसकी जरूरत पड़ती है। चाहे आप घड़ीसाज हों या फ्रिज, कार, स्कूटर, आदि के मिस्तरी या कुछ और, जब तक आपकी साख अच्छी नहीं होगी, तब तक ग्राहक आप पर पूरा-पूरा विश्वास नहीं करेंगे। तब आप अपने व्यवसाय में इतनी तरक्की नहीं कर सकेंगे, जितनी आपको करनी चाहिए या जितनी आप कर सकते हैं। चाहे आप कुछ भी बेचना चाहते हों, उससे होनेवाला मुनाफा आपकी अच्छी साख पर ही निर्भर करता है। यदि आपने अभी तक इस ओर ध्यान नहीं दिया है, तो अब और समय बेकार न करें और अपनी साख अच्छी बनाएँ। फिर देखिए, आप किस प्रकार उन्नति के शिखर पर पहुँचते हैं।

अपने अंतर्मन की आवाज सुनें

खेल पहले से ही अतिरिक्त समय में चल रहा था कि अचानक गेंद बलिष्ठ सेंटर-फॉरवर्ड के पास पहुँच गई। वह अपने सामने डटे प्रतिपक्षी से अपने को अलग कर चुका था और अब बिलकुल ठीक स्थान पर खड़ा था। उसने गेंद को ठोकर मार गोल के भीतर उछाल दिया और अपनी टीम को विजय दिला दी। यह था फुटबॉल का नायक गर्डमूलर, जिसकी गोलंदाजी किंवदंती बन चुकी है।

विवेकपूर्ण चिंतन श्रेयष्कर है, पर ज्ञान के नैसर्गिक स्रोत की उपेक्षा भी ठीक नहीं

नरेंद्र कोहली की रामकथा पर आधारित उपन्यास-शृंखला के पहले उपन्यास 'दीक्षा' को अनेक प्रकाशकों ने छापने से इनकार कर दिया था। आखिर में पराग प्रकाशन के तत्कालीन स्वामी श्रीकृष्ण ने पूरी उपन्यास-शृंखला को छापने का जोखिम उठाया। फिर तो उनके न जाने कितने सजिल्द-अजिल्द संस्करण प्रकाशित हुए। आज लगभग 25 वर्ष बाद भी उनकी माँग समाप्त होना तो दूर, कम भी नहीं हुई है। उन्हें कितने पुरस्कार मिले, उनके कितनी भाषाओं में अनुवाद हुए, वे कितने विश्वविद्यालयों में पाठ्यक्रमों में निर्धारित हुए, उन पर कितने लोगों ने शोध किया और कर रहे हैं, इसका कोई हिसाब ही नहीं है।

अगस्त, 1865 का एक दिन। एक जर्मन केमिस्ट केकुले बान स्ट्राडोनित्ज कमरे में हाथ सेंकते-सेंकते सो गया। सपने में उसने नृत्य करते हुए साँपों को देखा और उनमें से एक साँप ने जब अपनी पूँछ खुद काटी, तो उसने अचानक जाना कि कुछ

विशिष्ट रसायनों के मिश्रणों में अणुओं की स्थिति भी अँगूठीनुमा होती है। आधुनिक रसायनशास्त्र के लिए यह एक बड़ी उपलब्धि थी।

अंतस की आवाज

इन तीनों घटनाओं का सामान्य बिंदु क्या है? यही कि किसी न किसी ने उचित समय पर उपयुक्त कार्य किया अथवा सोचा। लेकिन प्रक्रिया सभी की संभावनाओं, तर्कों या अतीत के अनुभवों से परे थी। हम ऐसे क्षणों में लिए गए निर्णयों को संयोग या भाग्य की संज्ञा देते हैं या ऐसे निर्णय लेनेवाले व्यक्तियों को छठी इंद्रिय से युक्त मानते हैं। हमें याद आता है कि कभी-कभी हमने भी सहजानुभूति के कारण सही निर्णय लिया था। लेकिन हुआ असल में यह था कि हमने अपनी उपेक्षित मानसिक शक्ति का कुछ उपयोग किया था, जिसे दूसरे शब्दों में कह सकते हैं—सहजानुभूति।

अंतर्ज्ञान हमारे अंतस की वह आवाज है, जो निर्णय के क्षणों में दो में से एक विकल्प चुन लेने की प्रेरणा देती है। हम कुछ जानते हैं, लेकिन स्पष्ट नहीं कर पाते कि हम यह कैसे जानते हैं। आज जब हम कारणों पर विश्वास करने लगे हैं, तो भावनात्मक निर्णयों से बिदकने लगे हैं। इस कारण हम अपने में निहित ज्ञानात्मक क्षमता की, जो कि सत्य अथवा सत् तक पहुँचने की उपयोगी माध्यम सिद्ध हो सकती है, उपेक्षा करते हैं। विज्ञान के इतिहास में ऐसे अनेक प्रामाणिक किस्से विद्यमान हैं, जिनमें वैज्ञानिकों की बाधाएँ चामत्कारिक ढंग से दूर हुईं।

पूरक शक्तियाँ

किसी स्थिति को सहजानुभूति से समझने का अर्थ विवेकपूर्ण विचार की उपेक्षा करना नहीं है। असल में ये दोनों मानसिक शक्तियाँ एक-दूसरे की पूरक हैं। अंतश्चेतना महत्त्वपूर्ण सूचनाएँ प्रदान करती है, जिनका तर्क-बुद्धि से परीक्षण कर इस्तेमाल किया जा सकता है। ऐसे ही बौद्धिक तर्कों को सहज ज्ञान की कसौटी पर कसकर उनकी व्यवहार्यता परखी जा सकती है। बहुत-से लोगों ने गहन चिंतन और विफल प्रयोगों की लंबी अवधि के बाद ऐसी खोजें की हैं, जो बिलकुल आकस्मिक होते हुए भी विवेक और तथ्यों पर आधारित हैं। अंतश्चेतना का उस समय विशेष महत्त्व होता है, जब अपर्याप्त आँकड़ों के बावजूद निर्णय लेने पड़ें, जैसेकि वित्तीय और राजनीतिक मामलों में। इसमें शक नहीं कि इस प्रकार के निर्णयों में विपणन और जनसंख्या संबंधी शोध अथवा संभावनाओं के ग्राफ आदि से सुविधा मिलती है जिस पर प्रत्येक व्यापारी और राजनीतिज्ञ ध्यान भी देता है, लेकिन बहुत-से मामलों में केवल अंतश्चेतना ही सफलता दिलाती है।

यह सहज अंतःप्रेरणा चेतावनी के रूप में भी कार्य करती है। कितनी ही बार हम गलत कदम उठाकर बाद में खुद ही कह उठते हैं, 'मुझे मालूम था (या मुझे लग

ही रहा था) कि यह गलत होगा।' इस प्रकार हम अपनी भीतरी आवाज को दबाकर ऐसे कार्य करते हैं। और चूँकि इन अंतश्चेतनाओं की प्रक्रिया को समझना-समझाना बहुत कठिन है, अतः हम ऐसी घटनाओं के लिए विशुद्ध संयोग या भाग्य को उत्तरदायी ठहरा देते हैं।

विश्रांति की स्थिति में

क्या सहजानुभूति विचार-प्रक्रिया को विकसित किया जा सकता है ? अध्ययनों से सिद्ध हुआ है कि अनेक सहज अंतःप्रेरणाएँ गहन मानसिक क्रियाशीलता के बाद ही विश्राम की स्थिति में प्रारंभ होती हैं। शोधकर्ताओं या कलाकारों ने सोते समय, अकेले घूमते हुए या बस, रेलगाड़ी आदि में सफर करते हुए सहजानुभूत चेतना का अक्षरशः अनुभव किया है। कई तथ्यों से यह स्पष्ट हो सकता है कि अंतर्ज्ञान शांत स्थितियों में ही क्यों उत्प्रेरित होता है। चेतन विचार-प्रक्रिया के नियंत्रण से परे रहकर भी मस्तिष्क सदा सक्रिय रहता है। यह सूचनाओं को नैसर्गिक रूप से आत्मसात कर लेता है और उनका विश्लेषण भी करता है। ऐसे विचार-समूह भी, जो कि पूर्व में विवेकपूर्ण तर्कों द्वारा अलग कर दिए गए होते हैं, मन में एकत्र हो जाते हैं।

यह सच है कि सहजानुभूति कुछ निश्चित क्षेत्रों में ही घटित होती है। उदाहरण के लिए, अंतश्चेतना से अनुप्राणित एक चिकित्सक रोग को पहचानने में तो प्रबुद्ध हो सकता है, लेकिन निजी जीवन में वह बहुत असंवेदनशील हो सकता है। ऐसे ही, एक अधिकारी कंपनी के लिए उचित व्यक्तियों के चुनाव में कुशल होने पर भी अपनी कुल बचत शेयर-बाजार में बर्बाद कर सकता है। अतः इस अंतर्ज्ञान को प्रत्यक्ष अनुभव की-सी दृढ़ता से स्पष्ट नहीं किया जा सकता। निस्संदेह यह ज्ञान-विशेष समस्याएँ हल करने में सहायता तो करता है, पर चूँकि अनुभव पारंपरिक विचार-प्रक्रिया को महत्त्व देता है, अतः वह अंतर्ज्ञान की राह में बाधा बन सकता है।

आस्था अपेक्षित है

अंतर्मन की बात सुनने का अर्थ प्रायः खतरा मोल लेना होता है। किसी असामान्य प्रस्ताव के बिगड़ जाने और इस कारण हास्यास्पद बनने का डर विशेषज्ञों को ज्यादा सताता है। किसी समस्या के समाधान के लिए प्रयुक्त पारंपरिक प्रयोगों से हुई हार को स्वीकारना कहीं अधिक सरल होता है। अपने अंतर्मन का कहा मानकर विफलता का खतरा उठाने के लिए साहस और अपने अंतर्ज्ञान पर आस्था अपेक्षित होती है।

अंतःप्रेरणाएँ हमारी इच्छाशक्ति से नियंत्रित नहीं हैं, लेकिन उनके प्रति अपना झुकाव विकसित किया जा सकता है। इसके लिए हमें हर उपलब्ध सूचना को स्पंज की तरह आत्मसात करने की आदत डालनी होगी। कनाडा के प्रबंध-शोधकर्ता हेनरी मिंट्जबर्ग ने पाया कि सफल नेता अनपेक्षित-से दिखनेवाले आँकड़ों, आंगिक चेष्टाओं

और साधारण बातचीत तथा फालतू अनुमानों पर बहुत ध्यान देते हैं। वे लिखित विवरणों की अपेक्षा व्यक्तिगत धारणाओं को ज्यादा महत्त्व देते हैं। मैसाचुसेट्स के शोधकर्ता पीटर सेंगे के अनुसार सृजनात्मक व्यक्तित्व ही ज्ञान के इस स्रोत की महत्ता स्वीकार करते हैं।

गलत सिद्ध होने का भय, प्रयत्नों की अधिकता या बदलाव की अनिच्छा इस अंतर्ज्ञान की प्रक्रिया को बाधित करती है। दूसरी ओर, समस्या सुलझाने का सहज और विनोदपूर्ण तरीका नैसर्गिक प्रेरणा को बढ़ावा देता है। निश्चय ही ऐसे बहुत-से सार्थक विचार आरंभ में यह कहकर नष्ट कर दिए जाते हैं कि 'इससे कुछ नहीं होगा, पहले भी किसी के ऐसे विचारों से कुछ नहीं हुआ।' लेकिन अमेरिका के एडविन एच लैंड के उदाहरण से तो यही सिद्ध होता है कि ऐसे विचारों से बहुत-कुछ हो सकता है। एक बार जब न्यू मैक्सिको में छुट्टी के दिन उनकी नन्ही बेटी ने उनसे पूछा कि वह दिन में खींची गई तस्वीर उसी समय क्यों नहीं देख सकी, तो उसकी बाल-सुलभ अधीरता तत्क्षण तस्वीर तैयार करनेवाले कैमरे के आविष्कार का कारण बन गई।

प्रबंधन की नई सरहद

प्रबंधन के अंतर्ज्ञान के महत्त्व पर भी आज खासा विचार चल रहा है। उसे प्रबंधन की नई सरहद (इंट्यूशन : दि न्यू फ्रंटियर ऑफ मैनेजमेंट) समझा जा रहा है। असल में हमारा संसार आज इतना जटिल हो गया है कि केवल कारण पर भरोसा करना सबसे बड़ा भ्रम बनकर रह गया है। हम अपने जीवन की, जिसमें कारोबार भी शामिल है, छोटी-बड़ी समस्याओं से कहीं बेहतर तरीके से निपट सकते हैं, यदि हम अपने विवेकपूर्ण चिंतन में अंतर्ज्ञान को मौन साझेदार के रूप में शामिल कर लें।

आकस्मिक अंतर्दृष्टि सुलझाती है गुत्थियाँ

अचानक ही एक चालीसवर्षीय प्रोफेसर, जिन्होंने पहले कभी संगीत का प्रशिक्षण नहीं लिया था, पियानो बजाना सीखने का निर्णय ले लेते हैं और मात्र छः महीने में ही वे पियानो पर शास्त्रीय संगीत बजाकर अपने मित्रों को चमत्कृत कर देते हैं।

एक दसवर्षीय लड़के को, जिसे लिखने-पढ़ने में बड़ी कठिनाई होती थी, एक विशेष विद्यालय में दाखिल करा दिया जाता है, जहाँ पढ़ाई का आधा समय विभिन्न कलाएँ सीखने में लगाया जाता है। स्कूली परीक्षाओं में उसकी सच्ची प्रतिभा की अभिव्यक्ति एक कलाकार के रूप में होती है और यह भी देखने में आता है कि उसकी पढ़ाई-लिखाई में भी काफी सुधार हुआ है।

अंतर्दृष्टि से गुत्थियाँ सुलझाने के लिए मस्तिष्क के दाहिने भाग को सक्रिय करना चाहिए

आप सोच सकते हैं कि शायद वे ऐसे असामान्य व्यक्ति रहे होंगे, जिनकी प्रतिभा को देर-सवेर उजागर होना ही था। हो सकता है, किंतु सभी मनोवैज्ञानिक इस बात पर एकमत हैं कि हम सभी में उससे कहीं अधिक रचनात्मक योग्यता मौजूद है, जितनी का प्रयोग हम दैनिक जीवन में करते हैं। समस्या यह है कि हम नहीं जानते कि कैसे मस्तिष्क के उस भाग को टटोलें, जिसमें ये सब क्षमताएँ केंद्रित हैं। अपने मस्तिष्क को मुक्त उड़ान भरने देने की जगह हम सारी सूचनाओं को कंप्यूटर की भाँति तर्कपूर्ण ढग से सँजोने में लगे रहते हैं।

मस्तिष्क का दाहिना भाग

मानव-मस्तिष्क की द्वैतावस्था के प्रमाण हमें साठ के दशक में

नोबेल पुरस्कार विजेता वैज्ञानिक रोजर स्पेरी और उनके सहयोगियों द्वारा, विभक्त मानव पर किए गए कुछ चामत्कारिक अनुसंधानों के निष्कर्षों के रूप में मिले। उन्होंने मिरगी के ऐसे रोगियों पर शोध की, जिनके मस्तिष्क के दोनों गोलार्ध शल्यक्रिया द्वारा विभक्त कर दिए गए थे, ताकि मिरगी के भयंकर दौरों से जन्म लेनेवाली विद्युत-तरंगों का शमन किया जा सके।

इस दल ने अपने प्रयोगों से सिद्ध किया कि किस तरह मस्तिष्क के दोनों भाग अलग-अलग शारीरिक क्रिया-प्रतिक्रिया को संचालित करते हैं। इससे भी अधिक महत्त्वपूर्ण तथ्य यह है कि मस्तिष्क का अपेक्षाकृत कम सक्रिय दाहिना भाग—कथित कलाप्रवण, भावुक मस्तिष्क—भी आँकड़ों व सूचनाओं को क्रमबद्ध करके उनके संबंध में अपने निष्कर्ष हमें स्वप्न, प्रतीक, हाव-भाव, संकेतों और आकस्मिक अंतर्दृष्टि के रूप में बताने की क्षमता रखता है।

विभिन्न मनःस्थितियाँ

हममें से अधिकांश लोग अपने को कभी किसी एक मनःस्थिति में पाते हैं तो कभी किसी अन्य मनःस्थिति में, हालाँकि यह नहीं समझ पाते कि ऐसा क्यों होता है। जरा इन उदाहरणों पर गौर फरमाइए :

● कभी आप कोई साधारण-सी वस्तु कहीं रखकर भूल जाते हैं। उस वस्तु को रखने से पहले और बाद में किए गए कामों को क्रम से दोहराने पर भी आप याद नहीं कर पाते। उसी शाम अचानक जब आप अँगीठी की गरमाहट में बैठे यूँ ही कुछ सोच रहे होते हैं, तभी सहसा वह भूली हुई चीज याद आ जाती है। यह अंतर्ज्ञान की कौंध एकाएक आती कहाँ से है? यह चमत्कार है आपके मस्तिष्क के दाहिने भाग का, जिसने बाएँ भाग द्वारा प्रदत्त सूचनाओं का सही उपयोग किया।

● कार से लंबी यात्रा करते हुए एकाएक आपको लगता है कि न जाने कितनी दूरी और कितना समय चुक गया, जिसका आपको पता ही नहीं चला। आप अपने मित्र से कहते हैं, 'मेरा मस्तिष्क जैसे यहाँ से करोड़ों मील दूर चला गया था।' वस्तुतः हुआ यह था कि आपके मस्तिष्क का दाहिना भाग अनेक मूर्त बिंब और अंतर्दृष्टियाँ उभारकर आपका हर तरह से मनोरंजन करता रहा।

● बहुत सिर मारने पर भी एक दिन आप यह याद करने में असफल रहते हैं कि आपने आखिर चेक किसको दिया था। सुबह दौड़ लगाते समय यह बात एकाएक आपके मस्तिष्क में उभर आती है। आप अपने को सुपर बाजार में एक चेक काटते हुए देखते हैं, जिसे आप दर्ज करना भूल गए थे। प्रश्न यह उठता है कि आपको इस समस्या का समाधान किसने सुझाया? यह थी मस्तिष्क के दाहिने भाग की दिवास्वप्निल स्थिति, जिसकी अनुभूति अधिकतर लोगों को लंबी सैर या दौड़ के दौरान होती है।

समाज द्वारा उपेक्षा

लेकिन हम अपने इस दाहिने मस्तिष्क का उपयोग क्यों नहीं करते? इस संबंध में कनेटीकट की मस्तिष्क-विशेषज्ञ जूडी हेम्स, जो किशोरों की मस्तिष्क-प्रक्रिया पर काम कर रही हैं, का कहना है, 'इसका मूल कारण समाज द्वारा बाएँ और दाहिने मस्तिष्क से संबंधित शिक्षा में प्रवृत्तिगत लिखाई-पढ़ाई, गणित आदि के साथ तार्किक विचार और विश्लेषण सिखाया जाता है। कला, संगीत और साहित्य की ओर कम ध्यान दिया जाता है। जब हमारे शैक्षिक स्तर को जाँचने का प्रश्न उठता है, तो केवल लिखित परीक्षाओं को ही उनका आधार बनाया जाता है जो पूरी तरह मानव के बाएँ मस्तिष्क की विचार-प्रक्रिया को ही प्रतिबिंबित करती हैं। 'इसलिए यह कोई अचरज की बात नहीं कि हमारा दाहिना मस्तिष्क गौण होकर रह गया है,' हेम्स कहती हैं।

फिर भी हमारे पास एक अन्य और अपेक्षाकृत अधिक प्रभावशाली विचार-प्रक्रिया मौजूद है। वह है सूचनाओं को दाहिने भाग की आकलन-प्रक्रिया के हवाले करना। बेट्टी एडवर्ड्स अपनी बहुचर्चित पुस्तक 'ड्राइंग ऑन दि राइट साइड ऑफ दि ब्रेन' में इस प्रक्रिया की जानकारी देते हुए लिखती हैं, 'इसमें हम सहज ज्ञान और आकस्मिक अंतर्दृष्टि का उपयोग करते हैं। इन क्षणों में हर गुत्थी अनायास ही सुलझती जाती है, यद्यपि प्रकटतः उस समय हम उसके बारे में तार्किक क्रम से नहीं सोच रहे होते। होता यह है कि दाहिने मस्तिष्क से अंतर्दृष्टि की एक कौंध निकलती है और सहज ज्ञान का प्रस्फुटन होता है और यही वे पूर्वाभास हैं, जिन्हें दायाँ मस्तिष्क त्वरित गति से आँकड़ों और सूचनाओं के बिना ही प्रकट कर देता है। दाहिने मस्तिष्क की यही विशिष्ट क्षमता कुछ व्यक्तियों को बाकी लोगों से अलग कर देती है, जिससे वे सामान्य भीड़ से अलग ही नजर आते हैं।'

मानस-दृष्टि

आर्थर कॉस्लर ने अपनी प्रसिद्ध पुस्तक 'दि एक्ट ऑफ क्रिएशन' में ऐसे क्षणों को 'उद्भावना-अवधि' नाम दिया है। उनके अनुसार, 'जब पारंपरिक विचार-प्रक्रिया से किसी समस्या का समाधान खोजने में सफलता नहीं मिलती तो विचार जैसे एक वृत्त में चक्कर खाने लगते हैं।' उनका सुझाव है कि ऐसी स्थिति में उस समस्या में सिर खपाते रहने की जगह उस ओर से ध्यान हटा लेना चाहिए। इस तरह आपके मस्तिष्क के दाहिने भाग को उस समस्या से जुड़े सूचना-संदर्भों पर 'उद्भावना' का समय मिल जाता है। अगर उस समस्या का हल अंतर्दृष्टि से मिलना है, तो वह प्रायः शांत क्षणों में घूमते हुए, सिलाई-कढ़ाई करते हुए या फिर रात को स्वप्न की स्थिति में ही संभव होता है।

क्या व्यक्ति को दाएँ मस्तिष्क से सोचना सिखाया जा सकता है ? विशेषज्ञों की राय में ऐसा संभव है, लेकिन इसमें समय और अभ्यास की आवश्यकता पड़ती है।

प्रयत्न करके हम सभी कभी-कभी दाहिने मस्तिष्क से सोचने की आदत डाल सकते हैं। कुछ लोग संगीत का आनंद लेते समय मस्तिष्क की विचार-प्रक्रिया को बाएँ से दाएँ लाने में सफल हो जाते हैं। कुछ को यह अनुभूति बागबानी या स्नान करते समय होती है। ऐसे सभी मामलों में अनुभूति एक-जैसी होती है—एक स्वप्निल स्थिति, जिससे आप अपनी 'मानस दृष्टि' से कुछ विशिष्ट संख्याएँ या शब्द नहीं, पूरे का पूरा दृश्य देखते हैं।

दाहिने भाग की विचार-स्थिति में पहुँचने का सबका अपना तरीका है। कोई व्यक्ति कानों में वॉकमैन के इयरफोन लगाकर अपने घर के पास की देहाती सड़कों पर दूर घूमने निकल जाता है। अगर वह किसी समस्या या किसी निर्णय-अनिर्णय की स्थिति में झूल रहा होता है, तो इस बात की पूरी संभावना होती है कि रास्ते में चलते-चलते एकाएक उसकी समस्या का समाधान मस्तिष्क में कौंध उठे। यह तरीका कोई भी आजमाकर देख सकता है।

बाद की सफलता के लिए ही पहले नींव डालें

यह एक आम धारणा-सी बन गई है कि चालीस वर्ष की उम्र के बाद सामान्य काम थोड़े कठिन और कुछ काम तो सचमुच ही कठिन हो जाते हैं, जैसे शरीर में पीड़ा के अहसास के बिना सुबह उठ पाना। किंतु अधिकांश संगठनों में चालीस के बाद काम बहुत चमत्कारी ढंग से आसान हो जाता है।

जिम्मेदारियाँ और भी भारी हो सकती हैं, किंतु चालीस की उम्र होने के बाद आपका मूल्यांकन हर दिन अट्ठारह घंटे काम कर सकने के लिए नहीं, बल्कि आपके अनुभव, जानकारी और निर्णय लेने की क्षमता के लिए होना चाहिए। सफलता के अधिकतर महत्त्वपूर्ण पुरस्कार चालीस की अवस्था के बाद ही मिलते हैं बशर्ते इस निर्णायक (चालीसवीं) वर्षगाँठ से पहले आपने सही काम किए हों। ये ठीक काम कौन-से हैं?

चालीस की उम्र से पहले हासिल किए गए अनुभव चालीस के बाद की सफलता सुनिश्चित करेंगे

काम का अभ्यास

सबसे पहले, अपने काम का अभ्यास कर डालिए। अपने व्यापार या व्यवसाय के बारे में जो कुछ भी सीखना-जानना है, उसे चालीस के पहले ही सीख लीजिए। अपने व्यवसाय से संबंद्ध कार्यकुशलता सही उम्र में पा लेने के बाद तो केवल उस क्षेत्र में अपना अनुभव बढ़ाने का ही कार्य रहता है।

चालीस वर्ष का होने तक, स्वर्गीय चार्ल्स जी. ब्लहडार्न अपनी 'गल्फ एंड वेस्टर्न इंडस्ट्रीज' को करोड़ों डॉलर प्रतिवर्ष का व्यापार करनेवाला साम्राज्य बना चुके थे। चालीस की उम्र

तक लियोनार्ड बर्नस्टोन 'वेस्ट साइड स्टोरी' लिख चुके थे और अमेरिका के सिद्धहस्त संगीतकार के रूप में स्थापित हो चुके थे। रात-रात भर जागकर काम करना बीस की उम्र में तो ठीक रहता है, शायद तीस तक भी, लेकिन चालीस के बाद कुछ नया सीखने के लिए अपनी नींद खोना बेकार है।

अलग शैली का विकास

अपनी व्यक्तिगत शैली विकसित कीजिए। चालीस का होने से पहले, जान लें कि आप किस तरह ठीक महसूस करते हैं—चाहे वह आपका कपड़े पहनने का तरीका हो या वे कुछ छोटी-छोटी चीजें जो आपको विशिष्ट बनाती हैं। नए प्रयोग करने की उम्र बीस से तीस के दशक तक ही है। चालीस वर्ष की उम्र होने तक आपको अपनी शैली निश्चित कर लेनी चाहिए।

उस पुरुष या महिला से अधिक असुरक्षित व्यक्ति और कोई नहीं, जो आधा जीवन पार करने के बाद अपने व्यक्तित्व को बदलने का प्रयास करता या करती है। आपको स्ट्रैपवाली पतलून पसंद है? ठीक है! उसे अपना प्रतीक बना लीजिए। आपको मेज पर ताजा फूल अच्छे लगते हैं? तो बिना नागा उन्हें अपनी मेज पर सजाइए।

व्यवस्थित भावनात्मक जीवन

अगर संभव हो तो अपने भावनात्मक जीवन को व्यवस्थित कर डालिए। जब आप अपने व्यवसाय में उन्नति की सीढ़ियाँ चढ़ रहे हों, तो अधिक अच्छा होगा कि आपका निजी जीवन सुखी हो और आप किसी भावनात्मक दलदल में न फँसे हों। सफलता पाना वैसे ही कठिन है, तिस पर आपकी शक्ति चूस लेनेवाली और आपका ध्यान बँटानेवाली व्यक्तिगत समस्याएँ तो उसे और भी दुर्लभ बना देती हैं। यही नहीं, दुख तो एक रोग के समान है। धीरे-धीरे यह हर चीज से आपकी रुचि खत्म कर देगा।

यह सच है कि सभी कठिनाइयों से बचा नहीं जा सकता, व्यक्ति को तो उनसे ऊपर उठना ही होगा, किंतु जिन लोगों ने अपने व्यक्तिगत जीवन को चालीस से पहले व्यवस्थित कर लिया है, वे आम तौर पर उन लोगों की अपेक्षा, जिनका निजी जीवन अव्यवस्थित है, सफलता के लिए अधिक तैयार और उसके बेहतर उम्मीदवार होते हैं।

कमजोरियों की पहचान

अपनी कमजोरियों को पहचानिए। स्वीकार कीजिए कि कुछ काम आप अच्छी तरह नहीं कर सकते या करना नहीं चाहते। आपको अगर आँकड़ों में अड़चन होती है और रचनात्मक कार्यों में मजा आता है तो केवल इसलिए ऐसा मत करते रहिए कि आँकड़ोंवाले काम में पैसा अधिक मिलता है या दूसरे लोगों की यही अपेक्षा है। आप चालीस के होने से पहले उस काम में लग जाएँ, जिसमें आपकी रुचि हो। नहीं तो समझ लीजिए, आप अपने लिए दुख के एक या दो दशक पक्के कर रहे हैं और

शायद सच्ची सफलता के सब अवसर भी नष्ट कर रहे हैं।

शक्तियों का बोध

अपनी शक्तियों को पहचानिए। बेहतर होगा कि आप यह जान लें कि आप किस काम में प्रवीण हैं। उन कार्यों को पहचानिए, जिन्हें करने में आपकी रुचि भी हो और जिन्हें आप दूसरों से अच्छा कर लेते हों।

जब मैं छोटा था, उस समय, किसी भी विषय के दोनों पहलू देखने के लिए मेरी आलोचना होती थी। कुछ लोग इसी कारण मुझे ढुलमुल भी समझते थे। लेकिन अब, जब मैं वयस्क हूँ, मुझे यह समझे हुए भी अरसा बीत गया है कि यह तो मेरी सबसे कीमती शक्ति है। मैं मानता हूँ कि यह गुण मुझे अच्छे प्रशासक से कहीं अधिक अच्छा सलाहकार बनाता है लेकिन कोई बात नहीं—किसी भी संगठन को दोनों की ही आवश्यकता होती है। आपकी भूमिका कुछ भी हो, आप क्या हैं और क्या काम अच्छा कर लेते हैं, यह जानना ही सफलता के लिए महत्त्वपूर्ण है।

भविष्य के लिए बचत

वह राशि बचाना शुरू कर दें, जिसके बूते पर आप कह पाएँगे कि 'मैं छोड़कर जा रहा हूँ।' जब मैं बहुत छोटा था, उस समय एक सफल विक्रेता ने मुझे एक पिता-तुल्य सलाह दी, 'पहले कमाए लाख रुपए बचत-खाते में डाल दो।' उसने कहा था, 'यह वह पैसा है, जिसके बल-बूते पर तुम कभी अपने बच्चों को कह सकोगे कि मैं तुम्हारे लिए यह छोड़कर जा रहा हूँ।' खैर, लाख रुपए जैसी राशि तो मैं बचा नहीं पाया, लेकिन यह बात है पते की। पर्याप्त पैसा बचत-खाते में डालें, ताकि आप सुरक्षित हो सकें। कभी भी वह स्थिति आ सकती है, जब यह कहने के अलावा कोई चारा नहीं होता, 'मैं यह छोड़कर जा रहा हूँ।' और उस समय आप यह न कह पाए तो आपको अपने-आपसे ही घृणा हो जाएगी।

संबंधों का जाल

संबंध जोड़िए। अगर चालीस की उम्र तक आपने मित्रों या ऐसे लोगों से संबंध नहीं जोड़ लिए हैं, जो आप पर भरोसा करते हैं और जिनसे आप संकट के समय सहारे की अपेक्षा कर सकते हैं, तो समझ लीजिए, आप परेशानी में हैं। ये आपके सहकर्मी भी हो सकते हैं, जिनकी आप सहायता करते हों, जिनकी योजनाओं में आप मदद करते हों, जिनकी समस्याओं को आप सुनते हों और वे भी आपके लिए ऐसा ही करते हों।

संबंधों का यह जाल आप रातों-रात नहीं बिछा सकते—इसमें वर्षों लग जाते हैं। व्यापार में भी राजनीति की तरह आपको ठीक जगहों पर बैठे उन बहुत-सारे लोगों की आवश्यकता होती है, जिन पर आप निर्भर कर सकें। इसलिए चालीस के होने

से पहले से ही इस पर ध्यान दीजिए।

अधिकारों का प्रत्यायोजन

अधिकार देना सीखिए। बहुत-से लोग ऐसा नहीं करते या कर नहीं पाते और इसलिए वे मातहत ही बने रह जाते हैं। अधिकार देना आधी सफलता है। जो व्यक्ति (किसी को अपने प्रतिनिधित्व का) अधिकार नहीं दे सकता, वह अपने-आपमें बँध जाएगा। चालीस का होने से पहले आप इसमें विशेषज्ञता हासिल कर लें, जिसका अर्थ है कि आप सही लोगों का चुनाव करें और उन पर भरोसा करें।

गोपनीयता का पालन

चुप रहना भी सीखिए। लोगों के व्यवसायों के असफल होने का एक प्रमुख कारण है, उनका मुँहफट होना। चुप रहना सीखिए और बुद्धिमान दीखिए। लोग स्वाभाविक रूप से मानने लगेंगे कि आप बहुत-कुछ जानते हैं, भले ही आप उतना न जानते हों। फालतू मत बोलिए और अपनी योजनाओं को गुप्त रखिए। रहस्य पचाए रखने की प्रतिष्ठा, अफवाहें फैलाने के कारण मिली आसान लोकप्रियता से अधिक वजनी होती है। आप अपने व्यवसाय में जितना बढ़ेंगे, यह बात उतनी ही सच सिद्ध होगी। उच्च प्रबंधन में गोपनीयता सोने के समान है।

वफादारी

वफादार रहिए। अगर आपने इस उम्र तक शत-प्रतिशत वफादारी की प्रतिष्ठा अर्जित नहीं कर ली, तो बाकी व्यावसायिक जीवन में यह खोट आपका पीछा करता रहेगा। बेवफाई की बदनामी हर कहीं आपका निरादर ही कराएगी। आप दूसरों की पीठ में छुरा घोंपकर नहीं, बल्कि अपने व्यवसाय के प्रारंभिक दिनों में सच्चे, दृढ़ कर्मचारी के रूप में बनाई गई अटूट प्रतिष्ठा के बल पर सफलता के शिखर पर पहुँचते हैं। चालीस वर्ष से पहले वफादारी अपना पुरस्कार आप होती है, चालीस के बाद इसके पुरस्कार मिलने लगते हैं।

हास्य-बोध

और हाँ, हर स्थिति में अपना हास्य-बोध बनाए रखिए। ध्यान रखिए, इस धरती पर कोई भी चीज शाश्वत नहीं। सफलता भी नहीं।

इच्छित वस्तु पाने की शक्ति है कल्पना

सवा सौ साल पहले की बात है। जूल बर्न का प्रसिद्ध यात्रा-विवरण 'अस्सी दिन में दुनिया की सैर' धारावाहिक रूप से प्रकाशित हो रहा था। जब उसकी आखिरी किस्त प्रकाशित हुई, तो कुछ पत्रकार उनके पास गए और पूछने लगे, 'आप यात्रा से कब वापस आए? बहुत थके होंगे, फिर भी कुछ समय दीजिए।'

इस पर जूल बर्न ने उत्तर दिया, 'भाई, मैं तो कहीं बाहर गया ही नहीं। मैंने तो यहीं बैठे-बैठे यह यात्रा-विवरण पूरा किया है। थकावट का सवाल ही नहीं उठता। आपको जो पूछना है, पूछिए।'

पत्रकार आश्चर्यचकित रह गए। जूल बर्न ने केवल कल्पना के बल पर यात्रा का इतना सजीव और मनोरंजक वर्णन किया था कि पाठक उसे वास्तविक समझ रहे थे।

कल्पना के द्वारा ही व्यक्ति की हर योजना को आकार मिलता है

जूल बर्न ने इस पुस्तक के अलावा 'समुद्र के भीतर साठ हजार मील की सैर', 'चाँद की यात्रा' आदि अन्य अनेक पुस्तकें लिखी हैं। इन पुस्तकों में उन्होंने कल्पना के सहारे हवाई जहाज, पनडुब्बी, हेलिकॉप्टर आदि के सपने देखे थे। संसार को सबसे बड़ा आश्चर्य तो तब हुआ, जब मानव चाँद पर उतरा और यह बतलाया गया कि वह उसी राह से उसी तरह उतने ही समय में वहाँ गया और लौटा, जिसकी जूल बर्न ने कल्पना की थी।

साकार की जा सकती हैं कल्पना

जूल बर्न के बाद अनेक वैज्ञानिकों ने स्वीकार किया कि जूल

वर्न की कल्पनाओं ने बहुत-से आविष्कारों को मूर्त रूप देने में सहायता की है। जूल बर्न का कहना था कि जिस किसी चीज की कोई कल्पना कर सकता है, उसे वह या कोई दूसरा कभी न कभी मूर्त रूप भी दे सकता है। कल्पना का ही तो खेल है कि हमने हवा को इतना जीत लिया है कि चिड़िया मात खा गई है।

कल्पना से ही हमने करोड़ों मील दूर स्थित सूर्य का विश्लेषण किया है, उसका वजन आँका है, तापमान नापा है। रेल की चाल बढ़ाई है। हवाई जहाज की रफ्तार बढ़ाकर अंतरिक्ष में दसियों हजार मील प्रति घंटे की गति से उड़े हैं। हजारों साल तक हमारे रथ व गाड़ियाँ घंटे-भर में बारह-पंद्रह मील की चाल से चलते रहे, पर इस शताब्दी के कल्पनाशील वैज्ञानिकों ने गति के नए-नए मानदंड पेश किए। यह सब कल्पना का ही तो कमाल है। हर व्यक्ति की सफलता की सीमा उसकी अपनी कल्पना की सीमा होती है।

भविष्य का चित्र

कल्पना भविष्य में होनेवाली बातों का चित्र हमारे सम्मुख खींच देती है। हमारे किस कार्य से निकट या सुदूर भविष्य में क्या आशा की जा सकती है, हमारे कहे या लिखे हुए शब्दों का दूसरों पर क्या प्रभाव पड़ेगा, हमारे किसी प्रस्ताव, प्रार्थना या माँग के विरुद्ध दूसरों द्वारा क्या-क्या आपत्तियाँ पेश किए जाने की संभावना है, यह सब कल्पना द्वारा पहले ही समझा जा सकता है। इसी से हम दूसरों के मन में पैदा होनेवाले विचारों और भावनाओं का अंदाजा पहले ही लगाकर दूसरों की शंकाओं का समाधान करने के लिए तैयार हो लेते हैं।

किशोरावस्था में ही हर किशोर भविष्य के सपने देखने लगता है। कोई खेल के क्षेत्र में तो कोई विज्ञान के क्षेत्र में, कोई कला के क्षेत्र में तो कोई साहित्य के क्षेत्र में कुछ कर दिखाना चाहता है। जिसकी कल्पनाशक्ति जितनी तीव्र होती है, वह उतने ही सुंदर भविष्य की बात सोचता है। सोचता है, तो उसे मूर्तमान करने के प्रयत्न भी करता है। एक अंग्रेजी कहावत है कि 'दे कैन, बिकॉज दे थिंक दे कैन।' अर्थात् आदमी कोई इसलिए कर पाता है क्योंकि वह सोचता है कि वह उसे कर सकता है।

जीवन का कोई भी क्षेत्र हो, कल्पना के बिना कुछ नहीं पाया जा सकता। बड़े-बड़े उद्योगों, व्यवसायों, परियोजनाओं की सफलता के मूल में किसी की कल्पना, किसी का विजन ही होता है। कल्पना की ही बदौलत चाँद पर उतरना मामूली बात हो गई है। आलीशान महल बनता है कल्पना के सहारे। बड़े-बड़े पुल बनते हैं इसी के सहारे। साहित्य का सृजन होता है तो इसी के बल पर। कविता तो खेल ही कल्पना का है। हर उपलब्धि, हर आविष्कार, हर रचना के पीछे किसी न किसी की कल्पना रहती है।

कल्पना मस्तिष्क की वह शक्ति है, जिसके द्वारा पुराने विचार और तथ्य

संशोधित कर नए-नए आयामों में प्रस्तुत किए जाते हैं और उनके नए-नए उपयोग होते हैं। वह हमारे सोचने-विचारने और काम करने के ढंग को नियंत्रित करती है। उसका क्षेत्र अत्यंत व्यापक है।

उपयोग जरूरी है

कल्पना का प्रमुख कार्य है पदार्थों की अनुपस्थिति में उनकी प्रतिमाएँ मन में प्रकट करना और उनके बारे में विचार-प्रक्रिया को जाग्रत करना। कल्पना के द्वारा ही व्यक्ति की हर योजना को आकार मिलता है, मन की इच्छाओं को वस्त्र पहनाए जाते हैं। कल्पनाशक्ति के बल पर व्यक्ति वह सबकुछ पा सकता है, जिसके बारे में वह सोच सकता है। जिस तरह शरीर का हर अवयव काम में लाने से ही बलिष्ठ होता है, वैसे ही कल्पनाशक्ति भी काम में लाने से तेज होती है। इच्छा होना तो विचारों का इशारा मात्र है, उसका तब तक कोई लाभ नहीं, जब तक कि उसका कोई उपयोग न किया जाए।

कल्पना को लगातार व्यायाम देना चाहिए। काम में न लाने से वह क्षीण हो जाती है। काम में लाकर उसे चेतन और तीक्ष्ण बनाया जा सकता है। एक बार लक्ष्य बनाकर यदि उत्कट इच्छा अवचेतन मन में पैदा की जाए, तो चलते-फिरते, सोते-जागते वह कल्पनाशक्ति की सहायता से उसे मूर्त रूप देने के ताने-बाने बुनने लगती है। कल्पनाशक्ति कभी मरती नहीं, केवल उपयोग में न लाने से कमजोर हो जाती है। यह वह पारस पत्थर है, जिसका उपयोग करते रहो तो वह लोहे को सोना बनाता रहता है, वरना सामान्य पत्थर की तरह पड़ा रहता है।

योजना कल्पना का ही दूसरा रूप है

किसी भी कार्य को सही तरह से संपन्न करने के लिए योजना आवश्यक होती है, जो कल्पना का ही दूसरा रूप है। देश के चहुँमुखी विकास के लिए हमने पंचवर्षीय योजनाएँ बनाई हैं। देश के दिग्गज अपने कल्पना-चक्षुओं से देखते हैं कि 5 वर्ष, 10 वर्ष या 20 वर्ष बाद हमारे देश का क्या रूप हो सकता है और उसके लिए इस समय क्या करना आवश्यक है। अपने व्यवसाय अथवा संगठन का भावी स्वरूप व्यवसायी अथवा कार्यपालक वर्षों पहले ही कल्पित-निरूपित कर लेते हैं। अपने व्यक्तिगत जीवन में भी हम अपनी कल्पनाशक्ति से भविष्य के सुंदर सपने देख उन्हें साकार करने का यत्न करते हैं। हम सोचते हैं कि दस वर्ष बाद हमारे पास सुंदर घर हो, कार हो, यथेष्ट धन हो। फिर हम उन्हें पाने के तरीके सोचने लगते हैं। सच तो यह है कि इच्छाएँ जाग्रत होते ही उन्हें पूरी करने की योजनाएँ बननी आरंभ हो जाती हैं।

पृथ्वी की हर वस्तु परमाणुओं का समूह है। ये परमाणु ऊर्जा का रूप हैं। हर परमाणु में असीम ऊर्जा भरी है। कल्पना के सहचर विचार भी ऊर्जा का ही दूसरा

रूप हैं, अतः विचारों में असीम शक्ति है। दिमाग में विचार आते ही रहते हैं। वे रचनात्मक भी हो सकते हैं और ध्वंसात्मक भी। ध्वंसात्मक विचार तोड़-फोड़ को बढ़ावा देते हैं, तो रचनात्मक विचारों से कुछ नए-नए उपयोगी काम करने की प्रेरणा मिलती है। किसी भी शक्ति के कल्याणकारी उपयोग में ही उसकी सार्थकता निहित होती है। कल्पनाशक्ति के बारे में भी यही सच है।

●●●